Martin Bellermann

Sozialpolitik

Eine Einführung für
soziale Berufe

Martin Bellermann

Sozialpolitik

Eine Einführung für soziale Berufe

Lambertus

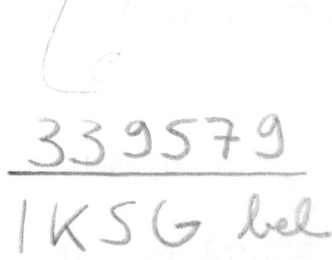
Die Deutsche Bibliothek – CIP-Einheitsaufnahme

Ein Titeldatensatz für diese Publikation ist bei
der Deutschen Bibliothek erhältlich

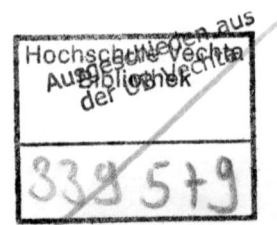
4., aktualisierte und ergänzte Auflage 2001
Alle Rechte vorbehalten
© 1990, Lambertus Verlag, Freiburg im Breisgau
Umschlaggestaltung: Grafikdesign Christa Berger, Solingen
Herstellung: Druckerei F. X. Stückle, Ettenheim
ISBN 3 - 7841 - 1319 - 2

Inhalt

Inhalt

Vorwort zur vierten Auflage

Die soziale Sicherung in Deutschland steht seit längerem unter starkem Kosten- und Effizienzdruck. Zum einen werden die Fragen drängender, ob und inwieweit die Sozialpolitik Probleme wie Massenarbeitslosigkeit, Armut, Wohnungsproblemen oder Behinderung wirkungsvoll begegnen kann, und zum anderen, ob bzw. wie die steigenden Kosten für die sozialen Sicherungsysteme getragen werden können oder sollen. Vor allem die aus der Arbeitslosigkeit resultierenden Probleme, die Folgen der deutschen Vereinigung und der aus den weltmarktbedingten veränderte wirtschaftliche Rahmen haben in den letzen Jahren dafür gesorgt, daß der politische Druck auf die sozialen Sicherungsysteme zugenommen hat.

Seit dem ersten Erscheinen dieses Buches gab es eine Reihe von sozialpolitischen Veränderungen, die im Rahmen von „Umbau"-Strategien auf Kürzungen und Einschränkungen erreichter Sicherungsstandards hinausliefen, vor allem in den Bereichen Arbeitsförderung und Sicherung bei Krankheit, wo sie zum Teil recht einschneidend waren. Diese Einschränkungen, der viel kritisierte „Sozialabbau", machen das Gros aller sozialpolitischen Veränderungen aus. Aber es wurden auch Leistungen wie die Pflegeversicherung oder das sogenannte Meister-BAFöG hinzugenommen oder wie beim Kindergeld der Standard verbessert.

Die seit 1998 amtierende Bundesregierung hat, vor allem bei der gesetzlichen Krankenversicherung, einen Teil der Kürzungen zurückgenommen und Veränderungen bei der Versicherungspflicht bei den Sozialversicherungen durchgesetzt. Aber die großen Vorhaben in den Bereichen Krankenversicherung, Renten oder Sozialhilfe sind zum Teil wegen Ablehnung im Bundesrat gescheitert oder noch nicht zur Gesetzesreife gediehen.

An der Struktur und den allgemeinen Charakteristika der deutschen sozialen Sicherung hat sich grundsätzlich nichts geändert: sachliche Komplexität, Grundausrichtung am erwerbstätigen Arbeitnehmer, Vielfalt und Unübersichtlichkeit der Leistungen und organisatorischen Strukturen. In der sozialpolitischen Debatte und Willensbildung, bei Formulierung von Programmen und Interessen gibt es wie seit je keinen konsensuellen Sozialpolitikbegriff und eine ausgeprägte Lagerbildung mit aufmerksamer Feindbeobachtung und Abgrenzungsbekundungen.

Nur bei der gesetzlichen Rentenversicherung wird seit Ende 1999 der Versuch einer parteiübergreifenden Konsenspolitik gemacht. Die Ergebnisse lassen bisher allerdings auf sich warten.

Diese Einführung soll in begrifflich-theoretischer Hinsicht Zugänge zu den Sichtweisen bzw. Auseinandersetzungen um die soziale Sicherung und gleichzeitig durch Sachinformationen und Problemanzeigen einen Wissenszugang zum realen Knotennetz der sozialen Sicherung schaffen. „Sozialpolitik" in diesem Sinne wird also immer als beides verstanden: Analyse sozialer Probleme, Programme für und Deutungen von sozialpolitischen Leistungen wie auch Struktur und Gestaltungen der Leistungen selbst.

Dieser Absicht, durch eine Einführung Zugänge und damit Möglichkeiten von eigenständigem Reflektieren und Handeln in der Sozialpolitik zu ermöglichen, entspricht die zunächst sehr vereinfachte Akzentuierung und Abgrenzung von zwei grundlegenden Paradigmen des Sozialen sowie der Leistungsarten in soziale Rechte, Dienste und Geldleistungen. Bei der Einzeldarstellung der Sicherungssysteme werden die Überschneidungen und Mischformen dann immer wieder deutlich.

Das Buch ist aus einer Vorlesungsreihe an der Evangelischen Fachhochschule Bochum entstanden, aus der viele Anstöße und Akzentsetzungen herrühren. Für die zahlreichen Anregungen durch Studierende, aber auch durch Teilnehmer/innen von Fortbildungsveranstaltungen und nicht zuletzt von Kollegen/innen sei an dieser Stelle herzlich gedankt.

Düsseldorf, im Winter 2000/01   Martin Bellermann

1. Kapitel
Offen und fest zugleich: Sozialstaat und Grundgesetz

So gängig wie der Begriff „Sozialstaat" ist, so schwierig ist es, genauer zu kennzeichnen, was seine Charakteristika sind, seine Qualität und Geltung.

Dies wird schon daran deutlich, daß er häufig synonym mit dem aus dem Angelsächsischen herrührenden Begriff „Wohlfahrtsstaat" (englisch: welfare state) verwendet wird. Andere Bezeichnungen wie „sozialer Staat" oder „sozialstaatliche Sicherungssysteme" versuchen bisweilen damit, eine inhaltliche Füllung anzudeuten.

In der Bundesrepublik ist es üblich, daß Vertreter/innen von Staatsrecht, Sozialwissenschaften, Politik und sozialer Arbeit bei ähnlich geläufigen, aber komplexen und schwer zu fassenden Phänomenen der politischen Kultur, zum Beispiel bei der Frage, was unter Demokratie oder Menschenrechten zu verstehen sei, Rat und Orientierung beim Grundgesetz suchen. Aber anders als bei „Demokratie" oder „Menschenrechten" gibt es beim Fall „Sozialstaat" keine konkret-sachliche Bestimmung, was er ist. Es fehlt auch eine normative Fixierung, was er sein sollte oder müßte. Die Worte „Sozialstaat", „Wohlfahrtsstaat" oder auch „Sozialpolitik" kommen im Grundgesetz nicht vor. Es heißt dort im Artikel 20 Absatz 1 nur ganz lapidar: „Die Bundesrepublik Deutschland ist ein demokratischer und sozialer Bundesstaat." Im Artikel 28 Absatz 1 wird formuliert, daß sie ein „sozialer Rechtsstaat" sei. In der staatsrechtlichen, sozialpolitischen und -ethischen Literatur werden diese Passagen je nach Standpunkt als „Sozialstaatsgrundsatz", „Sozialstaatsklausel" oder „Sozialstaatspostulat" bezeichnet. Man ist sich also durchaus nicht einig, ob die genannten Artikel besagen, die Bundesrepublik sei ein Sozialstaat oder (auch): sie habe einer zu sein oder gar erst zu werden!
Wer die Meinung vertritt, es handele sich um die Festschreibung eines Zustands, wird dem weiteren Ausbau des Sozialstaats weniger politische Priorität beimessen als diejenigen, die meinen, es handele sich

Sozialstaat im Grundgesetz (Art. 20,1 und 28,1)

bei den Grundgesetzartikeln um einen Anspruch, der erst noch zu erfüllen sei.

Besonders die im Artikel 28 Absatz 1 gewählte Formel vom „sozialen Rechtsstaat" gibt denjenigen Argumente in die Hand, die der Auffassung sind, die Bundesrepublik sei bereits ein voll entwickelter Sozialstaat, und es handele sich bei der Sozialstaatsklausel um eine Bestandsgarantie und nicht primär um ein Postulat (siehe Forsthoff 1971). Schließlich sei ja auch der im Artikel 28 Absatz 1 bezeichnete Rechtsstaat bereits verwirklicht.

Als unverzichtbare Bestandteile des Rechtsstaats werden neben der Gewährung von bürgerlichen Menschen- und Freiheitsrechten die Sicherstellung eines Gesetzesvorbehalts bei hoheitlichen Eingriffen, der formalen und materialen (am Grundsatz der Gerechtigkeit bzw. Billigkeit orientierten) Rechtmäßigkeit staatlichen Handelns sowie des richterlichen Rechtsschutzes bei gleichzeitiger Unabhängigkeit der Richter/innen angesehen.

Durch die Formel des Artikel 28 Absatz 1 sei dem Sozialstaat durch den Rechtsstaat ein Gegenüber beigegeben; für nicht wenige Autoren ist der Rechtsstaat sogar als Korrelat des Sozialstaats anzusehen (siehe Scheuner 1968: 462 f.). Nach dieser Auffassung dürfte man um der allgemeinen Gerechtigkeit willen nur dann und insoweit Hilfen gewähren, wie beziehungsweise wenn wirkliche Notfälle vorlägen.

Gleichviel, ob „Gegenüber" oder „Korrelat", nach dieser – immer noch mehrheitlich vertretenen und von dem Staatsrechtler Ernst Forsthoff geprägten – Auffassung zum Verhältnis von Rechtsstaat und Sozialstaat stehen beide in einer *dualen Beziehung* zueinander (Forsthoff 1971). Abweichend hierzu argumentierte eine Minderheit, zu der auch der Politikwissenschaftler Wolfgang Abendroth gehörte: Es handelt sich hier um eine *dialektische Beziehung*. Danach hätten sich Rechtsstaat und Sozialstaat in ihren Entwicklungsfortschritten wechselseitig zu ergänzen (Abendroth 1954).

Kein Sozial-staatsmodell im GG Im Hinblick auf die Sozialstaatsklausel des Grundgesetzes ist man sich darin einig, daß der Grundgesetzgeber nicht festlegen wollte und konnte, welchen Typ, Umfang oder Charakter der Sozialstaat der Bundesrepublik haben sollte. So gibt es kein vom Grundgesetz präjudiziertes Sozialstaatsmodell. Es gibt auch keine sozialen Grundrechte wie Rechte auf Arbeit, auf Wohnung, Gesundheitsversorgung, Bildung oder ertragbare ökologische Grundbedingungen.

In der Weimarer Reichsverfassung von 1919 waren einige dieser Grundrechte gewährt (zum Beispiel die Rechte auf Arbeit oder Wohnung in den Arti-

10

keln 163 und 155. Ebenso gibt es soziale Grundrechte in den Verfassungen der deutschen Bundesländer. So werden in den Artikeln 24 bis 29 der Verfassung von Nordrhein-Westfalen unter anderem die Grundrechte auf Arbeit und Mitbestimmung gewährt. Der Artikel 12 der Berliner Verfassung garantiert ein Recht auf Arbeit. Ähnlich gibt es nach der Verfassung des Landes Brandenburg ein Recht auf Wohnung und Arbeit.

In der nach der deutschen Vereinigung von 1990 aus Mitgliedern von Bundestag und Bundesrat gebildeten Verfassungskommission, die Vorschläge zur Modifizierung des Grundgesetzes formulieren soll, haben die Wünsche aus Kreisen der SPD und des Bündnis 90/Die Grünen, soziale Grundrechte wie das Recht auf Arbeit oder Wohnen keine Mehrheit gefunden. Die Befürworter wollten damit eine stärkere sozialpolitische Ausrichtung und Inpflichtnahme des Staates erreichen; die Gegner warnten vor einer Überforderung des Staates und einer steigenden Anspruchshaltung der Bevölkerung.

Daß der Grundgesetzgeber den Sozialstaatsbegriff unbestimmt gelassen hat, hat historisch-politische Gründe. Im Parlamentarischen Rat, der nach dem Proporz der Länderparlamente zusammengesetzt war und der das Grundgesetz 1948/49 geschaffen hat, waren die Stimmenblöcke der Bürgerlichen und der Linken annähernd gleich stark. Von den 65 Mitgliedern gehörten je 27 der CDU/CSU und der SPD, 5 der FDP und je 2 der KPD, der Deutschen Partei und dem Zentrum an (5 weitere West-Berliner Mitglieder waren nicht stimmberechtigt). In der Frage einer konkreten Sozialstaatsbestimmung hätte nur eine Kampfabstimmung (mit knapper Mehrheit und ungewissen Folgen bei der Ratifizierung des Grundgesetzes durch die Länderparlamente) Klarheit geschaffen. Angesichts des annähernden Patts im Parlamentarischen Rat und der Erwartung eines Wahlsieges bei der ersten Bundestagswahl in beiden Lagern einigte man sich auf die Blankettformel von „sozialen Bundesstaat" im Artikel 20, Absatz 1. Wer die Wahl gewinnen würde, hätte dann die Gelegenheit, sein Sozialstaatsmodell zu verwirklichen und somit den Begriff „Sozialstaat Bundesrepublik Deutschland" de facto zu füllen. *(historischer Hintergrund)*

In der Tat gab es in den Hauptparteien beider Lager, bei CDU und SPD, formulierte Grundvorstellungen zum Sozialstaat, die als alternative politische Konzepte konkurrierten.

Die CDU formulierte im Juli 1949 in ihren „Düsseldorfer Leitsätzen" die politische Richtung, die ihr Sozialstaat einschlagen sollte. Unter dem populären Schlagwort „Soziale Marktwirtschaft" verstand sie die „sozialgebundene Verfassung der gewerblichen Wirtschaft" und auf dem sozialpolitischen Gebiet die Förderung des Privateigentums, besonders des selbständigen Mittelstands, *(Sozialstaatsmodell der CDU)*

Anerkennung des gesellschaftlichen Status quo als „Schutz der natürlichen Rechte und Freiheit der einzelnen und aller Gesellschaftsgruppen", sozialpolitische Korrekturen bei Notlagen, betriebliche Partnerschaft, Solidarprinzip und Erhalt der „gewachsenen" Organisationsstrukturen bei der Sozialversicherung, nachrangige Hilfen durch öffentliche Einrichtungen (siehe Hartwich 1970: 56 f.).

Sozialstaats-modell der SPD Die SPD formulierte im August 1949 in ihren „Dürkheimer 16 Punkten" ihr Sozialstaatsmodell: Veränderungen des gesellschaftlichen Status quo in Richtung auf gleiche Lebensbedingungen für alle gesellschaftlichen Gruppen (Eigentums- und Einkommensverhältnisse, Lebenschancen), effektive Mitbestimmung, Gleichrangigkeit von Wirtschafts- und Sozialpolitik, einheitliche Sozialversicherung (siehe Hartwich: ebd.).

Abbildung 1: Der Präsident des Bundesverfassungsgerichts zur gerichtlichen Auslegung des Sozialstaatsbegriffs

Herzog: Sozialstaatsbegriff nicht gerichtlich auslegen

Kassel (dpa) – Der Präsident des Bundesverfassungsgerichts, Professor Roman Herzog, hat den Gerichten empfohlen, sich bei der Auslegung des Sozialstaatsbegriffs zurückzuhalten. Ein Gericht, das den Sozialstaatsbegriff auslegt, übernehme gleichzeitig die politische Verantwortung dafür und mache die Politiker arbeitslos, sagte Herzog bei der Eröffnung der 20. Richterwoche des Bundessozialgerichts in Kassel. Die Auslegung des Begriffes biete sich für die Rechtsinstanzen nicht an. Herzog machte deutlich, daß das Sozialstaatsprinzip sehr vieldeutig sei. Es reiche von der sozialen Verpflichtung des Eigentums bis hin zur Absicherung von Lebensrisiken. Thema der 20. Richterwoche, die bis zum Donnerstag dauert und an der 260 Richter und mit sozialen Problemen befaßte Fachleute teilnehmen, sind verfassungsrechtliche Aspekte des Sozialrechts.

Aus: Süddeutsche Zeitung vom 19. Oktober 1988

Die Bundestagswahl am 14. August 1949, bei der die CDU/CSU 31 % und die SPD 29,2 % der Stimmen erhielten, brachte in gewisser Hinsicht eine Entscheidung der offenen Sozialstaatsfrage. Die CDU/CSU war nach 1949 genau 20 Jahre lang ohne Unterbrechung die führende Regierungspartei und hat durch faktische Politik (Gesetze u. a.), also außerkonstitutionell, mit beträchtlichem Erfolg, versucht, ihr Sozialstaatsmodell zu realisieren. Während der Zeit der sozialliberalen Koalition 1969 bis 1982 wurde dann – vor allem in den ersten Jahren der „inneren Reformen" – der Versuch unternommen, jetzt das andere Modell, wenigstens in Ansätzen, zu verwirklichen (zum Beispiel das Mitbestimmungsgesetz 1976; siehe 10. Kapitel). *(Realisierung des CDU-Sozialstaatsmodells ab 1949)*

Seit Beginn der 80er Jahre werden im Umkreis der Neuen sozialen Bewegungen, politisch hauptsächlich vertreten durch die GRÜNEN, Umrisse eines dritten Sozialstaatsverständnisses deutlich; dieses scheint auf den „Umbau des Sozialstaates" abzuzielen: Aufhebung der Trennung von Verwaltung (Träger) und Handeln (Betroffene) durch selbstverwaltete Projekte, Etablierung einer materiellen Grundversorgung für alle, Entwicklung neuer Formen aktivierender Hilfen (zum Beispiel in den Bereichen „Arbeitslosigkeit", „Frauen" oder „alte Menschen"). Sozialpolitik soll demnach nicht nur auf Umverteilung abzielen, sondern auf die Entwicklung neuer sozialer Lebensmöglichkeiten (siehe Opielka/Ostner 1987). *(neue Modelle der Grünen)*

Obwohl im Grundgesetz eine inhaltliche Sozialstaatsbestimmung fehlt und der Sozialstaat außerkonstitutionell geformt wurde, gibt es neben den erwähnten Formulierungen der Artikel 20 und 28 doch etliche Artikel, die indirekt, und einige, die direkt sozialpolitisch relevant sind. Als indirekt einschlägig werden die Artikel 1 Absatz 1 Satz 1 (Unantastbarkeit der Menschenwürde), 2 (Recht auf freie Entfaltung der Persönlichkeit und Leben; Freiheit der Person) und Artikel 3 Absatz 1 (Gleichheit vor dem Gesetz). Der Verfassungsrechtler und ehemalige Bundespräsident Roman Herzog interpretierte die Gehalte der Artikel 1 und 3 als – unausgesprochene – Staatszielbestimmungen „soziale Gerechtigkeit", da der Artikel 1 Absatz 1 Satz 2 die Gewährung eines Existenzminimums und der Artikel 3 Absatz 1 den sozialen Ausgleich abfordere. *(sozialstaatsrelevante Grundgesetzartikel)*

Bei den direkt einschlägigen Artikeln (Dokumentation 1, S. 15 f.) handelt es sich um Bestimmungen, die die Sozialpolitik im allgemeinen orientieren (zum Beispiel Vereinigungsfreiheit nach Artikel 9, die Eigentumsgarantie bei Gemeinwohlbindung nach Artikel 14 oder die

1994 neu aufgenommene Antidiskriminierungsklausel für Behinderte in Artikel 3), aber nicht im einzelnen gestalten sollen. Ob man mit Hilfe des Sozialisierungsartikels 15 eine andere als die bestehende kapitalistische Marktwirtschaft würde inaugurieren können, wird heute, anders als in den 50er und dann wieder in den 70er Jahren, nicht mehr diskutiert.

soziale Grundrechte in Verfassungen der Länder

In den Verfassungen einiger Bundesländer gibt es soziale Grundrechte, und zwar bei Ländern, deren Verfassung älter ist als das Grundgesetz. In den Jahren 1946 und 1947 konnten sich deren Verfassungsgeber noch auf entsprechende Normen einigen: In der Bayerischen Verfassung von 1946 gibt es ein Recht auf Arbeit und Arbeitslosenunterstützung, auf Arbeitsschutz sowie auf Unterstützung bei Krankheit, Alter und Not. Ferner wird das Recht auf Sozialversicherung und Wohnung garantiert. In Nordrhein-Westfalen, dessen Verfassung erst 1950 in Kraft trat, gibt es immerhin noch das Recht auf Arbeit und Arbeitsschutz. Die meisten später als das Grundgesetz in Kraft getretenen Verfassungen wie zum Beispiel die Baden-Württembergische von 1953 haben keine sozialen Grundrechte. Die Verfassungen der neuen Bundesländer garantieren, von Brandenburg abgesehen, keine sozialen Grundrechte. Die meisten erklären als Ziel des entsprechenden Landes, sich für soziale Belange wie die Verwirklichung des Rechtes auf Arbeit oder auf Wohnung einzusetzen. Auch in den Länderverfassungen mit sozialen Grundrechten geht es um einzelne Rechte und man findet keine Norm zur Gewährleistung komplexer sozialer Sicherheit der Bürger/innen.

Diskussion

- Wäre es wünschenswert gewesen, bestimmte positive Elemente eines Sozialstaatsmodells oder wenigstens gewisse soziale Grundrechte ins Grundgesetz aufzunehmen?
- Inwiefern sind die Sozialstaatsmodelle von CDU/CSU und SPD miteinander unvereinbar, wo gibt es mögliche Berührungspunkte und inwiefern weichen die GRÜNEN hiervon ab?
- Warum war das Konzept der sozialen Marktwirtschaft so populär?

ARTIKEL DES GRUNDGESETZES, DIE SOZIALPOLITISCH RELEVANT SIND

Artikel 3 [Gleichheit vor dem Gesetz]

(1) Alle Menschen sind vor dem Gesetz gleich.

(2) Männer und Frauen sind gleichberechtigt. Der Staat fördert die tatsächliche Durchsetzung der Gleichberechtigung von Frauen und Männern und wirkt auf die Beseitigung bestehender Nachteile hin.

(3) Niemand darf wegen seines Geschlechts, seiner Abstammung, seiner Rasse, seiner Sprache, seiner Heimat und Herkunft, seines Glaubens, seiner religiösen oder politischen Anschauungen benachteiligt oder bevorzugt werden. Niemand darf wegen seiner Behinderung benachteiligt werden.

Artikel 6 [Ehe und Familie, nichteheliche Kinder]

(1) Ehe und Familie stehen unter dem besonderen Schutze der staatlichen Ordnung.

(2) Pflege und Erziehung der Kinder sind das natürliche Recht der Eltern und die zuvörderst ihnen obliegende Pflicht. Über ihre Betätigung wacht die staatliche Gemeinschaft.

(3) Gegen den Willen der Erziehungsberechtigten dürfen Kinder nur auf Grund eines Gesetzes von der Familie getrennt werden, wenn die Erziehungsberechtigten versagen oder wenn die Kinder aus anderen Gründen zu verwahrlosen drohen.

(4) Jede Mutter hat Anspruch auf den Schutz und die Fürsorge der Gemeinschaft ...

Artikel 9 [Vereinigungsfreiheit]

(1) Alle Deutschen haben das Recht, Vereine und Gesellschaften zu bilden.

(2) Vereinigungen, deren Zwecke oder deren Tätigkeit den Strafgesetzen zuwiderlaufen oder die sich gegen die verfassungsmäßige Ordnung oder gegen den Gedanken der Völkerverständigung richten, sind verboten.

(3) Das Recht, zur Wahrung und Förderung der Arbeits- und Wirtschaftsbedingungen Vereinigungen zu bilden, ist für jedermann und für alle Berufe gewährleistet. Abreden, die dieses Recht einschränken oder zu behindern suchen, sind nichtig, hierauf gerichtete Maßnahmen sind rechtswidrig. Maßnahmen nach den Artikeln 12 a, 35 Absatz 2 und 3, Artikel 87 a Absatz 4 und Artikel 91 dürfen sich nicht gegen Arbeitskämpfe richten, die zur Wahrung und Förderung der Arbeits- und Wirtschaftsbedingungen von Vereinigungen im Sinne des Satzes 1 geführt werden.

Artikel 12 [Berufsfreiheit, Verbot der Zwangsarbeit]

(1) Alle Deutschen haben das Recht, Beruf, Arbeitsplatz und Ausbildungsstätte frei zu wählen. Die Berufsausübung kann

durch Gesetz oder auf Grund eines Gesetzes geregelt werden.

(2) Niemand darf zu einer bestimmten Arbeit gezwungen werden, außer im Rahmen einer herkömmlichen allgemeinen, für alle gleichen öffentlichen Dienstleistungspflicht.

(3) Zwangsarbeit ist nur bei einer gerichtlich angeordneten Freiheitsentziehung zulässig.

Artikel 14 [Eigentum, Erbrecht, Enteignung]

(1) Das Eigentum und das Erbrecht werden gewährleistet. Inhalt und Schranken werden durch die Gesetze bestimmt.

(2) Eigentum verpflichtet. Sein Gebrauch soll zugleich dem Wohle der Allgemeinheit dienen.

(3) Eine Enteignung ist nur zum Wohle der Allgemeinheit zulässig. Sie darf nur durch Gesetz oder auf Grund eines Gesetzes erfolgen, das Art und Ausmaß der Entschädigung regelt. Die Entschädigung ist unter gerechter Abwägung der Interessen der Allgemeinheit und der Beteiligten zu bestimmen. Wegen der Höhe der Entschädigung steht im Streitfalle der Rechtsweg vor den ordentlichen Gerichten offen.

Artikel 15 [Sozialisierung]

Grund und Boden, Naturschätze und Produktionsmittel können zum Zwecke der Vergesellschaftung durch ein Gesetz, das Art und Ausmaß der Entschädigung regelt, in Gemeineigentum oder in andere Formen der Gemeinwirtschaft überführt werden. Für die Entschädigung gilt Artikel 14 Absatz 3 Satz 3 und 4 entsprechend.

Artikel 20 [Grundlagen staatlicher Ordnung, Widerstandsrecht]

(1) Die Bundesrepublik Deutschland ist ein demokratischer uns sozialer Bundesstaat.

Artikel 28 [Länder und Gemeinden]

(1) Die verfassungsgemäße Ordnung in den Ländern muß den Grundsätzen des republikanischen, demokratischen und sozialen Rechtsstaates im Sinne dieses Grundgesetzes entsprechen. In den Ländern, Kreisen und Gemeinden muß das Volk eine Vertretung haben, die aus allgemeinen, unmittelbaren, freien, gleichen und geheimen Wahlen hervorgegangen ist ...

Quelle: Grundgesetz für die Bundesrepublik Deutschland vom 23. Mai 1949 (BGBl, S. 1), zuletzt geändert durch das Gesetz zur Änderung des Grundgesetzes vom 20. 10. 1997 (BGBl I, S. 2470).

2. Kapitel
Freiheit – Gleichheit – Solidarität:
Begriff des Sozialen und Prinzipien der Sozialpolitik

Das Wort „sozial" ist mehrdeutig und der Begriff des Sozialen dehnbar. Es ist eine moderne Wortschöpfung. Erst mit Beginn des 19. Jahrhunderts hat es Eingang in unsere Sprache gefunden.

Zum einen verwenden wir das Wort „sozial" im Alltagssprachgebrauch im Sinne von „gesellschaftlich". Man spricht heute von sozialer Ausgrenzung, wenn man die Absonderung von Personen oder Gruppen von wichtigen gesellschaftlichen Bereichen meint. Soziale Konflikte sind Auseinandersetzungen zwischen gesellschaftlichen Gruppen oder Auseinandersetzungen, die die Gesellschaft als Ganzes betreffen (im 19. und zu Beginn des 20. Jahrhunderts wurden sie als Ausdruck der „sozialen Frage" angesehen). Soziales Handeln, auch soziale Politik, ist in diesem Sinne als Handeln zu verstehen, das die Gesellschaft in ihrer Gesamtheit betrifft oder berücksichtigen will. *(die Mehrdeutigkeit des Begriffs „sozial")*

Zum anderen verwenden wir „sozial" als „helfend" oder „beistehend". Eine sozial eingestellte Person ist der-/diejenige, der/die anderen hilft.

Beide Wortbedeutungen weisen auf verschiedene Richtungen im praktischen sozialen Handeln hin, die im folgenden grob umrissen werden sollen.

Sozial als „helfend, beistehend" verstanden, ist populärer als die Bedeutung „gesellschaftlich".

Viele Hilfeeinrichtungen bezeichnen sich als sozial. Die staatliche Hilfe für Arme heißt heute Sozialhilfe (vgl. 8. Kapitel). Von einem Sozialfall sprechen wir, wenn wir jemanden meinen, der allein nicht mehr zurechtkommt, der seinen gesellschaftlichen Status verliert. Sozialarbeiter/-innen oder Sozialpädagogen/-innen kümmern sich um diese Leute. Umgekehrt ist der/die nicht sozial, der/die nur an sich selbst denkt, wer anderen nicht hilft, wer seine Interessen rücksichtslos verwirklicht, wer auf Kosten anderer lebt, anderen etwas wegnimmt. Bettler oder Obdachlose, die auf Kosten der Gesellschaft zu leben

17

scheinen, wurden bald als „Asoziale" bezeichnet. Das helfende Soziale ist auch für den nicht Hilfebedürftigen alltäglich und allgegenwärtig. Jede private Kleidersammlung ist eine soziale Tat, die Busfahrtermäßigung für Rentner am Vormittag, die Ferienaktion des Jugendamtes, die Straßensammlungen rund ums Jahr („Spendenmarkt" mit rund 10 Mrd. DM Spendenaufkommen und etwa 20 000 Hilfsorganisationen, darunter 5000 überregionalen – Frankfurter Rundschau 25. 12. 96), die verbilligten Fahrscheine für Behinderte oder die Sozialpläne für Konkursunternehmen. Es wird viel geholfen. Sozial sein stellt heute einen hohen Wert dar.

War das Sozial-Sein im 19. Jahrhundert zuerst eine Tätigkeit für bürgerliche Frauen („Sozialdamen"), engagierte Publizisten oder Kirchenmänner und richtete es sich notgedrungen auf die schlimmsten Mißstände (zum Beispiel Kinderarbeit und -verwahrlosung), so ist das heute völlig anders. Nicht nur wird vielen Menschen bei diversen Problemen geholfen, sondern alle machen auch – wenigstens dem Anschein nach – beim Helfen mit. Heute dehnt sich das Helfen bis dorthin, wo das Soziale vielleicht nur noch Etikett ist oder sich gar als das Gegenteil von Hilfe herausstellt.

Wenn Mieten im sozialen Wohnungsbau nach Auslaufen der Subventionierung von Baukrediten höher als beim freifinanzierten Wohnungsbau sind, wenn ein lediger Angestellter für die gesetzliche Krankenkasse mehr Beiträge zu zahlen hat als ein Freiberufler für eine private, wenn die in Europa gesammelten Kleider in Ländern der Dritten Welt von privaten Händlern verkauft statt verschenkt werden, wird der Bedeutungswandel des Sozialen deutlich. Mit der Verbreiterung der Hilfen und der Professionalisierung oder auch Kommerzialisierung des Helfens wird er unschärfer. Er wird am Ende gar als Etikett für Handlungen wie „Frühverrentung" wegen Betriebsschließung oder Subventionierung von Wirtschaftsbereichen („Agrarsozialpolitik") verwendet, deren Soziabilität mehr als zweifelhaft erscheint.

Gerade weil die Konturen des Sozialen heute unschärfer sind, ist es wichtig, sich mit seinen begrifflichen Ausprägungen und ihren Konsequenzen für Politik und professionelles Handeln auseinanderzusetzen. Nur dann kann die notwendige Selbstreflexion und können auch Bündnisebenen mit anderen gewonnen werden. Im folgenden sollen die heute vorherrschenden begrifflichen Elemente des Sozialen und ihre Auswirkungen dargestellt werden.

„sozial" als beistehend (1) Wenn man sozial als „helfend" oder „beistehend" verstehen und danach handeln will, so zielt dieses Sozial-sein letztlich immer auf die Veränderung von als ungünstig angesehenen Lebenslagen ab, auf die

Abhilfe von Notständen oder die Heilung von Schäden sowie auf die Änderung der zugrundeliegenden Bedingungen, gleichviel, ob diese Ziele erreichbar sind oder nicht. Mit den Ideen der Aufklärung des 18. Jahrhunderts, der bürgerlichen Revolutionen und des Sozialismus im 19. und 20. Jahrhundert wurde das traditionelle Denken im Blick auf soziale Probleme abgelöst. So wie dem Einzelmenschen das Potential und das moralische Recht auf Entwicklung und Entfaltung zugestanden wurden, begriff man soziale Ungerechtigkeiten und Mißstände als zu behebende und die Gesellschaft ingesamt als veränderbar. Aus Motiven wie Mitleid (christliche Nächstenliebe), (liberalkonservativ geprägtem) Verantwortungsbewußtsein und (sozialistischem) Solidaritätsempfinden ist dieses Sozial-sein an den Ideen „Gleichheit und Brüderlichkeit" orientiert. **Gleichheit und Brüderlichkeit**

Versteht man sozial dagegen als „gesellschaftlich", so hat man dabei weniger den einzelnen und den Ausgleich von Benachteiligungen, sondern den Zusammenhalt der Gesellschaftsmitglieder und -gruppen sowie das Gesellschaftsganze und ihren Bestand im Blick. Nicht selten wird von Vertretern dieses Sozialbegriffes in Frage gestellt, ob es überhaupt noch stark benachteiligende Ungleichheiten gibt, die durch die Struktur unserer Gesellschaft bedingt sind. Daher werden soziale Problemlagen und sozialpolitische Ansprüche an den Staat anders bewertet. Sozialpolitischer Handlungsbedarf besteht im Prinzip nur dann und insoweit, wie das Gesellschaftsganze bedroht zu sein scheint oder die politische Macht der diesem Sozialverständnis nahestehenden Kräfte gefährdet ist. Und wenn dann schon auf Forderungen gesellschaftlicher Gruppen nach sozialstaatlichen Leistungen eingegangen werden soll, dann sollen die Ansprüche als tendenziell gleichberechtigt angesehen werden, was dann seinen programmatischen Niederschlag in der Formel findet, daß Sozialpolitik nicht nur für die Lohnabhängigen, sondern für alle Bürger dazusein habe. **„sozial" als gesellschaftlich**

Um möglichst allen sozialpolitischen Anliegen an den Staat zu entsprechen, soll die Sozialpolitik gerecht in dem formalen Sinn sein, daß möglichst viele etwas bekommen und nicht nur die traditionellen Klienten des Sozialstaats. Dabei nimmt man in Kauf, daß es viele Leistungen gibt, die in ihrer Höhe pro Empfänger niedrig sind („Gießkannenprinzip" – siehe Kindergeld oder Kleinstrenten; 7. Kapitel). Überdies würden materiell besser ausgestattete, „überhöhte" Sozialleistungen, so die Schlußfolgerung aus dieser Position, nur vom Geldgeber Staat abhängig und unfrei machen und die Menschen daran hindern,

19

Gerechtigkeit
und Freiheit

das eigene Leben in die Hand zu nehmen, einer Erwerbstätigkeit nach-
zugehen oder/und als Ehefrau eine Familie aufzubauen. So gesehen,
sind das Gießkannenprinzip und das „Prinzip der kurzen Decke" nicht
als sozialpolitische Strategien der Kostenminimierung bei gleichzeitiger sozialer Befriedung anzusehen, sondern als politisch-pädagogisch
wohl überlegte soziale Taten. Dieses Sozialsein bezieht sich weniger
auf die Werte „Gleichheit und Brüderlichkeit", sondern eher auf die
Werte „Gerechtigkeit und Freiheit". Es orientiert sich an den konser-
vativen und individual-liberalen geistigen Gegenbewegungen zu den
Ideen der bürgerlichen Revolutionen und des Sozialismus.

zwei Grund-
positionen bei
den Prinzipien

(2) Entsprechend dem *doppeldeutigen Verständnis des Sozialen,* einmal am Gleichheits- und einmal am Freiheitsparadigma orientiert, stehen sich bei den wichtigsten Zielen und Gestaltungsprinzipien der
Sozialpolitik in Deutschland im wesentlichen zwei Grundpositionen
gegenüber, die sich in der politischen und professionellen Praxis mehr
oder weniger klar als unterschiedliche Leitlinien des Denkens und des
Handelns identfzieren lassen. Eine philosophisch oder dogmatisch
„reine" Orientierung an einem der beiden Paradigmen wird man dabei
selten finden, vielmehr Mischorientierungen, Amalgame, die aber
doch immer wieder Schwerpunktsetzungen erkennen lassen.

kausale und
finale
Sozialpolitik

Wie auch immer, ob aus Prinzipientreue, aus (wahl-)taktisch-pragma-
tischen Überlegungen oder aus Traditionsbewußtsein heraus, wer sich
am Freiheitsparadigma orientiert, wird eine Sozialpolitik vertreten,
die als Handlungsorientierung eher *Kausalität* und *reaktives* Handeln
besitzt. Sie wird die Vergabe der sozialen Leistungen so anordnen, daß
ein definierbarer Grund (causa, lateinisch: der Grund) vorliegen muß,
zum Beispiel Krankheit oder Armut, und daß sie auf soziale Probleme
(zum Beispiel Wohnungslosigkeit oder Drogenabhängigkeit) eher rea-
giert, als daß sie vorbeugend darauf eingeht. Umgekehrt verfolgt eine
am Gleichheitsparadigma orientierte Sozialpolitik eine eher finale (fi-
nis, lateinisch: das Ziel) und präventive Sozialpolitik. Leistungen im
Krankheitsfall müßten demnach in eine vorbeugende Gesundheitspolitik, im Arbeitslosenfall in eine vorausschauende Beschäftigungspo-
litik münden; Wohnungspolitik und Sozialhilfe müßten den Grundsätzen der *Finalität* und *Prävention* entsprechen.

Auch bei der Frage, wer zuständig für die Vergabe von sozialen Leistungen sein soll, gibt es unterschiedliche Strategien. Die dem Anschein nach allgemein verbindliche Formel hierfür liefert das 1931 in

der päpstlichen Enzyklika „Quadragesimo anno" (im 40. Jahr nach der ersten Sozialenzyklika Rerum novarum 1891) formulierte *Subsidiaritätsprinzip* (subsidium, lateinisch: Hilfe durch Truppen), deren Grundideen von dem jesuitischen Sozialethiker Gustav Gundlach mit beeinflußt worden war.

Dort heißt es in Ziffer 79 unter anderem, daß es gegen die Gerechtigkeit verstoße, „„das, was die kleineren und untergeordneten Gemeinwesen leisten und zum guten Ende führen können, für die weitere und übergeordnete Gemeinschaft in Anspruch zu nehmen", weil „jede Gesellschaftstätigkeit subsidiär (ist); sie soll die Glieder des Sozialkörpers unterstützen, darf sie aber niemals zerschlagen oder aufsaugen."

In der deutschen Sozialpolitik der 50er und 60er Jahre und wieder seit den 80er Jahren wurden diese Passagen als Handlungsnorm für Zuständigkeiten verstanden, als eine Art Vorfahrtsregelung für sozialpolitische Träger: Wenn der einzelne nicht selbst seine sozialen Probleme würde erledigen können, dann sollte erst die Familie/Verwandtschaft, dann die kleinen Sozialvereine und -verbände, dann erst die kommunale und zuletzt die staatliche Sozialpolitik tätig werden (vgl. Grundsatzprogramm der CDU, Dokumentation 2, S. 27 f.). Diese an sich schlüssige Vorstellung als Vorrang- und Nachrangsprinzip hat inzwischen als Grundnorm Einzug in die europäische Strukturpolitik (vertikale Kompetenzverteilung) gehalten. Sie entspricht dem Freiheitsparadigma, das davon ausgeht, daß eine allgemein zuständige staatliche Sozialpolitik die Freiheit des Menschen zerstört. Die Vertreter des Gleichheitsparadigmas betonen beim Subsidiaritätsprinzip die Unterstützungsverpflichtung der Gesellschaftstätigkeit (vgl. Grundsatzprogramm der SPD, Dokumentation 2, S. 37). So könne man nicht ohne weiteres davon ausgehen, daß sich die Gesellschaftsmitglieder selbst helfen oder organisieren könnten; daher hätten die größeren Organisationen, auch der Staat, die Pflicht zur Vorleistung. So können zum Beispiel die Leistungen zur Förderung von Bildungsmaßnahmen nach dem Arbeitsförderungsgesetz (siehe Kapitel 6) oder bestimmte Leistungen der Sozialhilfe mit Blick auf das Subsidiaritätsprinzip als Vorleistung zur Selbsthilfe begrüßt oder als Verhinderung von Selbsthilfe abgelehnt werden. Auf die Doppelseitigkeit und auf die Gefahren von einseitigen Interpretationen des Subsidiaritätsprinzips hat noch in den 70er Jahren der ebenfalls den Jesuiten angehörende Sozialethiker Oswald von Nell-Breuning (1976) verwiesen.

(Marginalie:) Subsidiaritätsprinzip

Ähnlich wie bei der Zuständigkeitsfrage gibt es auch bei dem Punkt, ob bzw. wieviel Umverteilung die Sozialpolitik beinhalten soll, konzeptionelle Unterschiede. Während die Vertreter des Freiheitsparadigmas argumentieren, aus Gründen der Leistungsgerechtigkeit müsse die Umverteilung begrenzt bleiben und soziale Leistungen nach dem Prinzip einer *Äquivalenz* von gezahlten Steuern oder Sozialversicherungsbeiträgen geregelt sein, argumentieren die Vertreter des Gleichheitsparadigmas, es habe geradezu ein Merkmal der Sozialpolitik zu sein, durch eine zweite Einkommensverteilung eine *Umverteilung* der durch die Löhne und Gehälter geschaffenen ungleichen Verteilung der Einkommen und Lebenslagen zu gewährleisten.

Äquivalenz und Umverteilung

Beide Richtungen beanspruchen für sich den Begriff der *Solidarität*. Die Freiheitsorientierten plädieren für Solidarität und damit für Risikoausgleich und Umverteilung einzelner gesellschaftlicher Gruppen untereinander, etwa der Krankenversicherten. Sie lehnen aber zum Beispiel umverteilende nationale Gesamtkassen für alle Bürger/innen ab. Sie verwenden das Solidaritätsprinzip partikularistisch. Umgekehrt plädieren die Gleichheitsorientierten stärker für genau diese Einrichtungen und fordern aktuell zum Beispiel eine Arbeitsmarktabgabe der Beamten oder „Solidaritätszuschläge" für besser Verdienende. Ihnen schwebt eine universalistische Anwendung des Solidaritätsprinzips vor (vgl. Grundsatzprogramm der SPD, Dokumentation 2, S. 35 f.).

Solidarität

(3) Neben den beiden beschriebenen Hauptströmungen in Begriff und Praxis des Sozialen haben sich im Zusammenhang mit den neuen sozialen Bewegungen der 70er und 80er Jahre (Frauen, Friedens-, Ökologie- und Antiatomkraftbewegung) die Umrisse eines dritten Verständnisses des Sozialen herausgebildet. Realer Hintergrund sind die sozialpolitisch wirksamen neuen Selbsthilfegruppen auf kommunaler und Quartiersebene, die Selbsthilfeinitiativen und Organisationen, vor allem auf den Gebieten „Gesundheit", „Bildung", „Behinderungen" und „Gestaltung der Lebensformen". Nach neueren Schätzungen gibt es in Deutschland 60 000 Gruppen mit etwa 2,5 Mio. Beteiligten (Süddt. Zeitung 20. 3. 97). Diese neue Selbsthilfebewegung – ältere und inzwischen nicht mehr eigenständige Bewegungen gab es Ende des 19. Jahrhunderts, in der Weimarer Republik und in den 60er Jahren – verfolgt mehr oder weniger klar erkennbar die folgenden Ziele: weitgehende Selbstorganisation und -bestimmung der Betroffenen (zum Beispiel in Gesundheitsselbsthilfegruppen) auf freiwilliger Ba-

Neue soziale Bewegungen und drittes Sozialverständnis

sis, Einbeziehung von neuen sozialen Risiken in die Sozialpolitik (zum Beispiel mißhandelte Frauen, Langzeitarbeitslose, Aids-Kranke und multiple bzw. ganzheitliche Handlungsansätze (zum Beispiel Integration von Wohnen und Arbeiten in Ausbildungsinitiativen für Lehrlinge oder Kombinationen von Experten- und Laienhilfe). Implizit oder explizit äußert die neue Selbsthilfebewegung damit Kritik an den expertokratisch bestimmten und arbeitsteilig organisierten sozialpolitischen Großorganisationen und an der Fixierung der etablierten Sozialpolitik an der Lohnabhängigkeit. Begrifflich machte die neue Selbsthilfebewegung Anleihen beim freiheitlichen Sozialverständnis (Selbstbestimmung, Freiwilligkeit) wie beim gleichheitsorientierten (Beseitigung des sozialen Ausschlusses). Die Dienste und Leistungen sind in der Tendenz eher final, präventiv und am Prinzip der Gruppensolidarität orientiert. Damit lassen sich die meisten dieser neuen Selbsthilfeaktivitäten ideologisch und auch organisatorisch ohne besondere Probleme additiv den bestehenden sozialen Einrichtungen – etwa auf kommunaler Ebene – hinzufügen. Die im Zusammenhang mit der neuen Selbsthilfe geprägten Formeln vom „Umbau des Sozialstaats" (Opielka/Ostner 1987) oder der „Neuen Subsidiarität" (Heinze 1986) beanspruchen auch auf theoretischer Ebene Eigenständigkeit. Begrifflich lassen sich diese Elemente eines vielleicht dritten Sozialverständnisses vorläufig als „Neue Solidarität" zusammenfassen.

Will man eine (sozial-)politische Zuordnung dieser Verständnisse des Sozialen vornehmen, dann scheint eine große Affinität zum Gleichheitsparadigma in der SPD, den Gewerkschaften, Arbeitnehmern in der CDU, Teilen der Grünen, Wohlfahrtsverbänden, EKD und der linksliberalen Publizistik zu bestehen. Das Freiheitsparadigma der Sozialpolitik dominiert – selbstverständlich in verschiedenen Schattierungen – um die Mehrheit von CDU/CSU, Wirtschaftsverbänden, FDP-Mehrheit und der liberal-konservativen Publizisitik (vgl. Dokumentation 2, S. 27 ff.). „Neue Solidarität" prägt das Sozialverständnis der Mehrheit bei den GRÜNEN und der ihnen nahestehenden Verbände, Organisationen und Publizistik.

Parteipolitische Zuordnungen

In den Parteiprogrammen kann man einerseits jeweils eine Ausrichtung auf ein bestimmtes Sozialverständnis beobachten, andererseits macht man – um bei der Wahlbevölkerung anzukommen bzw. den Konkurrenzparteien keinen Grund zu Polemik, einseitig zu sein – immer auch Anleihen beim Sozialverständnis der anderen.

23

So etwa bezog sich die SPD in ihrem Godesberger Programm (1959) ausdrücklich auch auf die Werte „Freiheit und Gerechtigkeit", allerdings mit der Betonung darauf, daß sie sie nicht formal, sondern im Sinne von Gleichberechtigung verstanden wissen wolle. Ähnlich werden im Berliner Programm von 1989 die Werte „Freiheit, Gerechtigkeit und Solidarität" im Kontext des Gleichheitsparadigmas fixiert.

Bei der CDU finden sich im Parteiprogramm von 1978 die Werte „Gleichheit und Brüderlichkeit" im Kontext ihres sozialpolitischen Freiheitsverständnisses wieder, wenn es dort heißt: Gerechtigkeit müsse auch ausgleichende Gerechtigkeit sein, und Solidarität müsse auch zwischen Ungleichen geübt werden. Im Programm von 1994 werden die proklamierten Grundwerte „Freiheit, Solidarität und Gerechtigkeit" noch einmal betont und die Freiheitsorientierung unterstrichen: „Chancengleichheit soll jedem die Möglichkeit geben, sich in gleicher Freiheit zu entfalten wie es seiner persönlichen Eigenart entspricht. Wir setzen uns dafür ein, daß jeder Mensch seine Lebenschance frei wahrnehmen kann. Deshalb treten wir für eine Politik der ausgleichenden Gerechtigkeit ein."

Im Parteiprogramm der GRÜNEN von 1980 wird die soziale Orientierung neben die ökologische, basisdemokratische und gewaltfreie gestellt. Soziale Politik soll sich gegen „reale Verarmung" durch schlechtere Lebensbedingungen wenden und für „Selbstverwirklichung der Betroffenen" im Sozialstaat eintreten. Die GRÜNEN treten für ein Bündnis von „neuen" und traditionellen (Gewerkschafts- und Arbeiterbewegung) sozialen Bewegungen ein.

Ausdifferenzierung des Sozialverständnisses So wie sich die reale Sozialpolitik ausdifferenziert hat, haben sich die begrifflichen Elemente des Sozialen eher weiter ausdifferenziert als angenähert, wenngleich in der Praxis die Mischformen das Bild prägen. Auch künftig wird man nicht davon ausgehen können, daß es, etwa wie in Schweden, einen stärker konsensuellen Begriff des Sozialen geben wird. Die für Deutschland an sich hierfür infrage kommende *Kategorie „soziale Gerechtigkeit"* wird von den verschiedenen sozialpolitischen Richtungen jeweils für sich reklamiert und der anderen nicht zugestanden. Übergreifende Diskussionen und Beiträge hierzu, wie etwa die Arbeit des Amerikaners John Rawls (1975), gelangen vorerst nicht ins Feld der Politik.

parteipolitische Funktionen des Sozialverständnisses Abschließend sollte zudem nicht verkannt werden, daß die beiden Paradigmen und die hieraus folgenden Strategien und Prinzipien sozialen Handelns für die beiden großen sozialpolitischen Lager eine unterschiedliche Funktion haben: Das eher „linke" Lager vertritt seinen Wertbezug eher defensiv und verdeckt, um sich nicht dem Vorwurf der sozialistischen Gleichmacherei auszusetzen; man scheint aber innerlich fester daran gebunden zu sein. Beim anderen Lager scheint es gerade umgekehrt zu sein. Der Wertbezug wird eher offensiv, in den letzten Jahren geradezu aggressiv als Begründung für die Richtigkeit des eigentlichen Sozialen vertreten; am Beispiel: die beste Hilfe für Arbeitslose bestehe nicht in der Finanzierung und Betreuung der Arbeitslosigkeit, sondern darin, die Arbeitslosen anzuhalten, die Arbeit zu akzeptieren, die der Arbeitsmarkt hergibt. Kürzungen von Sozialleistungen erscheinen so als helfende Tat. Dagegen wirkt der innere Bezug zu den Werten „Gerechtigkeit/Freiheit" hier weniger fest. Sie werden hier häufiger lediglich als Rechtfertigung für Handeln oder Unterlassungen verwendet.

Alle diese Widersprüche und Imponderabilien treten dann zutage, wenn man einen nur einermaßen brauchbaren Begriff oder wenigstens eine *realistische Definition* von Sozialpolitik bilden will oder in der Literatur sucht.

Folgen: Schwierigkeiten einer Definition von Sozialpolitik

Im politischen Alltagsbewußtsein sind unter dem Begriff „Sozialpolitik" alle Bestrebungen und Maßnahmen des Staates zusammengefaßt, die eine Veränderung der Lebenslagen einzelner Bevölkerungsteile zum Ziel haben. Gewöhnlich wird damit Sozialpolitik überhaupt mit staatlicher Sozialpolitik gleichgesetzt. In der Tat ist die deutsche Sozialpolitik – international gesehen – in hohem Maße verstaatlicht (wie man überhaupt von einer weitgehenden Verstaatlichung der Gesellschaft spricht), obwohl eine Vielzahl nichtstaatlicher, öffentlich-rechtlicher und privater Träger in Deutschland immer existierte und bis heute existierte (vgl. 11. Kapitel). Aber von einer sachgerechten Definition der Sozialpolitik müßten eben nicht nur die staatlichen beziehungsweise öffentlich-rechtlichen Maßnahmen und Bestrebungen, sondern auch die, die von Verbänden, Organisationen, Gruppen, ja und auch von Einzelpersonen erbracht werden, erfaßt werden. Außerdem: Als Sozialpolitik sind nicht nur gesetzgeberische oder administrative Maßnahmen zu verstehen. Auch Bestrebungen zur Veränderung der sozialen Verhältnisse, zum Beispiel Initiativen, Eingaben, Gutachten von Verbänden, Gruppen oder Privatpersonen, ebenso die publizistische oder wissenschaftliche Auseinandersetzung mit sozialen Problemen sind als Sozialpolitik anzusehen.

Will man über eine derartige rein deskriptive Definition einen Begriff von Sozialpolitik formulieren, der ihren Gehalt, ihre Qualität, Ziel oder Geltung erfaßt, stößt man auf ein zweites Problem, auf die angesprochenen Aspekte der Wertung; etwa: Ist beziehungsweise soll die

Sozialpolitik (eher) dem Paradigma „Freiheit/Gerechtigkeit" oder dem der „Gleichheit/Brüderlichkeit" geschuldet sein? Beiden Sozialverständnissen in gleicher Weise zu entsprechen, scheint unmöglich, da zum Beispiel die Politik der Gleichheit für einige vom anderen Teil der Bevölkerung als ungerecht empfunden wird.

Hinzu kommt als drittes Problem, daß die verschiedenen wissenschaftlichen Disziplinen, die sich mit Sozialpolitik befassen, ihre fachspezifischen Sichtweisen nicht selten verabsolutieren und die entsprechenden Definitionsversuche hiervon wesentlich bestimmt sind. So ist Sozialpolitik für die Wirtschaftswissenschaft in erster Linie Verteilungspolitik, womit Ursachen, Umsetzungsprobleme oder Qualitätsfragen sozialer Leistungen weitgehend ausgegrenzt sind. Für Soziologen steht die Herausbildung sozialer Probleme und die Frage im Vordergrund, inwiefern die sozialen Leistungen diesen Problemen abhelfen, womit etwa die ökonomischen Fragen wenig Berücksichtigung finden. Für Juristen stellt sich die Sozialpolitik zunächst als System von sozialpolitischen Normen dar und für Politikwissenschaftler als Problem von Willensbildung und politischer Machtverteilung.

Ein Sozialpolitikbegriff, der diese Schwierigkeiten ignoriert, ist formal, bleibt Definition. Ein Begriff, der diese Probleme aufgreift und Position bezieht, kann nicht „objektiv" sein. In der Literatur sind die Begriffe entweder formale, deskriptive Definitionen oder sie sind, wenn sie das Wesen der Sozialpolitik einbeziehen, wertgebunden. Wenn sie wertgebunden sind, dabei aber Allgemeingültigkeit beanspruchen, sind sie ideologisch. Also ist Vorsicht angebracht.

weite Definition von Sozialpolitik Wir wollen vorläufig eine weite Definition verwenden: Sozialpolitik sind alle öffentlichen beziehungsweise nicht individuellen Bestrebungen und Maßnahmen, die die Absicherung oder Veränderung der Lebenslagen einzelner Bevölkerungsgruppen zum Ziel haben.

Diskussion

● Schließen sich die Paradigmen „Freiheit/Gerechtigkeit" und „Gleichheit/Solidarität" nicht doch letztlich aus?

● Warum wird das Paradigma „Freiheit/Gerechtigkeit" offensiv vertreten?

● Inwieweit hat das Sozialverständnis der neuen sozialen Bewegungen eigenständige und kritische Elemente?

FREIHEIT IN VERANTWORTUNG, GRUNDSATZPROGRAMM DER CDU
- AUSZUG -

Die Grundwerte unserer Politik

Grundlage und Orientierung unseres politischen Handelns sind das christliche Verständnis vom Menschen und die daraus abgeleiteten Grundwerte Freiheit, Solidarität und Gerechtigkeit. Unsere Grundwerte bedingen und begrenzen einander. Sie sind unteilbar und gelten unabhängig von nationalen Grenzen. Wir müssen sie entsprechend den Fragen und politischen Herausforderungen unserer Zeit immer wieder neu gewichten und ihr Verständnis aktualisieren.

Freiheit

Wir Christliche Demokraten treten für das Recht des einzelnen auf freie Entfaltung der Person ein. Als sittliches Wesen kann der Mensch vernünftig und verantwortlich entscheiden und handeln. Es ist Aufgabe der Politik, den Menschen den notwendigen Freiheitsraum zu sichern. Freiheit umfaßt Rechte und Pflichten. Wer Freiheit für sich fordert, muß die Freiheit seines Mitmenschen anerkennen. Die Freiheit des einzelnen findet ihre Grenzen in der Freiheit des anderen und in der Verantwortung für die zukünftigen Generationen und die Bewahrung der Schöpfung.

Der Mensch entfaltet sich in der Gemeinschaft. Freiheit verwirklicht sich durch Selbstverantwortung und Mitverantwortung. Jeder Bürger soll im geeinten Deutschland Freiheit in Familie, Nachbarschaft, Arbeitswelt und Freizeit sowie in Gemeinde und Staat erfahren und verwirklichen können. Die Verwirklichung der Freiheit des einzelnen ist ohne die Übernahme von Verantwortung für sich und die Gemeinschaft ethisch nicht möglich. Wir wenden uns gegen einen falsch verstandenen Individualismus auf Kosten anderer. Wir wollen den Sinn für Verantwortung und Gemeinwohl, für Pflichten und Bürgertugenden stärken.

Recht, das die personale Würde des Menschen schützt, sichert Freiheit. Es regelt das geordnete und friedliche Zusammenleben der Menschen in Freiheit.

Die Verwirklichung der Freiheit bedarf der sozialen Gerechtigkeit. Die Verhältnisse, unter denen der Mensch lebt, dürfen der Freiheit nicht im Wege stehen. Aufgabe der Politik ist es daher, der Not zu wehren, unzumutbare Abhängigkeiten zu beseitigen und die materiellen Bedingungen der Freiheit zu sichern. Persönliches Eigentum erweitert den Freiheitsraum des einzelnen für seine persönliche Lebensgestaltung.

Die Verwirklichung der Freiheit bedarf der eigenverantwortlichen Lebensgestaltung nach dem Prinzip der Subsidiarität. Deshalb muß der Staat auf die Übernahme von Aufgaben verzichten, die der einzelne oder jeweils kleinere Gemeinschaften erfüllen können. Was der Bürger allein, in der Familie und im freiwilligen Zusammenwirken mit anderen ebensogut leisten kann, soll ihm vorbehalten bleiben. Der Grundsatz der Subsidiarität gilt auch zwischen kleineren und größeren Gemeinschaften sowie zwischen freien Verbänden und staatlichen Einrichtungen. Zur Verpflichtung des Staates und der Gemeinschaft gehört es, die subsidiäre Aufgabenwahrnehmung zu erleichtern und zu fördern.

Aus der Freiheit des einzelnen folgt das gleiche Recht auf freie Entfaltung der Persönlichkeit für Frauen und Männer in allen Bereichen. Ein partnerschaftliches Miteinander ist der beste Weg zur Verwirklichung der Gleichberechtigung ...

Solidarität

Solidarität heißt füreinander dasein. Sie ist Ausdruck der sozialen Natur des Menschen und des Gebots der Nächstenliebe. Ihren ethischen Maßstab gewinnt sie aus der Würde des Menschen. Das Ziel, ein menschenwürdiges Leben für alle zu ermöglichen, verpflichtet uns zu solidarischem Handeln. Solidarität muß deshalb vor allem den Menschen gelten, die ihre Rechte nicht selbst vertreten können.

Der einzelne und die Gemeinschaft sind auf die solidarische Mitwirkung aller angewiesen. Jeder hat das Recht auf und die Pflicht zur Solidarität und trägt mit seiner Arbeit und Leistung dazu bei, daß die Gemeinschaft aller für die einzelnen eintreten kann. Wir bekennen uns zu dieser wechselseitigen Verantwortung des einzelnen und der Gemeinschaft. Elementare Formen der Solidarität sind Hilfe und Unterstützung im unmittelbaren persönlichen Miteinander – in der Familie, unter Nachbarn und in privaten Gemeinschaften. Dort aber, wo die Kräfte des einzelnen, von freien Verbänden oder Gruppen überfordert sind, müssen die Gemeinschaft und der Staat helfen. Er muß die verantwortliche Selbsthilfe im Rahmen des Möglichen erleichtern und zumuten.

Die soziale Sicherung beruht auf den Prinzipien der Solidarität und Subsidiarität. Durch die soziale Sicherung werden gemeinschaftlich die Risiken abgesichert, die der einzelne allein nicht bewältigen kann. Die soziale Sicherung hat befriedigende und befreiende Wirkung. Solidarität ist ohne Opfer nicht denkbar. Wer Hilfe und Solidarität von anderen erwartet, muß selbst bereit sein, anderen zu helfen. Wer sich davon ausschließt und nur für seinen persönlichen Vorteil wirtschaftet und lebt, entzieht der Gemeinschaft die Grundlage für den sozialen Frieden. Solidarität verbindet nicht nur Interessengruppen in der Wahrnehmung ihrer berechtigten Anliegen, sondern greift über die widerstreitenden Interessen hinaus. Solidarität verpflichtet die Starken zum Einsatz für die Schwachen und alle im Zusammenwirken für das Wohl des Ganzen ...

Gerechtigkeit

Grundlage der Gerechtigkeit ist die Gleichheit aller Menschen in ihrer Würde und Freiheit. Gerechtigkeit bedeutet gleiches Recht für alle. Recht schützt vor Willkür und Machtmißbrauch. Es sichert Freiheit auch für den Schwächeren und schützt ihn.

Gerechtigkeit verlangt die Anerkennung der persönlichen Leistung und Anstrengung ebenso wie den sozialen Ausgleich. Chancengerechtigkeit soll jedem die Möglichkeit geben, sich in gleicher Freiheit so zu entfalten, wie es seiner persönlichen Eigenart entspricht. Wir setzen uns dafür ein, daß jeder Mensch seine Lebenschancen frei wahrnehmen kann. Deshalb treten wir für eine Politik ausgleichender Gerechtigkeit ein. Chancengerechtigkeit wächst auf dem Boden möglichst gerecht verteilter Lebenschancen; dazu gehört ein offener Zugang zu den Bildungseinrichtungen unter Ausgleich nachteiliger Vorbedingungen ebenso wie die Möglichkeit der Mitsprache und Mitverantwortung, die Nutzung lebenswichtiger Güter und der Erwerb persönlichen Eigentums.

Absolute Gerechtigkeit ist nicht erreichbar. Auch politisches Handeln stößt wegen der Unzulänglichkeit des Menschen an Grenzen. Aber wir setzen uns mit äußerster Anstrengung für mehr Gerechtigkeit in unserer Gesellschaft und eine gerechtere Welt ein.

Gerechtigkeit schließt die Übernahme von Pflichten entsprechend der Leistungsfähigkeit des einzelnen zum Wohle des Ganzen ein. Soziale Gerechtigkeit verlangt, vor allem denjenigen Menschen zu helfen, die nur unzureichend zur Selbsthilfe fähig sind und allein ihre Belange nicht wirkungsvoll vertreten und durchsetzen können. Wir fühlen uns den Schwachen und sozial Benachteiligten besonders verpflichtet. Für uns gilt, niemanden fallen zu lassen und jedem in unserer Gesellschaft menschenwürdige Lebensverhältnisse zu sichern.

Jeder Bürger in Deutschland soll Recht finden, soll seine Chancen wahrnehmen und durch Leistung verbessern können, soll Eigentum und Bildung erwerben und mit seiner Kraft zur ausgleichenden Gerechtigkeit beitragen. Im geeinten Deutschland ist es unsere besondere Aufgabe, uns um Gerechtigkeit für die Bürger zu bemühen, denen sie über Jahrzehnte vorenthalten wurde. Gerechtigkeit muß die innere Einheit unseres Landes bestimmen und ihre Gestaltung leiten . . .

Aufgaben und Prinzipien einer erfolgreichen Sozialpolitik

Die Sozialpolitik hat seit dem 19. Jahrhundert beeindruckende Erfolge erzielt. Sie stand zunächst im Banne des Konflikts zwischen Kapital und Arbeit. Durch sozialpolitische Maßnahmen wurde dieser entschärft und die Lage der Arbeitnehmer wesentlich verbessert. Wir Christliche Demokraten haben die soziale Ordnung unseres Landes maßgeblich mitgestaltet und geprägt. Die Lösung sozialer Probleme ist und bleibt für uns zentrale Verpflichtung.

Wir haben uns mit der Neuen Sozialen Frage als erste politische Kraft der Herausforderungen angenommen, die sich in unserer Gesellschaft aus dem Konflikt zwischen organisierten und nichtorganisierten Interessen, zwischen Erwerbstätigen und nicht im Berufsleben Stehenden ergeben. Die nichtorganisierten – alte Menschen, Eltern, Kinder, Alleinerziehende, Behinderte, Pflegebedürftige, Arbeitslose, nicht mehr Arbeitsfähige und andere – unterliegen häufig im Verteilungskampf den organisierten Interessen. Arbeitgeber und Arbeitnehmer sind in mächtigen Verbänden organisiert. Sie haben wesentlich zum sozialen Frieden und zur Leistungsfähigkeit unserer Wirtschafts- und Sozialordnung beigetragen. Sie treten aber nicht nur gegeneinander an, sondern behaupten ihre spezifischen Interessen auch gegen andere, schwächere Bevölkerungsgruppen und die Gemeinschaft. Der Staat als Anwalt des Gemeinwohls hat die Aufgabe, die Machtlosen und Minderheiten im Wettstreit um die materiellen und immateriellen Güter zu schützen und ihre Rechte wahrzunehmen.

Zu den wichtigsten Aufgaben unserer Sozialpolitik gehören:

○ der Schutz vor Armut und Not, um allen ein menschenwürdiges Leben zu sichern;

○ eine durch Solidargemeinschaften gesicherte Vorsorge und Absicherung von existentiellen Risiken, die der einzelne nicht tragen kann;

○ die Stärkung der Eigenverantwortung und die Hilfe zur Selbsthilfe;

○ die Bewahrung des sozialen Friedens.

Ziel unserer Sozialpolitik ist es, nach den Prinzipien Solidarität und Subsidiarität den einzelnen in den Stand zu setzen, aus eigener Kraft sein Leben in die Hand zu nehmen und über seinen Lebensweg frei zu bestimmen.

In den vergangenen Jahrzehnten sind der Gemeinschaft viele Leistungen aufgebürdet worden, die der einzelne heute selbst erbringen kann. Staatliche Sozialleistungen müssen auf die wirklich Hilfsbedürftigen konzentriert werden. Deshalb treten wir dafür ein, soziale Leistungen, die nicht durch eigene Beiträge, sondern aus Steuermitteln finanziert werden, künftig grundsätzlich nur noch einkommensabhängig zu gewähren und im gesamten Bereich der Sozialpolitik stärker Eigenvorsorge, Eigenverantwortung und Selbstbeteiligung zu verwirklichen. Um neue Aufgaben erfüllen und die demographische Entwicklung bewältigen zu können, brauchen wir neuen Handlungsspielraum, den wir nicht durch Beitrags- oder Steuererhöhungen, sondern durch Umschichtungen gewinnen wollen. In diesem Sinne ist nicht der Ausbau, sondern der Umbau des Sozialstaates unsere Aufgabe.

Wir wollen eine neue Kultur des Helfens fördern und soziale Gemeinschaften von der Familie über die Nachbarschaft bis hin zum Zusammenhalt der Generationen stärken. Solche Gemeinschaften kann der Staat nicht verordnen, allerdings kann und muß er sie subsidiär unterstützen. Hier eröffnet sich ein weites Feld für eine gemeindenahe Sozialpolitik. Durch Unterstützung von Selbsthilfegruppen sowie durch Treffpunkte der Hilfsbereitschaft, Sozialstationen und andere Einrichtungen kann sie dafür sorgen, daß Hilfsbedürftige und Hilfsbereite leichter zueinander finden. Wir wollen die Voraussetzungen verbessern, um die Bereitschaft und die Fähigkeit der Menschen zur solidarischen Unterstützung des Nächsten zu fördern. Hierzu gehört auch eine bessere Anerkennung ehrenamtlich geleisteter Dienste.

Arbeitsmarktpolitik

Der untrennbare Zusammenhang zwischen Wirtschaft und Sozialordnung erweist sich vor allem bei dem Bestreben, möglichst vielen Menschen Arbeit zu ermöglichen. Arbeit ist die Grundlage individueller und gesellschaftlicher Existenz, damit ein wesentlicher Bestandteil des menschlichen Lebens und Möglichkeit der personalen Entfaltung. Deshalb streben wir Vollbeschäftigung an. Sie ist ein wirtschafts- und gesellschaftspolitisches Ziel, dem der Staat durch Schaffung geeigneter Rahmenbedingungen und die Tarifpartner in besonderer Verantwortung verpflichtet sind.
Arbeitslosigkeit bedeutet für viele Betroffene nicht nur Verlust beim Einkommen, sondern häufig soziale Isolierung und Verlust an Perspektiven. Insbesondere Langzeitarbeitslosigkeit bedeutet für

viele Menschen einen Verlust an Selbstwertgefühl, Lebensstandard und Lebensqualität. Die beste Politik für den Arbeitsmarkt ist die Schaffung dauerhafter und wettbewerbsfähiger Arbeitsplätze durch Investitionen. Um Arbeitslosigkeit zu verringern, muß sich die Steigerung von Löhnen und Gehältern an der Entwicklung der Produktivität orientieren. Wir brauchen eine differenzierte Tarifpolitik in Branchen und Regionen sowie Möglichkeiten, im Rahmen von Tarifverträgen und Betriebsvereinbarungen stärker den betrieblichen Besonderheiten und Bedürfnissen Rechnung tragen zu können ...

Bei allen arbeitsmarktpolitischen Maßnahmen muß das Ziel verfolgt werden, einer möglichst großen Zahl von Arbeitslosen eine Beschäftigungsmöglichkeit zu geben und die Anreize für einen Wechsel in ein reguläres Beschäftigungsverhältnis zu stärken. Die Tarifpartner sind aufgefordert, dem besonderen Charakter von Arbeitsbeschaffungsmaßnahmen Rechnung zu tragen und spezielle niedrigere Tarife dafür zu vereinbaren. Das gilt auch zur Verbesserung der Chancen von Langzeitarbeitslosen; dazu sind Einstiegstarife erforderlich, die eine Bezahlung unterhalb der regulären Tarife ermöglichen. Wir treten ferner dafür ein, Arbeitslosen Beschäftigungsmöglichkeiten auf freiwilliger Basis zu eröffnen, wobei Arbeitslosengeld bzw. Arbeitslosenhilfe fortgezahlt und ein angemessener Zuschlag für Mehraufwendungen gewährt wird.

31

Mitbestimmung

Mitbestimmung und Mitwirkung der Arbeitnehmer in Betrieben und Unternehmen sind für uns eine unverzichtbare Grundlage unserer Wirtschafts- und Sozialordnung und Ausdruck christlichsozialen Gedankenguts. Die Mitverantwortung der Beschäftigten hat wesentlich zum Erfolg der deutschen Wirtschaft sowie zu Stabilität und sozialem Frieden beigetragen. Die in Deutschland bewährte Mitbestimmung wollen wir auch in der Europäischen Union beibehalten. Die zunehmende internationale Verflechtung der Wirtschaft erfordert, daß in den europaweit tätigen Unternehmen im Ausland grenzüberschreitende Arbeitnehmervertretungen mit Unterrichtungs- und Beratungsrechten gebildet werden.

Humanität und Flexibilität im Arbeitsleben

Humanität im Arbeitsleben und Arbeitsschutz müssen weiterentwickelt werden. Technischer Fortschritt bietet neue Möglichkeiten für die Humanisierung der Arbeitsbedingungen. Der Mensch ist für uns nicht Diener der Maschine. Gruppen- und Teamarbeit ermöglichen menschliche Kontakte und eröffnen neue Mitwirkungschancen. Auch im Arbeitsleben muß der einzelne die Chance haben, mitzugestalten und mitzuentscheiden.

Wir erwarten von den Tarifpartnern eine neue Flexibilität in der Gestaltung der Arbeitszeiten. Hierbei müssen betriebliche Erfordernisse berücksichtigt werden. Wir wollen mehr Flexibilität bei der Bestimmung der Tages-, Wochen-, Jahres- und Lebensarbeitszeit ermöglichen und die Übergänge zwischen den Lebensbereichen und -phasen fließender gestalten.

Soziale Sicherungssysteme

Unser Sozialversicherungssystem hat großen Anteil am sozialen Frieden und an der Verwirklichung der sozialen Einheit in unserem Land. Wir treten dafür ein, grundsätzlich alle Dauerarbeitsverhältnisse der Sozialversicherungspflicht zu unterwerfen. Wir lehnen eine allgemeine Staatsbürgerversorgung ab. Sie widerspricht dem Grundprinzip der eigenen Vorsorge durch Beiträge und macht den einzelnen unzumutbar von den Entscheidungen des Staates abhängig.

Wir werden auch in Zukunft die Versorgung derer sichern, die für die Gemeinschaft ihr Leben eingesetzt und Schaden an ihrer Gesundheit genommen haben. Dieses gilt auch für deren Hinterbliebene und Angehörige. Auch die Sozialhilfe ist ein unentbehrlicher Bestandteil der sozialen Sicherung. Sie tritt dort ein, wo andere Institutionen unserer sozialen Sicherung Schicksalsfälle des Lebens nicht abdecken können.

Wir halten an der gegliederten sozialen Sicherung fest. Neben der Sozialversicherungspflicht muß künftig mehr Raum für eigenverantwortliche Sicherungen, insbesondere privater und betrieblicher Art, geschaffen werden. Deshalb darf die Fähigkeit zur Eigenvorsorge nicht durch übermäßige Belastung der Einkommen mit Steuern und Sozialabgaben beeinträchtigt werden. Wir wollen alles tun, um die Beitragsbelastung für die Sozialversicherungen unter Ausschöpfung aller Wirtschaftlichkeitsreserven und Einsparmöglichkeiten zu begrenzen.

Um die Funktionsfähigkeit unserer sozialen Leistungssysteme langfristig zu erhalten und die soziale Sicherung des einzelnen gewährleisten zu können, müssen wir grundlegende Korrekturen vornehmen. Nicht der Ausbau der sozialen Sicherungssysteme, sondern der Umbau muß daher unser Ziel sein. Neben der stärkeren Förderung und Forderung von Eigenverantwortung, Eigenvorsorge und Selbstbeteiligung wollen wir das Versicherungsprinzip stärken; unsere Sozialversicherung muß schrittweise von den Aufgaben finanziell befreit werden, die gesamtstaatlicher Natur sind.

Unser Rentenversicherungssystem beruht auf der Solidarität zwischen den Generationen. Um den Mehrgenerationenvertrag zu sichern, treten wir für eine familienfreundliche Gesellschaft und familienfreundliche Maßnahmen, insbesondere im Steuer- und Sozialversicherungsrecht ein; wir wollen die durch die Kindererziehung entstehenden Mehrfachbelastungen von Eltern ausgleichen und die Erziehungsleistungen und -zeiten im Rentensystem stärker als bisher anerkennen.

Die Rentenversicherung muß beitrags- und damit leistungsbezogen bleiben. Sie schafft Rechtspositionen und damit ein

Stück Freiheit für jeden. Die Rentenbezüge sind gebunden an die Leistungskraft der im Erwerbsleben stehenden Generation. Wir halten an der Kopplung der Renten an die Entwicklung des verfügbaren Lohnes der Arbeitnehmer und damit des Wohlstandes in unserem Lande fest. Voraussetzung für eine verläßliche Altersversorgung ist eine erfolgreiche Wirtschaftspolitik und eine leistungs- und sachgerechte Ausgestaltung der gesetzlichen Rentenversicherung.

Aufgrund der demographischen Entwicklungen werden weitere Anpassungen im Rentenrecht notwendig sein. Die erworbenen Rentenansprüche bleiben gesichert; die wirtschaftliche Entwicklung und die Zahl der Erwerbstätigen sind entscheidend dafür, welchen Beitrag das bisherige Rentensystem für die nächste Generation zur Alterssicherung leistet. Der privaten Altersvorsorge, die wir fördern wollen, kommt eine wachsende Bedeutung zu. Auch die schrittweise Verlängerung der Lebensarbeitszeit ist ein Element, um der demographischen Entwicklung und der zunehmenden Lebenserwartung der Bevölkerung Rechnung zu tragen.

Gesundheit und Pflege

Die Gesundheit ist ein hohes Lebensgut. Die Chancen, gesund zu bleiben oder zu werden, müssen für jeden gleich groß sein, ohne Rücksicht auf seine finanzielle und soziale Situation. Hierdurch ergibt sich staatlicher Regelungsbedarf. Die

Krankenversorgung selbst kann grundsätzlich von privaten Trägern übernommen werden. Freie Arztwahl und freiberufliche Ärzte gehören zum Kern eines freiheitlichen Gesundheitswesens. Gesundheitspolitik soll dazu beitragen, Krankheiten zu verhüten. Wir setzen daher auch auf die Weiterentwicklung der Vorsorge und der Gesundheitserziehung. Durch Information und Anreize im Versicherungssystem wollen wir zu einer gesundheitsbewußten Lebensführung, zur frühzeitigen Nutzung von Vorsorgemaßnahmen und zur aktiven Beteiligung an Therapie und Genesung beitragen. Große Bedeutung kommt der Rehabilitation zu, die der Wiederherstellung der Gesundheit und Selbständigkeit des Patienten dient und Vorrang vor der Pflege hat ...

Unser Gesundheitssystem lebt von den Menschen, die in den medizinischen und pflegerischen Berufen ihren Dienst am Nächsten und für die Gemeinschaft leisten. Die Ausübung medizinischer Berufe erfordert eine hohe Qualifikation, Verantwortungsbewußtsein und Zuwendungsbereitschaft. Wir setzen uns für eine Ausbildung ein, die auch die ethische Dimension verstärkt einbezieht.

Die gesetzliche Krankenversicherung gehört zu den unverzichtbaren Institutionen der sozialen Sicherung. Die zunehmende Lebenserwartung sowie der demographische Wandel, aber auch noch bestehende Fehlsteuerungen erfordern weitere Maßnahmen zur Begrenzung ihrer Ausgaben. Dabei muß die gewachsene Fähigkeit der Versicherten zur Selbstverantwortung stärker in Anspruch genommen werden. Eine Neuordnung des Leistungskataloges wird stärker differenzieren müssen, welche Leistungen weiterhin aus gesundheits- und sozialpolitischer Sicht durch die gesetzliche Krankenversicherung und welche vom einzelnen übernommen werden und in welchem Umfang Selbstbeteiligungen notwendig sind. Zugleich wollen wir mehr Möglichkeiten zur eigenverantwortlichen Gestaltung des Versicherungsschutzes schaffen und die Strukturen des Gesundheitssystems so gestalten, daß alle Beteiligten ein Eigeninteresse an einer humanen, effizienten und kostengünstigen Gesundheitsversorgung haben.

Wir Christliche Demokraten setzen im Rahmen des Umbaus des Sozialstaates mit der Pflegeversicherung einen weiteren Meilenstein in der Sozialpolitik. Pflegebedürftigkeit ist ein Risiko, das jeden betreffen kann, ohne daß jeder in der Lage wäre, die entsprechende Vorsorge leisten zu können. Deshalb ist die solidarische Absicherung dieses Risikos durch eine allgemeine Pflegeversicherung erforderlich. Ergänzende private Vorsorgeleistungen auf freiwilliger Basis sind notwendig und staatlich zu begünstigen.

Quelle: Freiheit in Verantwortung. Grundsatzprogramm der CDU Deutschlands. Bonn 1994.

GRUNDSATZPROGRAMM DER SOZIALDEMOKRATISCHEN PARTEI DEUTSCHLANDS
1989 – AUSZUG –

Grundwerte des demokratischen Sozialismus

Freiheit, Gerechtigkeit und Solidarität sind die Grundwerte des Demokratischen Sozialismus. Sie sind unser Kriterium für die Beurteilung der politischen Wirklichkeit, Maßstab für eine neue und bessere Ordnung der Gesellschaft und zugleich Orientierung für das Handeln der einzelnen Sozialdemokratinnen und Sozialdemokraten.

Die Sozialdemokratie erstrebt eine Gesellschaft, in der jeder Mensch seine Persönlichkeit in Freiheit entfalten und verantwortlich am politischen, wirtschaftlichen und kulturellen Leben mitwirken kann.

Der Mensch ist als Einzelwesen zur *Freiheit* berufen und befähigt. Die Chance zur Entfaltung seiner Freiheit ist aber stets eine Leistung der Gesellschaft. Freiheit ist für uns die Freiheit eines jeden, auch und gerade des Andersdenkenden. Freiheit für wenige wäre Privileg.

Die Freiheit des anderen ist Grenze und Bedingung der Freiheit des einzelnen. Freiheit verlangt Freisein von entwürdigenden Abhängigkeiten, von Not und Furcht, aber auch die Chance, individuelle Fähigkeiten zu entfalten und in Gesellschaft und Politik verantwortlich mitzuwirken.

Nur wer sich sozial ausreichend gesichert weiß, kann seine Chance zur Freiheit nutzen. Auch um der Freiheit willen wollen wir gleiche Lebenschancen und umfassende soziale Sicherung.

Gerechtigkeit gründet in der gleichen Würde aller Menschen. Sie verlangt gleiche Freiheit, Gleichheit vor dem Gesetz, gleiche Chancen der politischen und sozialen Teilhabe und der sozialen Sicherung. Sie verlangt die gesellschaftliche Gleichheit von Mann und Frau.

Gerechtigkeit erfordert mehr Gleichheit in der Verteilung von Einkommen, Eigentum und Macht, aber auch im Zugang zu Bildung, Ausbildung und Kultur.

Gleiche Lebenschancen bedeuten nicht Gleichförmigkeit, sondern Entfaltungsraum für individuelle Neigungen und Fähigkeiten aller.

Gerechtigkeit, das Recht auf gleiche Lebenschancen, muß mit den Mitteln staatlicher Macht angestrebt werden.

Solidarität als die Bereitschaft, über Rechtsverpflichtungen hinaus füreinander einzustehen, läßt sich nicht erzwingen. Solidarität hat die Arbeiterbewegung im Kampf für Freiheit und Gleichheit geprägt und ermutigt. Ohne Solidarität gibt es keine menschliche Gesellschaft.

Solidarität ist zugleich Waffe der Schwachen im Kampf um ihr Recht und Konsequenz aus der Einsicht, daß der Mensch der Mitmenschen bedarf. Wir können als Freie und Gleiche nur dann menschlich miteinander leben, wenn wir füreinander

einstehen und die Freiheit des anderen wollen. Wer in Not gerät, muß sich auf die Solidarität der Gesellschaft verlassen können.
Solidarität gebietet auch, daß die Menschen in der Dritten Welt die Chance für ein menschenwürdiges Leben erhalten. Kommende Generationen, über deren Lebenschancen wir heute entscheiden, haben Anspruch auf unsere Solidarität.
Solidarität ist auch nötig, um individuelle Entfaltungschancen zu erweitern. Nur gemeinsames Handeln, nicht egoistischer Individualismus schafft und sichert die Voraussetzungen individueller Selbstbestimmung.
Freiheit, Gerechtigkeit und Solidarität bedingen einander und stützen sich gegenseitig. Gleich im Rang, einander erläuternd, ergänzend und begrenzend erfüllen sie ihren Sinn.
Diese Grundwerte zu verwirklichen und die Demokratie zu vollenden, ist die dauernde Aufgabe des Demokratischen Sozialismus. ...
Unser Gesundheitswesen ist äußerst erfolgreich, wo Infektionen zu bekämpfen, Schwerverletzte zu retten, chirurgische Eingriffe vorzunehmen sind. Es steht oft hilflos vor der wachsenden Zahl chronisch, psychosomatisch und psychisch Kranker. Die Bekämpfung der Suchtgefahren ist eine gesamtgesellschaftliche Aufgabe von hohem Rang. Auch hier geht Hilfe vor Strafe.
Vorbeugende und heilende Medizin müssen den gleichen Rang erhalten. Gesundheitsvorsorge und Gesundheitsaufklärung werden zu zentralen Aufgaben. Sie müssen im Kindergarten beginnen. Lebens- und Arbeitsbedingungen, die physisch oder psychisch krank machen, müssen besser erforscht und tatkräftiger verändert werden. Umweltschutz und Arbeitsschutz, Wohnungsbau und naturgerechte Landwirtschaft müssen zur Gesundheitsvorsorge beitragen.
Die Vielfalt sinnvoller medizinischer Ansätze, einschließlich der Naturheilverfahren, darf nicht durch Interessenmacht unterdrückt werden.
Jedem Kranken ist, unabhängig vom Einkommen, eine Behandlung zu ermöglichen, die dem Stand medizinischer Wissenschaft entspricht. Alle haben das Recht auf freie Wahl des Arztes und der Behandlungsmethoden, auch solche der alternativen Medizin.
Intensivmedizin kann Leben retten. Sie wird problematisch, wo sie Sterben verlängert und ihm seine Würde nimmt. Technische Hochleistung, Apparatemedizin und Chemotherapie dürfen einfache und kostengünstige Behandlungsmethoden nicht verdrängen.
Die soziale und psychische Seite von Krankheit ist stärker zu berücksichtigen, psychisch Kranke und Behinderte dürfen nicht abgeschoben, verwahrt und isoliert werden. Sie sind in ihrer besonderen Lebenslage anzunehmen, zu respektieren und, soweit wie möglich, zu integrieren. Dazu müssen gemeindenahe ambulante und stationäre Behandlungsformen geschaffen und miteinander verknüpft werden. Im Versorgungsrecht sind psychisch und physisch Kranke gleichzustellen. Psychisch Kranken ist

durch mehr Personal und bessere Reha-
bilitationseinrichtungen die gleiche
Betreuung wie physisch Kranken zu gewähren.

Wir wollen der ambulanten medizinischen Versorgung Vorrang vor der stationären geben. Dazu bedarf es des Aufbaus
eines Netzes von möglichst gemeindebe-
zogenen Einzel- und Gruppenpraxen,
Gesundheitszentren, erweiterten Sozialstationen, Tageskliniken und Rehabilita-
tionseinrichtungen.

Die notwendige Kostensenkung im Gesundheitswesen verlangt nicht nur veränderte Machtverhältnisse, sondern auch
ein humanes Verständnis von Krankheit.
Es geht nicht darum, durch oberfläch-
liche Beseitigung von Krankheitssymp-
tomen Arbeitsfähigkeit herzustellen,
sondern Menschen gesund zu machen.
Dazu brauchen wir die vertrauensvolle
Partnerschaft von Ärzten, Patienten und
nichtärztlichen Heilberufen.

In der gesetzlichen Krankenversicherung
lehnen wir eine Kostenbeteiligung der
Versicherten über die Beiträge hinaus ab.

Hilfe zur Selbsthilfe

Wir wollen eine Gesellschaft selbständiger Menschen, die für sich und für andere
Verantwortung übernehmen. Wir wollen
denen Hilfe anbieten, die versuchen, ihre
Probleme aus eigener Kraft oder zusammen mit anderen anzupacken. Deshalb
sind neue Formen der Zusammenarbeit
von Sozialverwaltung und Selbsthilfein-
stitutionen zu unterstützen. Wir wollen

die Selbsthilfebewegung ermutigen und
ihre Ideen und Erfahrungen für den Sozialstaat nutzbar machen.

Selbsthilfe kann große Solidargemeinschaften oder professionelle Dienste
nicht entbehrlich machen. Sie kann sie
aber entlasten und ergänzen und neuen
Bedürfnissen flexibler gerecht werden.
Aus dem Willen zur Selbsthilfe sind auch
Wohlfahrtsverbände wie die Arbeiterwohlfahrt oder die diakonische und kari-
tative Arbeit der Kirchen entstanden, die
wir schätzen und fördern.

Ökologisch und sozial
verantwortliches Wirtschaften

... In modernen, demokratisch verfaßten
Industriegesellschaften geschieht die
Versorgung mit Gütern und Dienstleistungen durch eine gemischte Wirtschaft, in der Wettbewerb und staatliches
Handeln zusammenwirken. Dieses System hat sich als überaus leistungsfähig
und allen Formen zentraler Verwaltungs-
wirtschaft prinzipiell überlegen erwiesen.

Ein historisches Grundproblem des Wett-
bewerbssystems ist seine Verbindung mit
der privaten Verfügung über die Produktionsmittel. Diese Verbindung hat die kapitalistische Wirtschaftsordnung hervorgebracht und zu unkontrollierter wirtschaftlicher Macht und ungerechter Verteilung von Arbeit, Einkommen und Vermögen geführt.

Demokratische Kontrolle der wirtschaftlichen Macht des Kapitals verlangt einen

handlungsfähigen Staat, starke Gewerkschaften und Mitbestimmung.

Die Ungleichheiten in der Vermögens-
und Einkommensverteilung haben weiter
zugenommen. Eine gerechte Verteilung
von Einkommen, Vermögen und Zeit
macht Tarifautonomie, staatliche Steuer-
und Sozialpolitik und Vermögensbildung
der Arbeitnehmer erforderlich.

Das Wettbewerbssystem ist ungeeignet,
die Menschen mit Gemeinschaftsgütern
und -leistungen zu versorgen. Infrastruktur und soziale Dienste bereitzustellen,
ist vor allem öffentliche Aufgabe.

Die Wettbewerbswirtschaft hat durch ihre Tendenz zu ungehemmtem Ressour-
cenverbrauch und unkontrollierter technischer Innovation zur Verschwendung
von Rohstoffen und zur Zerstörung der
natürlichen Lebensgrundlagen geführt.
Der Staat muß diesen ökologischen Ge-
fährdungen entgegenwirken und die Einführung umweltverträglicher Produkte
und Produktionsverfahren durchsetzen.
Wettbewerb kann, ohne Leistungsfähigkeit einzubüßen, auf die Interessen des
Gemeinwohls hin gelenkt werden, wenn
es gelingt, Rahmenbedingungen gegen
Kapitalinteressen verbindlich durchzusetzen. Dies kann in westlichen Industrielän-
dern durch staatliche Steuerung, die
Gegenmacht von Gewerkschaften, Dezentralisierung von Entscheidungen und
gesellschaftlichen Konsens auf der
Grundlage eines breiten Reformbündnis-
ses geschehen, das auch die neuen sozialen Bewegungen einbezieht.

Durch soziale Gerechtigkeit zur solidarischen Gesellschaft

Sozialpolitik als verwirklichte Solidarität

Sozialpolitik will Solidarität als Leitidee
für die ganze Gesellschaft lebendig machen. Daher ist sie für uns Gesellschafts-
politik, eine Dimension des gesamten politischen Handelns.
Solidarität ersetzt nicht Eigenverantwortung, erträgt nicht Bevormundung. Sie
soll auch als Hilfe zur Selbsthilfe wirksam werden. Die Arbeiterbewegung hat
über Generationen hinweg den Sozialstaat erkämpft. Wir werden ihn erhalten
und ausbauen.
In der Solidargemeinschaft stehen die
Jungen für die Alten, die Gesunden für
die Kranken, die Nichtbehinderten für
die Behinderten, die Arbeitenden für die
Arbeitslosen ein. Wir sind gegen eine
Privatisierung der elementaren Lebensrisiken.
Sozialpolitik, die sich darauf beschränkt,
eingetretene Schäden zu beheben, ist in-
human und überdies finanziell rasch
überfordert. Der wirksamste Schutz geschieht durch Vorbeugung. Sozialpolitik
will nicht nur reparieren und in Notfällen
einspringen, sondern vorausschauend
gestalten. Sie soll Lebens- und Arbeitsbedingungen menschenwürdig machen.
Ökologische Politik zum Schutze der
Gesundheit, Humanisierung der Arbeit,
Bekämpfung der Arbeitslosigkeit und
gerechtere Einkommensverteilung sind
zentrale Aufgaben vorbeugender Sozialpolitik.

Wir wollen, daß gesunde und preiswerte Wohnungen in ausreichender Zahl angeboten werden, die den Bedürfnissen von Familien und einzelnen gerecht werden. Wohnen ist ein Grundrecht wie Arbeit und Bildung. Jeder hat Anspruch auf eine menschenwürdige Wohnung. Der Schutz der Mieter durch ein soziales Mietrecht muß dauerhaft gesichert bleiben. Es ist die Aufgabe des Staates und der Gesellschaft, denen zu helfen, die ihre berechtigten Wohnansprüche nicht aus eigener Kraft erfüllen können oder die als Minderheiten am Wohnungsmarkt auf Ablehnung stoßen. Der soziale Wohnungsbau als Miet- und Eigenheimbau bleibt daher unverzichtbar.

Recht auf soziale Sicherheit

Das Sozialstaatsgebot des Grundgesetzes überträgt dem Staat soziale Verantwortung und die Pflicht zu sozialer Gerechtigkeit.

Die tragenden Säulen des Sozialstaats sind staatlich verbürgte soziale Sicherung und Teilhabe, der einklagbare Rechtsanspruch auf Sozialleistungen und die rechtlich gesicherte Stellung der Arbeitnehmer.

Es berührt Menschen in ihrer Würde, ob sie Sozialleistungen aufgrund von Rechtsansprüchen oder als wohltätige Zuwendungen erhalten, ob sie im Arbeitsverhältnis der Willkür des Arbeitgebers unterworfen sind oder, genau wie die Unternehmer, gesetzliche Rechte und Pflichten wahrnehmen. Wer soziale Hilfe in Anspruch nimmt, darf nicht diskriminiert werden.

Soziale Sicherung muß verläßlich sein. Wirtschafts-, Finanz- und Sozialpolitik sind so aufeinander abzustimmen, daß die Gesamtpolitik am Sozialstaatsgebot orientiert ist.

Umbau statt Abbau

Auch für Sozialpolitik gilt: Qualität vor Quantität. Wer Abbau verhindern will, muß Umbau betreiben.

Gewinninteressen müssen zurückgedrängt, bürokratische Verkrustungen aufgebrochen werden. Die Empfänger von Sozialleistungen müssen ihre Interessen ausreichend geltend machen können.

Soziale Sicherung hat sich über ein Jahrhundert hinweg in zahlreiche Institutionen verzweigt. Das Sozialrecht ist schwer durchschaubar geworden. Berufsständische Abgrenzungen führen dazu, daß gleiche Tatbestände ungleich behandelt werden. Dies wollen wir überwinden.

Unser Ziel ist eine soziale Sicherung, die
– beim Vorliegen gleicher Tatbestände alle gleich behandelt,
– alle nach Leistungsfähigkeit zur Finanzierung heranzieht,
– Selbstverwaltung aktiviert,
– Hilfe zur Selbsthilfe leistet,
– Benachteiligung von Frauen beseitigt,
– Vereinbarkeit von Familie und Beruf erleichtert,
– die Selbständigen einbezieht und
– die Eingliederung von Behinderten gewährleistet.

Wir wollen eine einkommensabhängige soziale Grundsicherung, die das beitrags- und leistungsbezogene Sicherungssystem ergänzt, es aber nicht ersetzt. Sie soll im Alter, bei Invalidität und Arbeitslosigkeit den Lebensbedarf decken. Soziale Grundsicherung soll Sozialhilfe auf die Unterstützung in besonderen Notlagen zurückführen und das Sozialrecht vereinfachen. Ihre zusätzlichen Kosten sind aus Steuermitteln zu finanzieren.

Wir werden dafür sorgen, daß die Renten sicher bleiben. Wenn auf immer mehr Rentner immer weniger Beitragzahler kommen, müssen zusätzliche Lasten auf Beitragzahler, Rentner und den Staat gerecht verteilt werden. Der ungünstige Altersaufbau wirkt sich auch auf die Sonder- und Zusatzversorgungen aus. Daher müssen die Systeme der Alterssicherung schrittweise angeglichen werden. Alle müssen die Möglichkeit erhalten, nach eigener Wahl Teile von Rente und Arbeitseinkommen zu kombinieren.

Unternehmen, die Arbeit durch Kapital und Energie ersetzen, zahlen immer weniger, arbeitsintensive Betriebe immer mehr Sozialabgaben. Wir wollen die Arbeitgeberbeiträge zur Sozialversicherung am Leistungsvermögen der Unternehmen, an der Wertschöpfung orientieren.

Reform des Gesundheitswesens

Wir streben eine Gesundheitssicherung an, bei der die Interessen der Versicherten Vorrang vor den Interessen der Ärzte, der Zahnärzte, der Pharmaindustrie, der Heil- und Hilfsmittelanbieter und der Krankenhausträger haben. Die Krankenkassen müssen in den Stand gesetzt werden, die Rechte der Versicherten gegen die Interessen der Anbieter durchzusetzen und das Interesse der Versicherten an Vorbeugung und kostengünstigen, aber wirksamen Heilverfahren zu stärken.

Quelle: Grundsatzprogramm der Sozialdemokratischen Partei Deutschlands. Bonn 1989.

ZU DEN BEGRIFFEN „SOZIALE GERECHTIGKEIT" – „SOZIALE GLEICHHEIT"

Soziale Gerechtigkeit

Soziale Gerechtigkeit kann als Gleichheit der formalen Freiheit, als Gleichheit der Startbedingungen, als Leistungsgerechtigkeit oder als Bedarfsgerechtigkeit verstanden werden.

Die Gleichheit der *formalen Freiheit* entspricht der Gleichheit vor dem Gesetz. Sie fußt auf der Überzeugung, daß die Menschen von Geburt gleich sind und deshalb grundsätzlich die gleichen Entfaltungsrechte haben sollen. Dazu gehört auch der gleiche rechtliche Zugang zu jenen Faktoren, die den sozialen Status des einzelnen vor allem bestimmen: Einkommen bzw. Eigentum, Sozialprestige, Autorität, Ausbildungs- oder Erziehungsniveau. Weil gleiche formale Freiheit nur gleiches rechtliches Dürfen und noch nicht gleiches Können bedeutet, wird sie in der Regel nur als eine erste Annäherung an die Gerechtigkeit angesehen. Wir können sie auch als formale Gerechtigkeit bezeichnen.

Soziale Gerechtigkeit im materialen Sinn verlangt, daß die Faktoren, die den sozialen Status bestimmen, verhältnismäßig gleich verteilt sind. Das entspricht dem alten Gerechtigkeitssatz des ‚suum cuique' – jedem das Seine. Wenn wir fragen, was denn nun ‚das Seine' sei, das jemand erhalten solle, so gibt es mehrere Antworten; je nachdem, ob wir als Maßstab die aufgewandte subjektive Mühe, die tatsächlich erzielte Leistung oder die Höhe der Bedürfnisse anlegen. Die subjektive Mühe als Norm führt zu der praktisch unlösbaren Aufgabe eines interpersonellen Vergleichs physischer und psychischer Anstrengungen. Wir können nur das Ergebnis dieser Anstrengungen, d. h. die Leistung, erfassen.

Deshalb wird häufig die Leistungsgerechtigkeit ersatzweise in Betracht gezogen, wenn sie nicht schon um ihrer selbst willen gefordert wird. Sie kommt dem Maßstab der Mühe um so näher, je gleichmäßiger die Startbedingungen sind. Aus diesem Grunde wird oft auch ergänzend eine *Startgerechtigkeit* gefordert. Zu den Startbedingungen gehören die Erbanlagen, das familiäre Milieu, das ererbte Vermögen, die Erziehung und Ausbildung. Da man die Erbanlagen überhaupt nicht und die Unterschiede in der ‚Kinderstube' nur um den Preis einer Zerstörung der Familie ausgleichen kann, umfaßt die Forderung nach gleichen Startchancen in der Regel nur eine Beseitigung des Erbrechts und die Gewährung gleicher Ausbildungchancen für alle.

Leistungsgerechtigkeit bedeutet „gleicher Lohn für gleiche Leistung", ist aber inhaltlich unbestimmt, wenn es sich um verschiedenartige Leistungen handelt. Die Leerstelle kann nur ausgefüllt werden durch ein Bewertungssystem. Ein solches Bewertungssystem ist der Markt. Es spiegelt, wenn keine künstlichen Beschränkungen der Konkurrenz vorhanden sind, die durch die Struktur des Angebots und der Nachfrage bestimmte relative Knappheit der verschiedenen Leistungen wider. Man muß sich darüber klar sein, daß der Markt bei natürlichen Monopolen (Beispiel: die begnadete Konzertsängerin) und bei künstlich erzeugten Meinungsmonopolen (Beispiel: das Filmidol) manche Leistungen sehr hoch bewertet, andere Leistungen aber überhaupt nicht würdigt (Beispiel: die brotlosen Künste) oder erst lange nach dem Tode ihres Schöpfers. Deshalb werden viele das Bewertungssystem des Marktes für korrektur- und ergänzungsbedürftig halten.

Quelle: Herbert Giersch: Allgemeine Wirtschaftspolitik, 1. Bd.: Grundlagen. Wiesbaden 1960: 75–77.

Soziale Gleichheit

In einer bürgerlichen Gesellschaft, die – auch heute noch – die Sprache beherrscht, ist es schwer, „wahre Freiheit" zu beschreiben. Ob die bürgerlichen Grundrechte gesichert sind oder nicht, läßt sich leicht feststellen. Ein anerkannter Maßstab, an dem sich die verwirklichte Freiheit des einzelnen messen ließe, ist aber bis zum heutigen Tag schwer zu finden. Es erhellt die Realität in vielerlei Hinsicht, daß auch heute noch die Schwankungen des betrieblichen Krankenstandes ebenso viel über das aktuelle Freiheitsgefühl der Arbeitnehmer aussagen wie über ihren tatsächlichen Gesundheitszustand – womit nicht gesagt sein soll, daß Krankenstände ein geeigneter Freiheitsmaßstab seien. Aber Tatsache bleibt: Wer es nicht wagt, sich krank zu melden, obwohl er sich krank fühlt, dessen Freiheitsgefühl ist eingeschränkt:

„Sehr geehrter Herr Cristiani! Sie waren im Jahre 1978 20 Arbeitstage krank. Diese Krankheitszeit ist gegenüber anderen Arbeitnehmern des Betriebes sehr hoch, da die meisten sehr wenig, einige überhaupt nicht krank waren in den letzten Jahren. Der größte Naturheilarzt Kneipp hat gesagt, der Mensch ist so krank oder gesund, wie er lebt. Sofern Sie Wert auf Ihren Arbeitsplatz legen, bitte ich Sie, Ihre Lebensweise so zu gestalten, daß Sie nicht mehr so viel krank sind. Hochachtungsvoll" – so schrieb der Leiter eines Ziegelwerkes in Vellmar bei Kassel an einen Arbeitnehmer.

Immer noch stößt konkrete Freiheitsentfaltung gerade des Arbeitnehmers spontan auf öffentlichen Mißbrauchsverdacht. Dieses gebrochene Verhältnis des bürgerlichen Denkens zur praktischen Freiheit des kleinen Mannes ist eine Ursache dafür, daß die Parole „Freiheit oder/statt Sozialismus" noch immer ein politisches Echo finden kann.

Es geht aber darum, *diese* Freiheit der breiten Bevölkerungsschichten tatsächlich zu verwirklichen. Dazu ist auch notwendig, konkrete Unfreiheit im Alltag offenzulegen, ihre Ursachen und Bedingungen zu erkennen und Wege zu finden, auf denen konkrete Freiheit für alle politisch gewährleistet und vermehrt werden kann. Dies ist heute der Verfassungsauftrag unseres Sozialstaates. Es war und ist aber auch das originäre Ziel der sozialdemokratischen Arbeiterbewegung, die das System unserer modernen Sozialpolitik entwickelt hat. Der demokratische Sozialismus beinhaltet jenen Sinnzusammenhang, der Sozialpolitik zum Instrument der Freiheitssicherung werden läßt.

Gleiche Freiheit für alle – das war das Programm der Arbeiterbewegung, das sie dem bürgerlichen Freiheitsverständnis entgegengestellt hat. Ihr ging es darum, auch dem Armen die Möglichkeit zu geben, von seinen bürgerlichen Freiheitsrechten Gebrauch zu machen. Was das bedeutet, hat sie im Kampf um die Verwirklichung dieses Freiheitszieles gelernt. Aus der Erfahrung des praktischen Ringens um *mehr* konkrete Freiheit hat sie Bedingungen wirklicher Freiheit des besitzlosen Arbeitnehmers und Instrumente zu ihrer Durchsetzung formuliert. Ziel, Bedingungen und Instrumente bildeten in ihrem handlungsorientierten Denken eine kompakte Einheit, die sich bis zum heutigen Tag philosophischem Isolierungsbestreben widersetzt:

Ungleicher individueller Machtbesitz verhindert die Verwirklichung gleicher Freiheit. Aber Einigkeit macht stark.

Quelle: Herbert Ehrenberg/Anke Fuchs: Sozialstaat und Freiheit. Frankfurt a. M. 1980: 24.

3. Kapitel
Nichts ohne den Staat: zu Entstehung und Entwicklung der Sozialpolitik in Deutschland

Die oben (S. 26) vorgenommene Definition von Sozialpolitik ist so weit, daß sie nicht nur die bundesdeutsche Nachkriegs- oder die Sozialpolitik in modernen, kapitalistischen Gesellschaften im allgemeinen beschreibt, sondern auch die historischen Vorgängerinnen.

Sozialpolitik im Altertum und im Mittelalter So gesehen kann man sagen, daß es eine Sozialpolitik seit dem Altertum immer gegeben hat: So gab es in Athen im fünften vorchristlichen Jahrhundert Krankenhilfsvereine und sonstige Unterstützungskassen für Handwerker auf privater und Unterstützungszahlungen auf staatlicher (steuernfinanzierter) Basis für kranke Matrosen und Hafenarbeiter.

Das mittelalterliche Spitalwesen für Kinder, Kranke und Alte, die aus den familialen Versorgungs- und Schutzsystemen herausgefallen waren, gilt ebenso als Sozialpolitik wie die organisierte Sozialbetreuung deklassierter Bevölkerungsteile durch Mitglieder der bürgerlichen Klasse nach dem auf August von der Heydt (1801–1874) zurückgehenden „Elberfelder System" 1852 ff. oder die Bruderbüchsen der Handwerker oder Kassen der Bergleute der beginnenden Neuzeit.

Neuzeit: Aufbau einer staatlichen Sozialpolitik So gesehen ist es irreführend, wenn der Beginn der Sozialpolitik mit dem Beginn der staatlichen Sozialpolitik gleichgesetzt wird (siehe Dokumentation 6, S. 52 f.). Legitim ist diese Gleichsetzung aber, wenn man in Betracht zieht, daß erst das Eingreifen des Staates in die Arbeiterfrage des 19. Jahrhunderts (in Deutschland) ein umfangreiches sozialpolitisches Gesamtsystem geschaffen hat.

Sozialpolitik der Bismarckzeit Es ist kein Zufall, daß die deutsche Sozialpolitik während der Bismarckzeit geformt wurde. Die Gründe für das Eingreifen des Staates in die sozialen Belange der Arbeiterschaft sind zahlreich und vielschichtig: Grob gesagt lag der Bismarckschen Administration und den sie unterstützenden Reichstagsmehrheiten daran, etwas für die Arbeiter zu tun, um den von Karl Marx beeinflußten, revolutionär eingestellten Sozialisten „das Wasser abzugraben". Die Arbeiter, deren mißliche Lage (niedrige Löhne, schlechte Wohn-, Lebens- und Bildungsverhältnisse, Schutzlosigkeit im Arbeitsbereich) die herrschende Politik durchaus sah und die man als entwurzelt, bindungs- und vaterlandslos bezeichnete, sollten, so Otto von Bismarck, in die Gesellschaft eingebunden und gegenüber dem Staat loyal gemacht werden; das neue Reich von 1871 sollte auf diese Weise gefestigt werden („innere Reichsgründung"). Die durch die ungehinderte Verfügung über die „Ware Arbeitskraft" (Marx) verursachten Verschleißerscheinungen der Arbeiter (Krankheiten, Unfälle, Invalidität) drohten zudem für die Unternehmer selbst zum Problem zu werden, da sie mit wachsenden Qualifikationsanforderungen an die Arbeitskräfte Interesse an gesunden und leistungsfähigen Arbeitern hatten. Der staatliche Zugriff zur Sozialpolitik schien auch deshalb gerechtfertigt, weil niemand sonst die „soziale Frage" zu lösen sich anheischig machte: Die traditionellen sozialen Einrichtungen oder Organisationen, die Kirchen oder Privatvereine, waren angesichts des Massenelends überfordert und/oder ideologisch verstrickt, etwa in Vorstellungen vom Vorrang einer moralischen Besserung vor der materiellen für Arbeiter, was dem konkreten Elend nicht abhelfen konnte.

Die Arbeiterbewegung selbst war aufgrund des Koalitionsverbots bis 1869 und des Sozialistengesetzes (1878–1890) staatlicherseits daran gehindert, zum Beispiel über kraftvolle Lohnkämpfe soziale Absicherungen zu erstreiten oder in eigener Selbsthilfe wirksame Sozialpolitik zu veranstalten. Solche Einrichtungen der Arbeiterklasse hat es zwar gegeben, das politisch-administrative Umfeld hat aber alles getan, um ihre Ausbreitung zu verhindern (Furcht vor Verselbständigung und Politisierung der sozialen Bewegung). So hat der Staat in Deutschland in gewisser Weise den Grund für sein sozialpolitisches Eingreifen selbst geschaffen. *(Arbeiterbewegung)*

Und viele Unternehmer endlich lehnten ausgebaute betriebliche Sozialleistungen, die ja auch einen Beitrag zur Entschärfung der „sozialen Frage" hätten sein können, wegen hoher Kosten und befürchteter Benachteiligung der Konkurrenz (Ausland) ab. Natürlich gab es auch etliche Unternehmer, die sich patriarchalisch-traditionell für „ihre" Arbeiter verantwortlich fühlten und Sozialeinrichtungen aufbauten (Krupp, Stumm, Dyckerhoff u. a.); aber dies war nicht die Regel. *(Unternehmer)*

In seinen sozialpolitischen Maßnahmen konnte der Staat auf drei Traditionen staatlichen Handelns zurückgreifen: Auf die Gewährung von Sonderrechten und Rechtsprivilegien (zum Beispiel für die Kirche im Mittelalter), auf die Zulassung und Kontingentierung von Selbsthilfe *(drei Traditionen staatlichen Handelns)* (staatliche Bergwerkspolitik Preußens seit dem 16. Jahrhundert) und auf die amtliche beziehungsweise gemeindliche Armenfürsorge. Diese Traditionen lassen sich heute noch in der staatlichen Sozialpolitik erkennen (zum Beispiel Fürsorge- oder Selbsthilfepolitik).

die Sozial- Da die Sozialpolitik Bismarcks wesentlich politisch und erst in zwei-
gesetze der ter Linie sozialpolitisch motiviert war, er die Sozialgesetze von 1883
Bismarckzeit (gesetzliche Krankenversicherung), 1884 (gesetzliche Unfallversicherung) und 1889 (Invaliditäts- und Altersversicherung) von wechseln-
den Bündnissen im bürgerlichen Lager verabschieden lassen mußte, waren die Maßnahmen nicht „aus einem Guß", basierten nicht auf einem einheitlichen Konzept, sondern waren in Form und Inhalt sehr unterschiedlich; im Grunde ist das bis heute so geblieben.

So wurden als Träger der gesetzlichen Krankenversicherung die Zwangs-und Ersatzkassen eingerichtet, die Beiträge wurden in einem Verhältnis von 2/3 zu 1/3 von den Arbeitern und Unternehmern aufgebracht. Bei der Unfallversicherung wurden die Berufsgenossenschaften als Träger neu geschaffen, die Beiträge wurden voll von den Unternehmern aufgebracht. Bei der Invaliditäts- und Altersversicherung wurden die neu geschaffenen Landesversicherungsanstalten auf Länder- oder Bezirksebene die Träger. Neben die Beiträge von Arbeitern und Unternehmern (2/3 zu 1/3) trat ein Staatszuschuß aus Steuermitteln. Diese Strukturen haben sich bis heute erhalten; ebenso die durch die organisatorische Trennung der Träger verursachte Erschwerung der Zusammenarbeit (zum Beispiel bei Behinderung durch einen Unfall).

Die Sozialgesetze der Bismarckzeit wurden propagandistisch als großer Erfolg gefeiert; ihre Wirkung blieb anfänglich aber doch sehr begrenzt: Sie erfaßte zunächst erst die Fabrikarbeiter bis zu einem Jahreseinkommen von 2 000,– RM; die Landarbeiter und die Familienangehörigen der Arbeiter blieben ausgeschlossen. Auch auf dem immer als wichtiger angesehenen Gebiet des Arbeiterschutzes gab es in der Bismarckzeit keine Fortschritte.

Sozialgesetz- Erst 1891 wurden durch eine entsprechende Novelle der Gewerbeord-
gebung nach nung die Zuständigkeiten der Unternehmer für die Betriebssicherheit
Bismarck festgeschrieben, des weiteren die 24stündige Sonntagsruhe, der 10-
Stunden-Tag für Jugendliche zwischen 14 und 16 Jahren, das Verbot der Kinderarbeit bis 13 Jahre, der Maximal-Arbeitstag bis 14 Jahre mit
Sozialpolitik 6 Stunden, der 11-Stunden-Arbeitstag für Frauen, das Nacht-
in der Zeit arbeitsverbot für Frauen und Jugendliche.
der Weimarer Zwischen 1918 und 1933 wurden neben der Gewährung der Koaliti-
Republik ons- und Tarifvertragsfreiheit und der Einführung des 8-Stunden-Ta-

ges (1918) zunächst einige wichtige soziale Leistungen zur Verbesserung der Lage der Arbeiter etabliert: 1920 wurden im Betriebsrätegesetz Mitbestimmungsmöglichkeiten der Lohnabhängigen gesetzlich verankert (gleichzeitig sollten damit weitergehende Forderungen nach allgemeiner Rätedemokratie abgewehrt werden); 1923 wurden im Reichsknappschaftsgesetz vor allem die Rentenleistungen für die Bergleute und ihre Hinterbliebenen verbessert und 1927 durch das Arbeitsvermittlungs- und Arbeitslosenversicherungsgesetz (AVAVG) die bestehenden Verordnungsregelungen in Gesetzesform gebracht und die Leistungen verbessert. Auch die Sozialpolitik für Nichterwerbstätige wurde vom Gesetzgeber angegangen. 1922 wurde mit dem Reichsjugendwohlfahrtsgesetz die Jugendfürsorge vereinheitlicht und verbessert (unter anderem durch Festlegung der Pflicht zum Aufbau von kommunalen Jugendämtern) und mit den Grundsätzen über die öffentlichen Fürsorgeleistungen 1924 die Armenhilfe vereinheitlicht und verrechtlicht.

Diese sozialpolitischen Maßnahmen kamen, soweit sie nach 1920 erfolgten, in der Regel durch ein politisches Zusammengehen von SPD und Zentrum im Reichstag zustande.

Die Wirtschafts-, Gesellschafts- und Staatskrise der Jahre 1930 bis 1933 (5 Mio Arbeitslose; Notverordnungspolitik des Reichspräsidenten) führte nicht nur dazu, daß die sozialen Rechte wie Tarif- oder Koalitionsfreiheit faktisch unwirksam wurden, sondern daß auch – vor allem im Bereich der Arbeitslosenversicherung – die zuvor erreichten Leistungsverbesserungen wieder völlig abgebaut wurden.

Die nationalsozialistische Sozialpolitik konnte so an eine in weiten Teilen de facto schon zerschlagene Sozialpolitik anknüpfen: Die Mitbestimmung, die Koalitions- und Tarifvertragsfreiheit wurden in den Gesetzen über die Treuhänder der Arbeit (1933) und zur Ordnung der nationalen Arbeit (1934) wieder abgeschafft und das Führerprinzip durchgesetzt. Schon Anfang Mai 1933 waren die Gewerkschaften zerschlagen worden. Im übrigen versuchte die NS-Sozialpolitik, etwa über die Einrichtung der NS-Volkswohlfahrt und weitgehende Gleichschaltung der freien Wohlfahrtsverbände, die Einbeziehung von Handwerkern in die gesetzliche Rentenversicherung (1938) oder die Gewährung von Beihilfen für „Kinderreiche" (1935) die Idee der „Volksgemeinschaft" zu verwirklichen, die auf eine Instrumentalisierung der Bevölkerung für Kriegszwecke hinauslief. Schon mit dem Gesetz zur Regelung des Arbeitseinsatzes (1934) begannen die ar-

Sozialpolitik des NS-Regimes

beitsmarktpolitischen Maßnahmen, die später in Verordnungen zum totalen Kriegseinsatz umgewandelt wurden. Jegliche Rechte der Lohnabhängigen waren beseitigt, die Arbeitskräfte völlig in der Hand der Sozialadministration und das Vermögen der Sozialversicherung für Kriegszwecke mißbraucht. Den rassenpolitischen Zielen der Nationalsozialisten entsprach das Gesetz zur Verhütung erbkranken Nachwuchses von 1933, daß – formal auf freiwilliger Basis – die Sterilisierung der als Erbkranken bezeichneten Personen bezweckte. Allein bis 1939 wurden mit diesem Gesetz rund eine halbe Million Menschen – meist gegen ihren Willen – sterilisiert.

Sozialpolitik nach 1949 in der Bundesrepublik Deutschland
Die beeindruckend lange Liste der sozialpolitischen Gesetze seit 1949 (siehe Dokumentation 5, S. 52 f.) sollte nicht darüber hinwegtäuschen, daß die meisten Maßnahmen der Wiederherstellung und Verbesserung beziehungsweise Erweiterung von schon bestehenden oder vor 1933 existierenden Leistungen dienten. Die Versuche nach dem Krieg, das soziale Sicherungssystem – möglichst nach Maßgabe des jeweiligen Sozialstaatsmodells – zu reformieren, scheiterten oder verliefen im Sande. So wurden wegen des Fehlens eines politischen Grundkonsenses zur Sozialpolitik die Hauptmerkmale der Bismarckschen und Weimarer Sozialpolitik beibehalten: Schwerpunkt auf der arbeitnehmerorientierten, beitragsfinanzierten Sozialversicherung, die Tarifautonomie, die die Sozialparteien Gewerkschaften und Unternehmer gesetzlich einbindende Mitbestimmung sowie die geregelte Koexistenz von staatlichen, öffentlich-rechtlichen und privaten Trägern.

Neue sozialpolitische Maßnahmen sind – bis heute – selten: So kann man allenfalls die Leistungen zur Ausbildungsförderung (1969, 1971), zur Förderung der Familie (1979, 1985), zur Förderung des Wohnungsbaus (1950 ff.) und zur Förderung der „Vermögensbildung in Arbeitnehmerhand" (1961) sowie die Pflegeversicherung (1995) als neu ansehen. Typisch für die Entwicklung in der Bundesrepublik Deutschland ist die Kontinuität der Verrechtlichung sozialer Maßnahmen (zum Beispiel Mitbestimmungsgesetz 1976) und die Praxis, analog zur parlamentarischen Mehrheit von CDU/CSU oder SPD in den jeweiligen Koalitionskonstellationen ihre sozialpolitischen Vorstellungen zu verwirklichen.

Seit 1977 (Krankenversicherungs-Kostendämpfungsgesetz) ist in der Gesetzgebung ein deutliches Schwergewicht von kosten- und leistungseinengenden „Reformgesetzen" unverkennbar.

Diskussion

- Wodurch entstand die soziale Frage?
- Wo könnten Gründe dafür liegen, daß der Gesetzgeber zuerst Leistungen zur Arbeiterversicherung und dann später zum Arbeiterschutz beschlossen hat?
- Inwieweit ist auch die Sozialpolitik nach 1949 in erster Linie politisch motiviert gewesen?

KRANKENVERSICHERUNGSGESETZ 1883

Wir Wilhelm, von Gottes Gnaden Deutscher Kaiser, König von Preußen ꝛc.

verordnen im Namen des Reichs, nach erfolgter Zustimmung des Bundesraths des Reichstags, was folgt:

A. Versicherungszwang.

§. 1.

Personen, welche gegen Gehalt oder Lohn beschäftigt sind:

1. in Bergwerken, Salinen, Aufbereitungsanstalten, Brüchen und Gruben, in Fabriken und Hüttenwerken, beim Eisenbahn- und Binnendampfschifffahrtsbetriebe, auf Werften und bei Bauten,

2. im Handwerk und in sonstigen stehenden Gewerbebetrieben,

3. in Betrieben, in denen Dampfkessel oder durch elementare Kraft (Wind, Wasser, Dampf, Gas, heiße Luft ꝛc.) bewegte Triebwerke zur Verwendung kommen, sofern diese Verwendung nicht ausschließlich in vorübergehender Benutzung einer nicht zur Betriebsanlage gehörenden Kraftmaschine besteht,

sind, mit Ausnahme der im §. 2 unter Ziffer 2 bis 6 aufgeführten Personen, sofern nicht die Beschäftigung ihrer Natur nach eine vorübergehende oder durch den Arbeitsvertrag im voraus auf einen Zeitraum von weniger als einer Woche beschränkt ist, nach Maßgabe der Vorschriften dieses Gesetzes gegen Krankheit zu versichern.

Betriebsbeamte unterliegen der Versicherungspflicht nur, wenn ihr Arbeitsverdienst an Lohn oder Gehalt sechsundzweidrittel Mark für den Arbeitstag nicht übersteigt.

Als Gehalt oder Lohn im Sinne dieses Gesetzes gelten auch Tantiemen und Naturalbezüge. Der Werth der letzteren ist nach Ortsdurchschnittspreisen in Ansatz zu bringen.

§. 2.

Durch statutarische Bestimmung einer Gemeinde für ihren Bezirk, oder eines weiteren Kommunalverbandes für seinen Bezirk oder Theile desselben, kann die Anwendung der Vorschriften des §. 1 erstreckt werden:

1. auf diejenigen in §. 1 bezeichneten Personen, deren Beschäftigung ihrer Natur nach eine vorübergehende oder durch den Arbeitsvertrag im voraus auf einen Zeitraum von weniger als einer Woche beschränkt ist,

2. auf Handlungs-Gehülfen und -Lehrlinge, Gehülfen und Lehrlinge in Apotheken,

3. auf Personen, welche in anderen als den in §. 1 bezeichneten Transportgewerben beschäftigt werden,

4. auf Personen, welche von Gewerbetreibenden außerhalb ihrer Betriebsstätten beschäftigt werden,

5. auf selbständige Gewerbetreibende, welche in eigenen Betriebsstätten im Auftrage und für Rechnung anderer Gewerbetreibender mit der Herstellung oder Bearbeitung gewerblicher Erzeugnisse beschäftigt werden (Hausindustrie),

6. auf die in der Land- und Forstwirthschaft beschäftigten Arbeiter.

Die auf Grund dieser Vorschrift ergehenden statutarischen Bestimmungen müssen neben genauer Bezeichnung derjenigen Klassen von Personen, auf welche die Anwendung der Vorschriften des §. 1 erstreckt werden soll, Bestimmungen über die Verpflichtung zur An- und Abmeldung, sowie über die Verpflichtung zur Einzahlung der Beiträge enthalten.

Sie bedürfen der Genehmigung der höheren Verwaltungsbehörde und sind in der für Bekanntmachungen der Gemeindebehörden vorgeschriebenen oder üblichen Form zu veröffentlichen.

§. 2.

Auf Beamte, welche in Betriebsverwaltungen des Reichs, eines Bundesstaates oder eines Kommunalverbandes mit festem Gehalt angestellt sind, finden die Bestimmungen der §§. 1, 2 dieses Gesetzes keine Anwendung.

Auf ihren Antrag sind von der Versicherungspflicht zu befreien, Personen, welche im Krankheitsfalle mindestens für dreizehn Wochen auf Verpflegung in der Familie des Arbeitgebers oder auf Fortzahlung des Gehaltes oder des Lohnes Anspruch haben.

§. 6.

Als Krankenunterstützung ist zu gewähren:

1. vom Beginn der Krankheit ab freie ärztliche Behandlung, Arznei, sowie Brillen, Bruchbänder und ähnliche Heilmittel;

2. im Falle der Erwerbsunfähigkeit, vom dritten Tage nach dem Tage der Erkrankung ab für jeden Arbeitstag ein Krankengeld in Höhe der Hälfte des ortsüblichen Tagelohnes gewöhnlicher Tagearbeiter.

Die Krankenunterstützung endet spätestens mit dem Ablauf der dreizehnten Woche nach Beginn der Krankheit.

Die Gemeinden sind ermächtigt, zu beschließen, daß bei Krankheiten, welche die Betheiligten sich vorsätzlich oder durch schuldhafte Betheiligung bei Schlägereien oder Raufhändeln, durch Trunkfälligkeit oder geschlechtliche Ausschweifungen zugezogen haben, das Krankengeld gar nicht oder nur theilweise gewährt wird, sowie daß Personen, welche der Versicherungspflicht nicht unterliegen und freiwillig der Gemeinde-Krankenversicherung beitreten, erst nach Ablauf einer auf höchstens sechs Wochen vom Beitritte ab zu bemessenden Frist Krankenunterstützung erhalten.

Das Krankengeld ist wöchentlich postnumerando zu zahlen.

§. 88.

Die Bestimmungen dieses Gesetzes treten, soweit sie die Beschlußfassung über die statutarische Einführung des Versicherungszwanges, sowie die Herstellung der zur Durchführung des Versicherungszwanges dienenden Einrichtungen betreffen, mit dem 1. Dezember 1883, die übrigen mit dem 1. Dezember 1884 in Kraft.

Urkundlich unter Unserer Höchsteigenhändigen Unterschrift und beigedrucktem Kaiserlichen Insiegel.

Gegeben Berlin, den 15. Juni 1883.

(L. S.)   Wilhelm.

Fürst v. Bismarck.

Quelle: Reichsgesetzblatt Nr. 9, 21. Juni 1883, S. 73 ff.

PERIODISIERTE ZEITTAFEL GRUNDLEGENDER SOZIALPOLITISCHER GESETZE

Sozialpolitischer Bereich	1839 bis 1880	1881 bis 1918	1918 bis 1933	1933 bis 1945	seit 1949
Arbeitnehmerschutz	1839 Regulativ über die Beschäftigung jugendlicher Arbeiter in den Fabriken 1845 Allgemeine Gewerbeordnung 1853 Gesetz über Fabrikinspektoren	1891 Arbeiterschutzgesetz 1901 Kinderschutzgesetz	1918 Anordnung über die Regelung der Arbeitszeit gewerblicher Arbeiter 1927 Gesetz über die Beschäftigung vor und nach der Niederkunft	1935 Gesetz über Wochenhilfe 1938 Jugendschutzgesetz	1951 Kündigungsschutzgesetz 1952 Mutterschutzgesetz 1960 Gesetz zum Schutz der arbeitenden Jugend 1963 Bundesurlaubsgesetz 1971 Schüler-, Studenten- und Kindergartenkinderunfallversicherung 1994 Arbeitszeitgesetz 1996 Arbeitsschutzgesetz
Sozialversicherung		1883 Gesetz, betr. die Krankenversicherung der Arbeiter 1884 Unfallversicherungsgesetz 1889 Gesetz, betr. die Invaliditäts- und Altersversicherung 1911 Reichsversicherungsordnung	1923 Reichsknappschaftsgesetz 1927 Gesetz über Arbeitsvermittlung und Arbeitslosenversicherung	1938 Gesetz über die Altersversorgung für das deutsche Handwerk	1957 Neuregelungsgesetze der Rentenversicherung 1957 Altershilfe für Landwirte 1965–1968 Rentenversicherungsreform 1972 Krankenversicherung für Landwirte 1981 Künstlersozialversicherungsgesetz 1984 Vorruhestandsgesetz 1988 Gesundheits-Reformgesetz 1989 Rentenreformgesetz 1992 1992 Gesundheits-Strukturgesetz 1995 Pflegeversicherungsgesetz 1996 Altersteilzeitgesetz
Arbeitsmarktpolitik			1918 Verordnung über Tarifverträge 1920 Verordnung über die Errichtung eines Reichsamts für Arbeitsvermittlung 1922 Arbeitsnachweisgesetz 1923 Verordnung über d. Schlichtungswesen	1933 Gesetz über die Treuländer der Arbeit 1934 Gesetz zur Ordnung der nationalen Arbeit 1934 Gesetz zur Regelung des Arbeitseinsatzes	1949 Tarifvertragsgesetz 1952 Gesetz über die Festsetzung von Mindestarbeitsbedingungen 1969 Arbeitsförderungsgesetz 1985 Beschäftigungsförderungsgesetz

Politikbereich				
Betriebs- und Unternehmensverfassungspolitik	1916 Hilfsdienstgesetz	1920 Betriebsrätegesetz 1922 Gesetz über die Entsendung von Betriebsratsmitgliedern in den Aufsichtsrat		1951 Montanmitbestimmungsgesetz 1952 Betriebsverfassungsgesetz 1955 Personalvertretungsgesetz 1976 Mitbestimmungsgesetz
Fürsorge- und Sozialhilfepolitik		1922 Jugendwohlfahrtsgesetz 1924 Grundsätze über öffentliche Fürsorgeleistungen		1961 Bundessozialhilfegesetz 1961 Gesetz für Jugendwohlfahrt 1974 Schwerbehindertengesetz 1990 Kinder- und Jugendhilfegesetz 1993 Asylbewerberleistungsgesetz
Familienpolitik			1935 Verordnung über die Gewährung von Kinderbeihilfen an kinderreiche Familien	1954 Kindergeldgesetz 1979 Mutterschaftsurlaub 1985 Gesetz über die Gewährung von Erziehungsgeld und Erziehungsurlaub
Wohnungspolitik				1950 1. Wohnungsbaugesetz 1952 Wohnungsbauprämiengesetz 1964/65 Wohngeldgesetz
Vermögenspolitik				1959 Sparprämiengesetz 1961 Gesetz zur Förderung der Vermögensbildung
Bildungspolitik				1969 Berufsbildungsgesetz 1971 Bundesausbildungsförderungsgesetz 1981 Berufsbildungsförderungsgesetz

Quelle: Heinz Lampert: Grundzüge der Sozialpolitik in der Bundesrepublik Deutschland. In: Das Sozialsystem der Bundesrepublik Deutschland. Beiträge zur Arbeitsmarkt- und Berufsforschung (BeitrAB 83) 1983: 3; eigene Ergänzungen

53

4. Kapitel:
Gleichrang oder Nachrang?
Zum Verhältnis von Sozialpolitik
und Ökonomie

Schon der Umstand, daß die sozialen Leistungen mit derzeit etwa 30 % (1995) einen nicht unbeträchtlichen Teil des Bruttosozialprodukts (Geldausdruck für alle erwirtschafteten Güter und Dienstleistungen) ausmacht, verweist darauf, daß es eine enge Verzahnung von Wirtschafts- und Sozialsystem gibt. Im internationalen Vergleich

Abbildung 2: Sozialleistungsquoten international
(Ausgaben für soziale Sicherung in %
des Bruttosozialprodukts von 1980 an
in % des Bruttoinlandsprodukts)

	1970	1975	1980	1985	1990	1995	1997
Belgien	18,7	24,2	28,0	29,3	26,8	28,8	28,5
Dänemark	19,6	25,8	28,7	27,8	23,0	27,7	31,4
Deutschland	21,5	29,7	28,8	28,4	25,4	29,6	29,9
Frankreich	18,9	22,9	25,4	28,8	27,7	30,7	30,8
Großbritannien	14,3	20,1	21,5	24,3	23,1	27,7	26,8
Irland	13,7	19,7	20,6	23,6	30,3	34,4	17,5
Italien	14,4	19,6	19,4	22,6	24,1	25,0	25,9
Niederlande	19,6	26,7	30,1	31,7	32,5	31,5	30,3
Portugal	9,1	..	12,8	14,1	..	20,8	22,5
Spanien	10,0	..	18,1	19,9	15,5	20,7	21,4

Quelle: Statistisches Bundesamt

hat die Bundesrepublik mit dieser Sozialleistungsquote einen der Spitzenplätze (siehe Abbildung 2).

Die drei zum Verhältnis von Wirtschafts- und Sozialsystem wichtigsten Fragestellungen sind: Wie sollen sich beide Systeme grundsätzlich zueinander verhalten (1)? In welchem Maße verteilt das Sozialleistungssystem die durch das Wirtschaftssystem geschaffenen Einkommens- und Soziallagen um (2)? Wie sollte/müßte das Verhältnis beider im Zusammenhang von Wirtschaftskrise und -wachstum strukturiert sein (3)?

(1) Je nach Standortbezug gegenüber den beiden oben (S. 18 ff.) skizzierten etablierten sozialpolitischen Grundauffassungen kann man die Sozialleistungsquote unterschiedlich bewerten.

Überforderungsthese

Autoren, die eher dem *Gerechtigkeitsparadigma* nahestehen, sehen in einer hohen Sozialleistungsquote eine tendenziell zu große Belastung der Gesamtwirtschaft mit unproduktiven Kosten. Die Finanzierung von immer mehr Sozialleistungen ziehe – so argumentieren sie – höhere Steuern und/oder Sozialversicherungsbeiträge nach sich. Die damit einhergehende Schmälerung von Unternehmensgewinnen und Minderung von Investitionsbereitschaft beziehungsweise Kostenerhöhungen für Arbeitskräfte führe über kurz oder lang zu Produktionsauslagerungen ins kostengünstigere Ausland, Betriebsschließungen oder zu Arbeitskräfte sparenden Rationalisierungen. Die aus diesen Folgen resultierende Arbeitslosigkeit und deren Begleitumstände wie zum Beispiel Wohnungsprobleme oder soziale Auffälligkeiten müßten dann wiederum durch – steigende – Sozialleistungen aufgefangen werden. Ein solcher Teufelskreis aus wirtschaftlicher Schwächung und steigenden Sozialkosten dürfe nicht hingenommen werden. Vielmehr habe sich die Sozialpolitik an bestimmte ökonomische Grenzen – wie zum Beispiel die Priorität des Wirtschaftswachstums beziehungsweise die es begünstigenden Faktoren – zu halten. Populär wird das so ausgedrückt: Die beste Sozialpolitik ist eine gut funktionierende Wirtschaft oder: Die zu verteilenden Sozialleistungen müssen ökonomisch erst erarbeitet worden sein. Einen empirischen Beleg für ihre Auffassung sehen die Vertreter dieser Überforderungsthese in der Tatsache, daß 1998 auf je 100,– DM Direktentgelt für geleistete Lohnarbeit in der Industrie noch einmal rund 82,– DM für sogenannte Lohnnebenkosten als „zweiter Lohn" (zum Beispiel Unternehmerbeiträge für Sozialversicherung, Urlaubs- oder Weihnachtsgeld) hinzukamen. 1972 hatte der Betrag für den zweiten Lohn noch knapp 58 pro 100 DM betragen, so daß sich offenbar die Proportionen beider Lohntypen zueinander zu verschieben scheinen. Viele Unternehmer klagen deshalb über diese Entwicklung, weil sie – etwa durch die Erhöhung der Sozialversicherungsbeiträge – auf gesetzlichem Weg indirekt eine Erhöhung der Lohnkosten mit sich bringt. Sie machen ihren Einfluß dahin geltend, daß beitragsfinanzierte Sozialleistungen nicht ausgebaut werden und daß über die frei mit den Gewerkschaften ausgehandelten Tarifverträge nicht weitere Lohnnebenkosten entstehen. Die deutschen Geldlöhne waren 1998 mit durchschnittlich knapp 48 DM (Stundenlöhne in der Industrie, westliche Bundesländer) im internationalen Vergleich mit am höchsten (zum Vergleich: Niederlande 38 DM, Frankreich 33 DM, Großbritannien 31 DM, USA 33 DM und Japan 33 DM; Zahlen: Bundeswirtschaftsministerium).

synchron-funktionales Verhältnis von Ökonomie und Sozialpolitik Einer Sozialpolitik, die diesen – in der Literatur und Publizistik nicht exakter fixierten – Rahmen nicht sprengt, wird durchaus auch die Funktion einer gewissen Korrektur der durch die Löhne beziehungsweise Gewinne geschaffenen („primären") Einkommensverteilung zugebilligt („sekundäre Einkommensverteilung"). Diese Auffassung von einem synchronfunktionalen Verhältnis von Ökonomie und Sozialpolitik wird von den meisten Vertretern des in der Bundesrepublik realisierten Wirtschaftsmodells der Sozialen Marktwirtschaft vertreten. So schrieb Alfred Müller-Armack (1956: 390), einer der führenden Theoretiker und Wirtschaftspolitiker der 50er und 60er Jahre, der den Begriff „Soziale Marktwirtschaft" bereits 1947 prägte, seine Leitidee bestünde darin, „auf der Basis der Wettbewerbswirtschaft die freie Initiative mit einem gerade durch die marktwirtschaftliche Leistung gesicherten sozialen Fortschritt zu verbinden".

Aber es wird aber von den Vertretern der Überforderungsthese immer wieder darauf hingewiesen, daß die Sozialpolitik „die Wirtschaft" durch „zu hohe" Kosten (in Form von Steuern und Sozialversicherungsbeiträge) nicht allzusehr belasten und durch „zu hohe" Sozialleistungen keine Versorgungsmentalität erzeugen dürfe, die sich dann motivations- und leistungsmindernd auswirken müsse. Überhaupt laufe der Sozialstaat durch seine hohen Ausgaben Gefahr, „die Wirtschaft" ökonomisch zu strangulieren, mit der Folge, daß immer mehr Unternehmer ihre Betriebe schlössen, ins Ausland abwanderten oder die zu teuren Arbeitskräfte durch Rationalisierungsmaßnahmen zu ersetzen. Dadurch aber würden Arbeitslosigkeit und damit die Nachfrage nach sozialen Leistungen weiter steigen, was erneut die Steigerung von Beiträgen und Steuern nach sich ziehen könne.

Betrachtet man die Entwicklung der öffentlichen Sozialausgaben (Ausgaben der staatlichen Haushalte für Soziales und der Sozialversicherungen), wie sie im *Sozialbudget* zusammengefaßt sind, und der *Sozialleistungsquote* (Anteil des Sozialbudgets am Bruttoinlandsprodukt) sowie der Beitragssätze für die Sozialversicherungen, so kommt man zu einem differenzierteren Ergebnis (vgl. Abbildung 3). Einerseits hat sich das Sozialbudget seit 1960 nominell fast verzwanzigfacht, die Sozialleistungsquote aber, die von 1950 mit 16,0% bis 1975 auf 33,7% des Bruttoinlandsprodukts zugenommen hatte, ging in den 80er Jahre wieder zurück. Bedingt durch die Folgekosten der deutschen Vereinigung, stieg sie Anfang der 90er Jahre wieder an und bleibt seitdem allmählich wieder auf hohem Niveau. Entsprechend sind die Beitragssätze zur Sozialversicherung, also die Abzüge von

Abbildung 3: Sozialbudget, Sozialleistungsquote und Sozialversicherungsbeiträge 1960 bis 1999

Jahr	Sozial-budget* (in Mrd. DM)	Sozialleistungs-quote (in % des Brutto-inlandsprodukts)	Beitragssätze Sozial-versicherungen (in % der Bruttoentgelte)
1960	47,8	15,8	24,4
1965	76,7	16,7	25,2
1970	128,5	19,2	26,5
1975	276,8	26,9	30,4
1980	383,7	26,0	32,4
1985	466,8	25,6	34,9
1990	611,4	25,2	35,6
1995	1 014,7	29,3	39,3
1999	1 138,5	29,3	41,3

* ohne Beamten- und indirekte Leistungen (Steuervergünstigungen) außerhalb des Familienleistungsausgleichs und Leistungen zur Vermögensbildung

Zahlen nach: Bundesminister für Arbeit und Sozialordnung (Hrsg.), Übersicht über die Soziale Sicherheit 1970, 1977 und 1990; der. Übersicht über das Sozialrecht 1995 und 1998; ders. Sozialbudget 1998; Statistisches Bundesamt

den Löhnen, insgesamt kontinierlich gestiegen. Am stärksten nahmen sie zwischen 1970 und 1975 zu, eine Folge der Ausbaupolitik der damaligen Regierung, und zwischen dann wieder seit 1990; 2000 stabilisierten sie sich seit langem und gingen sogar gegenüber 1999 zurück (vgl. Abb. 7, S. 70).

Für Sozialpolitiker und Autoren, die eher am *Gleichheitsparadigma* orientiert sind, zeigen steigende Sozialleistungen sozialen Fortschritt und notwendigen Ausgleich ökonomisch erzeugter Risiken wie Krankheit, Berufsunfähigkeit, Arbeitslosigkeit oder Armut an. Es nähmen – so lautet ihre Argumentation – mit weiter entwickeltem wirtschaftlichen Wachstum und komplexerer gesellschaftlicher Arbeitsteilung in einer Gesellschaft wie der Bundesrepublik die sozialen Risiken aufgrund von steigenden Arbeitsbelastungen und zunehmendem sozialen Ausschluß derjenigen zu, die als Kranke, Minderqualifizierte oder Behinderte keinen Platz im Erwerbsleben fänden.

Es gehöre auch zu den Erscheinungen der modernen „postfordistischen" Industriegesellschaften, daß ein enormer sozialpolitischer Aufwand für Um- oder Nachqualifizierung betrieben werde, um die Arbeitskräfte an die sich wandelnden Arbeitsplatzstrukturen anzupassen. Ferner verstärke das moderne Erwerbsleben die Sozialformen der modernen Arbeitnehmer, die aus den traditionellen Verwandtschaftssystemen und anderen Sozialverbänden (z. B. Gemeinden, Kirchen oder Gewerkschaften) sozial weitgehend losgelöst und damit stark isoliert und individualisiert seien. Sowohl dieser Individualisierung wie auch der Flexibilisierung habe der moderne Sozialstaat durch Angebote sozialer Dienstleistungen (zum Beispiel Beratungs- oder Erziehungsdienstleistungen für Kleinkinder) zu begegnen. So gesehen, stellt die Sozialpolitik nicht nur eine mögliche, sondern geradezu eine notwendige Korrektur und Ausgleich von Risiken und veränderten Lebensformen dar.

Sie habe daher gegenüber dem Wirtschaftssektor keine Nachrang-, sondern eine Gleichrangfunktion.

Umverteilungswirkungen (2) Ob und inwieweit die Sozialpolitik zwischen verschiedenen gesellschaftlichen Gruppen umverteilt, etwa zwischen den Unternehmern und den Arbeitern und Angestellten, kann anhand der hierzu vorliegenden wissenschaftlichen Befunde nur sehr grob bestimmt werden. Sollte nämlich eine solche Umverteilung in nennenswertem Umfang stattfinden, so besäße die Sozialpolitik tatsächlich die Qualität, gesellschaftliche Veränderungen zu bewirken. Sieht man sich die Finanzierung des Sozialbudgets, also aller in Geld ausgedrückten öffentlichen

und direkten Sozialleistungen an, so kann man folgendes feststellen: Rund 3/4 des Sozialbudgets gehört zur Sozialversicherung und wird – da die Beiträge der Unternehmer („Arbeitgeberbeiträge") als Lohnbestandteile gelten – bis auf wenige Ausnahmen staatlicher Bezuschussung – von den betroffenen Versicherten selbst finanziert (vgl. Abbildung 4). Da auch die wichtigsten Zweige der Sozialversicherung (zum Beispiel Arbeiter- und Angestelltenrentenversicherung) organisatorisch getrennt sind und ein finanzieller Ausgleich zwischen den Trägern der Sozialversicherungen nur beschränkt stattfindet, bleibt man bei der Umverteilungsfrage hier weitgehend ohne positives Ergebnis. Anders scheint die Lage bei den steuerfinanzierten Sozialleistungen zu sein, die 1/4 des Sozialbudgets ausmachen. Aber auch hier dürfte sich die Umverteilung zwischen den großen gesellschaftlichen Gruppen in Grenzen halten. Denn die lohnabhängigen Einkommensbezieher, die faktisch oder potentiell das Klientel des Sozialstaats ausmachen, finanzieren mit ihren Lohnsteuern incl. Solidaritätszuschlag (36,8 % des gesamten Steueraufkommens) und der Mehrwertsteuer (22,8 %) – auch wenn man hier einmal von den Beamten und Selbständigen einmal absieht – mit 60 % das Gros der Steuereinnahmen (Zahlen für 1998, Quelle: Statistisches Bundesamt). Der Anteil der Sozialleistungen an den Staatsausgaben beläuft sich hingegen auf nur 23,6 % (vgl. Abbildung 4).
Die Umverteilung findet zwar statt, aber im wesentlichen innerhalb der Klientel, die die Sozialleistungen auch selbst finanzieren: So wird innerhalb der gesetzlichen Krankenversicherung durch die kostenlose Familienmitversicherung zwischen Alleinstehenden beziehungsweise Kinderlosen, den Erwerbstätigen und den Erwerbslosen beziehungsweise den Versicherten mit Kindern umverteilt. In der Arbeitslosenversicherung/Arbeitsförderung kann man sicher von einer gewissen Risikoumverteilung zwischen den besser qualifizierten und Versicherten mit gesicherten Arbeitsplätzen und den Versicherten sprechen, die ein hohes Arbeitslosenrisiko haben (siehe Kapitel 6); aber sie verteilt nicht zwischen Beamten oder Selbständigen und Arbeitern und Angestellten um. Sicher sind auch die Geld- und Dienstleistungen der Jugend- und Sozialhilfe umverteilungsrelevant (siehe 8. Kapitel).
(3) Neben der Bewertung von Sozialleistungen als Sozialkosten und der Umverteilungsfrage ist als weitere Beziehungsebene von Sozialpolitik und Ökonomie ihr Verhältnis im Kontext von Wirtschaftswachstum und -krise von Belang. Grundsätzlich verhalten sich wirt-

Sozialpolitik und wirtschaftliche Rezession

59

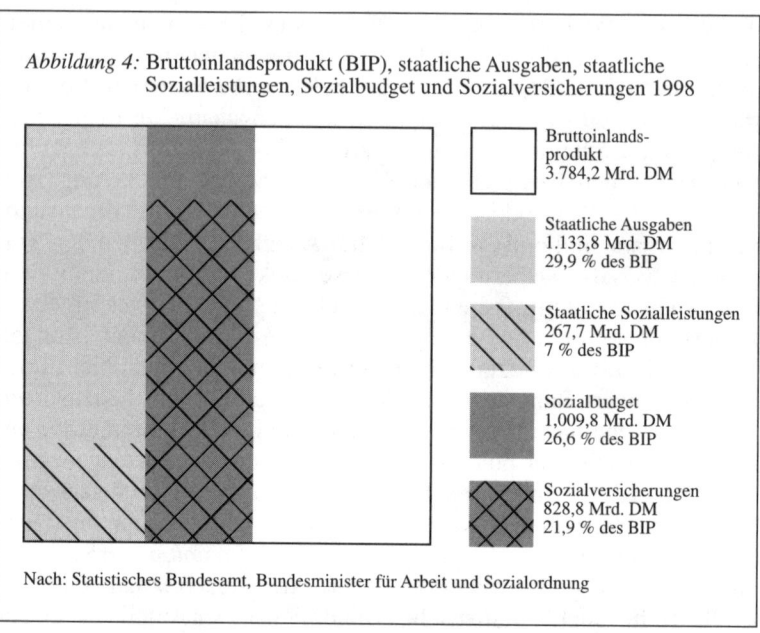

Abbildung 4: Bruttoinlandsprodukt (BIP), staatliche Ausgaben, staatliche
Sozialleistungen, Sozialbudget und Sozialversicherungen 1998

Bruttoinlands-
produkt
3.784,2 Mrd. DM

Staatliche Ausgaben
1.133,8 Mrd. DM
29,9 % des BIP

Staatliche Sozialleistungen
267,7 Mrd. DM
7 % des BIP

Sozialbudget
1,009,8 Mrd. DM
26,6 % des BIP

Sozialversicherungen
828,8 Mrd. DM
21,9 % des BIP

Nach: Statistisches Bundesamt, Bundesminister für Arbeit und Sozialordnung

schaftliche Entwicklung und Ausgabenentwicklung für Sozialleistungen gegensätzlich. In wirtschaftlichen Krisen- und Abschwungzeiten steigen regelmäßig die Ausgaben für Sozialleistungen. Zunehmende Arbeitslosigkeit und ihre Folge- oder Begleiterscheinungen wie zum Beispiel verstärkte Inanspruchnahme von Sozialhilfeleistungen, Frühverrentungen oder gehäufte Inanspruchnahme von sozialen Beratungsstellen sorgen genau dann für steigende Sozialausgaben, wenn das Aufkommen an Sozialversicherungsbeiträgen und Steuern rezessionsbedingt geringer ausfällt als sonst.

Begren-
zungsforde-
rungen
In diesen Krisenzeiten treten die unter Punkt (1) skizzierten Auffassungen zum Verhältnis von Ökonomie und Sozialpolitik sowie die im 2. Kapitel beschriebenen dominierenden Sozialverständnisse verstärkt als Interessengegensätze auf: Vertreter der Wirtschaftsverbände und die Unternehmerflügel der Parteien fordern gemäß der Belastungs- oder der Überforderungsthese „Begrenzungen" der sozialen Sicherung, „Beschneidungen von Wildwuchs" und – gerade in der Wirtschaftskrise Anfang der 90er Jahre verstärkt vernehmbar – den wachstums- und unternehmerfreundlichen „Umbau" des Sozialstaats. Durch

60

die Begrenzung der Ausgaben für Sozialleistungen, am besten durch eine Senkung der Sozialausgaben, werde – so lauten die Forderungen – die Wirtschaft von Kosten entlastet. Wo dies aber nicht geschähe, leide die deutsche Wirtschaft international gesehen unter zu hohen Kosten; sei sie nicht mehr konkurrenzfähig, müsse sie Produktionen ins Ausland verlegen, Betriebe schließen oder Personal einsparen. Die Begrenzung und der Abbau sozialer Leistungen sei somit ein Beitrag zur Sicherung des wirtschaftlichen „Standorts Deutschland".

Diese Strategie der Begrenzung entspricht dem wirtschaftspolitischen Konzept der *Angebotsorientierung,* das mit dem Namen des Amerikaners Milton Friedman (geb. 1912) verbunden ist. Es befürwortet ein Ensemble von Maßnahmen wie Steuersenkungen für Unternehmer und Beschäftigte, Begrenzung des Staatseinflusses auf wirtschaftliche und gesellschaftliche Belange („Deregulierung"), Begrenzung des Einflusses der Gewerkschaften und damit ihrer Bedeutung für die Lohnfindung sowie den Rückbau des Sozialstaates. Die Vertreter der Korrekturthese argumentieren dagegen, daß gerade in wirtschaftlichen Schwächeperioden das „soziale Netz" in seiner Wirksamkeit nicht beeinträchtigt werden dürfe. Überdies könnten die sozialen Geldleistungen als Konsumnachfrage und der eventuelle Ausbau der sozialen Dienstleistungen als Beitrag zur Beschäftigungsförderung wachstumsgünstig wirken. Diese Strategie der sozialpolitischen Gegensteuerung bezieht sich auf das wirtschaftspolitische Konzept der *Nachfrageschaffung,* als dessen bekanntester Vertreter der englische Ökonom John Maynard Keynes (1883–1946) gilt. Hiernach müsse unter anderen auch der Staat, zum Beispiel durch öffentliche Programme, auch außerhalb der Marktmechanismen Nachfrage und damit Wachstumsimpulse schaffen.

(Randnotiz: sozialpolitische Gegensteuerung: zwei Strategien)

In wirtschaftlichen Krisenzeiten sind in der Bundesrepublik auch die bisher umfassendsten Kürzungen sozialer Leistungen durchgesetzt worden (zum Beispiel 1967, 1974/75, 1982/83, 1994/95). Umgekehrt fallen die Ausbaujahre der deutschen Sozialpolitik in der Regel mit wirtschaftlichen Wachstumsperioden – gern unmittelbar vor einer Bundestagswahl – zusammen (zum Beispiel die Rentenreformen 1957, 1972, 1990 – siehe 6. Kapitel). Seit Anfang der 80er Jahre nun ist der ohnehin nicht unproblematische gegen- oder antizyklische Zusammenhang von wirtschaftlicher Entwicklung und Entwicklung der Sozialausgaben dadurch komplizierter geworden, daß die hohe Arbeitslosigkeit – seit 1975 gibt es kontinuierlich über 1 Mio., seit 1982

(Randnotiz: Dauerprobleme Arbeitslosigkeit und Armut)

nahezu ständig über 2 Mio. registrierte Arbeitslose – und der damit einhergehende Druck auf die Systeme der sozialen Sicherung auch während der wirtschaftlichen Wachstumsjahre (1983 bis 1992) anhielt. Dieser wurde umso größer, als in den Bereichen Familienleistungen (siehe 7. Kapitel) und Pflegeversicherung (siehe 6. Kapitel) der politische Wille zum Ausbau dieser Leistungen anhielt. Der sozialpolitische Interessenstreit hat zweifellos zugenommen, da die zur Verfügung stehenden Mittel insgesamt knapper geworden sind und auch in den Wachstumsjahren eine kaum kleiner werdende Anzahl von Arbeitslosen- und Sozialhilfeempfängern Leistungen in Anspruch nimmt. Der Druck verschärft sich noch durch die enormen Kosten der deutschen Vereinigung von 1990. In den Jahren 1991 bis 1996 sind jährlich bis zu 80 Mrd. DM an sozialem Geld – vor allem für Arbeitsförderungsmaßnahmen – nach Ostdeutschland gezahlt worden, insgesamt über 420 Mrd. DM. Diese Summen sind überwiegend von den westdeutschen Steuerzahlern oder Sozialversicherten aufgebracht worden. Sie stellen einen Akt der Umverteilung zwischen West und Ost dar und liefern den Anhängern der Überforderungsthese neue Argumente, die am Ende in weiteren Sozialleistungskürzungen münden könnten.

5. Kapitel:
Soziale Rechte,
Geld- und Dienstleistungen: die Sozial-
leistungen im Überblick

Wie schon anhand der kurzen Darstellung der historischen Entwicklung im vorigen Kapitel deutlich wurde, ist der bundesdeutsche
Sozialstaat längst nicht mehr nur eine Veranstaltung für Arme wie im
Früh- beziehungsweise Vorkapitalismus oder für Lohnabhängige wie
im Hochkapitalismus. Spätestens 1938, als für die Handwerker eine
eigene gesetzliche Rentenversicherung geschaffen wurde, waren die
Weichen in Richtung auf einen Sozialstaat für jeden gestellt; 1957   Sozialstaat
kamen die Bauern hinzu (Rentenversicherung), 1954 die „Kinder-   „für alle"
reichen" (Kindergeld), 1971 die Schüler und Studenten (Unfallversicherung), 1972 die Unternehmer (Renten), 1979 die Mütter (Mutter-
schaftsurlaub), 1981 die Künstler (Renten- und Krankenversicherung).

Diese Ausweitung darf natürlich nicht darüber hinwegtäuschen, daß   Lohnarbeits-
der Sozialstaat in erster Linie die *Risiken* abdecken will, die im   bezug
Zusammenhang mit *lohnabhängiger Arbeit* entstehen: Krankheit,
Unfall, Arbeitslosigkeit, Mittellosigkeit im Alter.

Aber sie führt dazu, daß die Systeme der sozialen Absicherung selbst
von Fachleuten kaum noch *überschaubar* sind. Auch der Sozialstaat
der Nachkriegszeit ist nicht nach einem einheitlichen Plan, „aus einem
Guß" ausgebaut worden. Viele Wissenschaftler und Politiker hatten
nach 1945 gefordert, der politische Neuanfang müsse nun auch für
eine umfassende Sozialreform genutzt werden. Die Leistungen müßten verbessert und vor allem müßte das schwer durchschaubare Gewirr
von parallelen Trägern (zum Beispiel im Rentenwesen) neu geordnet
werden. Die Forderungen nach einer Sozialreform wurden vor allem
von der politischen Linken unterstützt und bis etwa 1957 (Rentenreform: Individualisierung der Dynamisierung, Beibehaltung der
bestehenden Trägerstruktur) erhoben.

Hetero-
genität
Diese *Heterogenität* hat im wesentlichen drei *Gründe:* Zum ersten wurde Sozialpolitik – auch nach Bismarck – immer aus politischen Gründen betrieben. Die Parteien wollten Wahlen gewinnen, die eigene soziale Klientel bedienen, andere nicht verprellen, und erst in zweiter Linie an einem sozialpolitischen Gesamtwerk (weiter-)arbeiten. Zweitens war der jeweils regierende „politische Block" nie eine Einheit; meistens gab es nach 1919 Koalitionsregierungen, in denen der kleinste gemeinsame Nenner die Lösung eines Problems begründete, so daß in der Sozialpolitik nie ein „großer Wurf" gelang (oder auch nur ernsthaft versucht wurde) und immer wieder nur Kompromißlösungen und Hilfskonstruktionen beschlossen wurden. Die jeweils Grundkonstruktion der Sozialpolitik blieb indessen erhalten. Selbst wenn eine Partei, wie zwischen 1957 und 1961 allein eine Regierungsmehrheit innehatte, mußte auf diverse Flügel oder auf das knappe Geld Rücksicht genommen werden. Und drittens schließlich war der Wechsel eines politischen Mehrheitsblocks, wie 1969 oder 1982, immer auch mit einer Richtungsveränderung verbunden, der zwar nicht die gesamte Sozialpolitik umkrempelte, aber doch neue Akzente zu den vorgefundenen Strukturen hinzuzusetzen versuchte. So will die jetzige Regierung unverkennbar verstärkt Akzente in der Familienpolitik setzen; sie „flickt" in das bestehende beziehungsweise von ihr ausgedünnte Sozialleistungssystem familienpolitische Leistungen hinein, muß aber dabei, wie beim Erziehungsgeld (siehe 7. Kapitel), das bestehende System Kindergeld erhalten, um bei dem entsprechenden Bezieherkreis keine Wähler/-innen zu verprellen. So wird der mehr oder weniger warme Teppich „Sozialstaat" um einen mehr oder weniger großen Flicken bunter.

Wie aber kommt man nun zu einem brauchbaren *Überblick* über das System der Sozialleistungen und seine Teilsysteme? Einen systematischen Überblick über die Bereiche der gesamten Sozialpolitik im Sinne der im 2. Kapitel angeführten Definition zu erstellen, ist schon wegen der Vielzahl der Beteiligten, ihrer unterschiedlichen Rollen, Politikformen und Funktionen vom Gesetzgeber bis zum wissenschaftlichen Publizisten, vom Sachbearbeiter in der Sozialadministration bis zur ehrenamtlichen Mitarbeiterin bei einem Wohlfahrtsverband in diesem Rahmen kaum möglich. Möglich ist aber ein systematischer Überblick über die realisierten Maßnahmen des Sozialstaats, über die „Leistungen zur sozialen Sicherung" (wie sie in der Terminologie der Bundesregierung heißen).

Es gibt dazu mehrere Möglichkeiten: Man kann die Sozialleistungen nach verschiedenen Kategorien sortieren:

- nach ihrem Zweck und ihrer Funktion;
- nach Gesetzeskomplexen, nach Einrichtungen und Institutionen;
- nach Leistungstypen und Vergabeformen.

Möglichkeiten zur Kategorisierung des Sozialleistungssystems

Die Bundesregierung wählt heute vorzugsweise die Kategorisierung nach Zwecken und Funktionen. Diese Einteilung verwischt aber die Leistungsunterschiede gleicher Empfängergruppen, wenn zum Beispiel in der Statistik ein Geldbetrag für „Gesundheit" ausgewiesen ist. Es wird hieran nicht deutlich, daß beispielsweise die Gesundheitsleistungen für Mitglieder der gesetzlichen Krankenkassen und Empfängern von Sozialhilfe unterschiedliche Standards haben. Eine solche Systematisierung, die die Ausgabenposten undiffenrenziert ausweist, ist vielleicht gut fürs Image der Regierung, taugt aber analytisch wenig. Daneben wird häufig die Darstellung nach Gesetzeskomplexen oder nach Institutionen verwendet. Sie gibt schon ein genaueres Bild, geht aber auf verschiedene Typen von Sozialleistungen nicht ein und läßt ebenso die in Geld kaum ausdrückbaren sozialen Rechte außer Betracht.
Wir werden im folgenden eine *Mischung* aus der Kategorisierung nach Institutionen und der Unterteilung nach Leistungstypen verwenden, um einen Gesamtüberblick zu erhalten. Da es keinen konsensuellen Begriff der Sozialpolitik gibt, müssen wir noch einmal von vorn anfangen und fragen: Worum geht es beim Sozialstaat? Antwort: Es geht um die Verteilung von als sozial bezeichnetem(n) *Recht(en), Geld/Sachen* und *Diensten.* Das sind die drei großen sozialpolitischen Leistungskategorien, hinter denen sich jeweils eine Fülle von Einzelleistungen und -bestimmungen verbirgt. Gleichviel, welches sozial-politische Paradigma von Sozialpolitik oder entsprechender Maßnahmen zum Tragen kommen, es geht immer um eine dieser Leistungskategorien. „Soziale Rechte", etwa als Mitbestimmungsrechte, stellen – inhaltlich und funktional gesehen – eine andere Kategorie dar als „soziale Geld- oder Sachleistungen". Da „Sachleistungen" nur eine andere Form, aber keine unterschiedliche Funktion als die „Geldleistungen" haben, werden sie im folgenden begrifflich unter „Geldleistungen" mitgeführt. „Soziale Dienstleistungen" dagegen haben eine eigene Form und Funktion als die anderen Leistungskategorien und sollen daher auch besonders berücksichtigt werden (siehe 9. Kapitel).

drei Leistungskategorien

65

Wie wir in den folgenden Kapiteln sehen werden, kann man weitere sinnvolle Unterscheidungen bei den drei oben genannten Leistungskategorien vornehmen (siehe Abbildung 5).

Abbildung 5: Leistungskategorien der sozialen Sicherung

SOZIALE RECHTE	SOZIALES GELD	SOZIALE DIENSTE
Schutzrechte	Sozialversicherungs- leistungen	Sozialversicherungs- leistungen
Mitwirkungs- rechte	Versorgungs-/Aus- gleichsleistungen	
	Fürsorgeleistungen	Fürsorgeleistungen

Die landläufige Sozialleistung ist die *Geldleistung.* Sie ist für den Bürger am besten greifbar, beispielsweise als Rente (allein die Rentenleistungen machen gut die Hälfte der öffentlichen Sozialleistungen aus). Die *sozialen Rechte* kann man nicht oder nur sehr unzulänglich in Geld ausdrücken. Dagegen sind die sozialen Dienste als *Personal- und Sachkosten* ebenfalls gut darstellbar.

Die in Abbildung 5 vorgenommene Unterteilung in verschiedene Leistungsarten findet in der sozialen Praxis natürlich nicht so abgegrenzt statt. In Wirklichkeit gewähren die meisten Institutionen mehrere Hilfearten. So verteilt beispielsweise das Arbeitsamt Arbeitslosenunterstützung in Form von Geld, es leistet aber auch soziale Dienste als beratende oder das Verhalten der Arbeitslosen kontrollierende Instanz (Meldepflicht) (siehe 6. Kapitel). Ähnlich werden gleichzeitig mit der Verteilung von Geld/Sachen beziehungsweise Diensten auch Rechte gewährt (zum Beispiel Anspruchs- oder Widerspruchsrechte). Aber ebenso wie für bestimmte Maßnahmen oder Leistungsbereiche die Verteilung von Geld-oder/und Sachleistungen wesentlich ist, obwohl dort, wie etwa im Wohngeldgesetz, auch Rechte gewährt werden, wird in den Bereichen, in denen die Verteilung von Rechten das wesentliche ausmacht (zum Beispiel Mitbestimmung), auch Geld verteilt, zumindest indirekt (etwa die Freistellung von Betriebsräten auf Kosten des Unternehmens). Insofern richtet sich die hier vorgenommene Unterscheidung zwischen Geld und Sachen sowie Diensten nach der wesentlichen Funktion der einzelnen Leistungen; sie dient also nur analytischen Zwecken.

In erster Linie verteilt der Sozialstaat also Geld. Der Form nach wird es entweder in bar verteilt (zum Beispiel beim BAföG oder den Renten) oder es werden Kosten erstattet (zum Beispiel Arztkosten, Krankenversicherungsbeiträge für Arbeitslose) oder Sachen bezahlt (zum Beispiel Arznei, Hilfsmittel).

1. VERSICHERUNGSPRINZIP

Die Leistungen nach dem Versicherungsprinzip nehmen den größten Ausgabenposten im Sozialbudget ein. Es handelt sich dabei um die Leistungen der gesetzlichen Renten-, Kranken-, Unfall- und Arbeitslosenversicherung (außer Arbeitslosenhilfe, die man zu den Fürsorgeleistungen zählen muß) sowie der Pflegeversicherung.

Das *Versicherungsprinzip* besagt, daß sich Personen mit gleichen oder verwandten Risikoproblemen (zum Beispiel bei Wahrscheinlichkeit von Mittellosigkeit im Alter oder Arbeitslosigkeit, Krankheit usw.) zusammentun, eine Umlage oder regelmäßige Beiträge verabreden, woraus dann diejenigen Versicherten, die das Risiko trifft, alimentiert werden. Sie können dabei, anders als wenn sie individuell, etwa durch Sparen, Vorsorge treffen würden, vom Kumulationseffekt der Versicherung profitieren: Da nicht jeden Versicherten (immer) das Risiko trifft, können die Beiträge kleiner als etwaige monatliche Sparrücklagen sein, beziehungsweise bei gleichen Beträgen wären die Versicherungsleistungen im Risikofall höher als das individuell Ersparte.

individuelle Risikoabsicherung durch kollektive Fonds

Versichern ist ein uraltes Verfahren. Schon im antiken Athen kannte man solche Versicherungsvereine oder Kassen. Es ist auch keine originär staatliche Technik, um Risikoprobleme zu lösen. Die privaten (kommerziellen) Versicherungsunternehmen, die nach der gleichen Methode arbeiten, aber Gewinne machen, gibt es schon länger als die staatliche Versicherungspolitik (zum Beispiel Unternehmen für Schiffahrts-, Lebens-, Kranken-, Unfall- oder Hausratsversicherung).

Der Gesetzgeber griff, wie im 3. Kapitel gezeigt wurde, die Form der versicherungsmäßigen Selbsthilfe von Arbeitern, Unternehmern oder Handwerkerinnungen auf, als er 1883 ff. die Sozialgesetze schuf. Er veranlaßte allerdings für bestimmte Arbeiter (bis zu einer maximalen Lohnhöhe) einen Zwangsbeitritt, die Normierung beziehungsweise Standardisierung der Leistungen und die Aufwertung der Träger als öffentlich-rechtliche und damit unter Staatsaufsicht stehende Einrichtungen.

Beiträge als Vorleistung Der Staat leistete sich bei der Invaliditäts- und Altersversicherung aus politischen Gründen („innere Reichsgründung") die versicherungsfremde Besonderheit eines Staatszuschusses (den es bis heute gibt). Weil man zum Erhalt der Leistungen nach dem Versicherungsprinzip erst Beiträge zahlen muß, also eine Vorleistung erbringen muß, wird dann im Risikofall nicht geprüft, ob man auch der Leistung bedürftig ist oder ob dies nicht der Fall ist. Allerdings wird die Höhe der Leistung (beziehungsweise die Dauer der Zahlung) davon abhängig gemacht, wie lange Beitragszahlungen und in welcher Höhe gezahlt wurden („Anwartschaft"). Auch werden die Geldleistungen darüberhinaus an der Höhe des individuellen Einkommens der Versicherten (in Prozent des Lohnes) bemessen. So sind die Geldleistungen zum Beispiel der Rentenversicherung (Renten) oder Arbeitslosenversicherung (Arbeitslosengeld) zwar grundsätzlich gleich, weil alle die Geldleistung in der entsprechenden Prozent-Höhe erhalten. Sie sind aber im Zahlbetrag ungleich, weil die individuellen Anwartschaften unter-

Äquivalenz schiedlich sind. Obwohl also der Versicherte sich den Anspruch auf die Leistungen selber schafft, wird der Träger im Risikofall (zum Beispiel Rentenalter, Krankheitsfall) nicht selbst tätig und zahlt, sondern man muß einen Antrag stellen beziehungsweise als Betrieb den Fall melden. Die Träger der Sozialleistungen nach dem Versicherungsprinzip sind öffentlich-rechtliche Körperschaften (zum Beispiel die gesetzlichen Krankenkassen).

Wodurch wird nun eine Versicherung zur Sozialversicherung? Bei einer kommerziellen bzw. privaten Risiko- oder Lebensversicherung werden die Beiträge („Prämien") nach Erfahrung der Höhe und Wahrscheinlichkeit des Risikos bemessen. Derjenige, dessen Hausdach aus Stroh ist, hat auch höhere Versicherungsprämien zu zahlen als derjenige, dessen Dach aus Beton ist. Diejenigen, die alt und krank sind, müssen bei einer privaten Krankenversicherung höhere Beiträge zahlen als die Jungen und Gesunden. Bei einer kommerziellen Versicherung müssen grundsätzlich alle Mitglieder bzw. Kunden auch Beiträge zahlen.

Keine Risiko- und Beitragsstaffelung Dies ist bei der gesetzlichen Sozialversicherung anders:
(a) Die Beiträge sind nicht nach den Risiken gestaffelt, sondern unterscheiden sich nach sozialen Merkmalen (Rentner oder Studierende haben andere Beitragszahlungen als Erwerbstätige).

Die Beiträge bei Erwerbstätigen sind keine festen für alle gleichen DM-Beträge, sondern Prozent-Anteile des (versicherungspflichtigen) Einkommens (vgl. Abbildung 7). Dies hat zur Folge, daß diejenigen, die hohe Einkommen haben, effektiv mehr zahlen als die Geringverdienenden.

(b) Einige Leistungen bzw. Teilbereiche der Sozialversicherung werden nicht aus Beiträgen, sondern aus Steuermitteln finanziert (zum Beispiel bei der Knappschaftlichen Rentenversicherung oder Arbeitsförderung)

(c) Direkte Familienangehörige (erwerbslose Ehepartner und Kinder) werden kostenlos mitversichert (allerdings sind die Geldleistungen für sie durchweg geringer als für die Versicherten selbst). *Mitversicherung*

Kurz: Das „Soziale" an den Sozialversicherungen besteht in den nicht zu übersehenden Umverteilungseffekten innerhalb des zwangsversicherten Personenkreises („Solidargemeinschaft") zugunsten der Familienmitglieder, Einkommensschwachen und den sogenannten „schlechten Risiken" (Alte, häufig Kranke, von Arbeitslosigkeit stärker Betroffene, von Betriebsunfällen stärker Bedrohte). *Soziale Umverteilung*

Diese umverteilenden Leistungen und Anwartschaften werden heute gern als „versicherungsfremde Leistungen" bezeichnet, deren Umfang auf etwa 110 bis 130 Mrd. Mark beziffert wird (FAZ vom 27. 1. 1997; Sell 1997, 526 ff.). Darin sind vor allem die Leistungen für die Familienmitglieder (zum Beispiel die Witwenrenten oder – allein knapp 54 Mrd. DM – für Gesundheit im Rahmen der gesetzlichen Krankenversicherung, aber auch Leistungen der Arbeitsförderung mit etwa 30 Mrd. DM) enthalten. Werden diese Leistungen gekürzt, wie von Teilen der CDU und der FDP gefordert, oder durch Steuermittel finanziert, wie vor allem von der SPD gewünscht, könnten so die Erwartungen beider Lager, die Sozialversicherungsbeiträge und mithin die „Lohnnebenkosten" sinken oder weniger zunehmen (siehe 4. Kapitel).

Damit die Umverteilung bei den Sozialversicherungen nicht zu weit geht, wird durch eine Beitragsbemessungsgrenze („Jahresentgeltgrenze") dafür gesorgt, daß bei besser Verdienenden nicht das gesamte Einkommen zur Beitragszahlung herangezogen wird. Zusammen mit der Versicherungspflichtgrenze wird so der Rahmen definiert, innerhalb dessen die Umverteilung stattfindet. Beschäftigte mit geringem Einkommen („Geringverdienergrenze") oder regelmäßigen Arbeitszeit unter 15 Stunden pro Woche sind nicht versicherungspflichtig. Bei der gesetzlichen Rentenversicherung zahlt der Arbeitgeber von *Grenzen der Umverteilung: Beitragsbemessungs- und Versicherungspflichtgrenze*

Abbildung 6: Grenzwerte bei den Sozialversicherungen 2001
(Angaben in DM monatlich, in Klammern östliche Bundesländer)

	Versicherungs- pflichtgrenze	Beitrags- bemessungs- grenze	Gering- verdiener- grenze
Gesetzliche Kranken- versicherung (GKV)	6 525 (5 325)	6 525 (5 325)	630 (530)
Gesetzliche Renten- versicherung (GRV)	–	8 700 (7 300)	630 (530)
Arbeitsförderung Sozialgesetzbuch III)	–	8 700 (7 300)	620 (530)
Gesetzliche Pflege- versicherung (GPV)	6 525 (5 325)	6 525 (5 325)	630 (530)

Abbildung 7: Beitragssätze der Sozialversicherungen 1975 bis
2000 (in Prozent des Bruttoarbeitsentgelts, in
Klammern östliche Bundesländer, je zur Hälfte von
den Beschäftigten und den Unternehmen zu zahlen)

	1975	1980	1985	1990	1995	2000
Gesetzliche Kranken- versicherung (GKV)	10,4	11,4	11,8	12,6 (12,8)	13,2 (12,8)	13,6 (14,0)
Gesetzliche Renten- versicherung (GRV)	18,0	18,0	18,7	18,7 (18,7)	18,6 (18,6)	19,3 (19,3)
Arbeitsförderung	2,0	3,0	4,4	4,3 (4,3)	6,5 (6,5)	6,5 (6,5)
Gesetzliche Pflege- versicherung (GPV)	–	–	–	–	1,0 (1,0)	1,7 (1,7)
INSGESAMT	30,4	32,4	34,9	35,6 (35,8)	39,3 (38,9)	41,1 (41,5)

Geringverdienenden Beiträge, wenn die betreffenden Beschäftigten
nicht auf die Versicherungsfreiheit verzichten. Diese Grenzwerte werden jährlich durch Rechtsverordnung des Bundesarbeitsministerium
festgelegt (siehe Abbildung 6).

Insgesamt stellen die Sozialversicherungen mit den Elementen der persönlichen Anwartschaft durch Beiträge, Lohnbezogenheit der Geldleistungen sowie Beitragsbemessungsgrenze auf der einen sowie den Prozent-Beiträgen (siehe Abbildungen 6 und 7), gleichen Sachleistungen, beitragsfreien Leistungen für Angehörige sowie den Staatszuschüssen eine mehr oder weniger gut ausbalancierte Gesamtkonstruktion aus Solidar- und Äquivalenzprinzips dar, an der sich unschwer auch die beiden Sozialverständnisse wiedererkennen lassen. Daß diese Balance nicht statisch oder stabil sein muß, zeigt die Umsetzung der Kürzungspolitik der letzten Jahre, deren Ergebnis auf eine Verstärkung des Äquivalenzprinzips und mithin der Individualisierung von Sicherungsleistungen mit sich brachte. Fast 85 Prozent der öffentlichen Sozialleistungen werden nach dem Versicherungsprinzip verteilt (siehe Dokumentation 7, S. 75).

2. VERSORGUNGS- UND AUSGLEICHSPRINZIP

Sozialleistungen nach dem *Versorgungsprinzip* werden nicht aus Beiträgen, sondern aus Steuermitteln bezahlt. Zu ihnen gehören alle Sozialleistungen, die nicht unter die Rubriken „Versicherungen" oder Sozial- und Jugendhilfe fallen (siehe 7. Kapitel). Die Bezeichnungen „Versorgung" oder „Ausgleich" sind stark beschönigend, da sie suggerieren, daß die betroffenen Leistungsempfänger durch den Empfang der Geldleistung in ihrem Bedarf zufriedengestellt, versorgt werden. Tatsächlich stellen gerade diese Leistungen in der Regel sogenannte Zusatzentgelte dar, wie etwa das Kinder- oder Wohngeld und die meisten Kriegsopferleistungen. Leistungen wie das BAFöG oder das Erziehungsgeld (siehe 7. Kapitel) haben das Ziel der Förderung oder des sozialen Ausgleichs. Versorgung oder Ausgleich im Sinne einer Bedarfsdeckung findet nur bei den Beamten statt.
Bei den Versorgungs- und Ausgleichsleistungen durchbricht der Sozialstaat am weitesten seinen traditionellen Bezug zur Arbeiterklasse. Die Leistungen werden hier eher nach Lebenslagen (Elternschaft: Kindergeld; Ausbildung: BAFöG; Kriegsversehrtheit: Kriegsopferleistungen) als nach Soziallagen ausgegeben. Der Gesetzgeber definierte die entsprechenden sozialen Indikatoren wie „Elternschaft", „Auszubildender", „Mieter" oder „Kriegsbeschädigter" als unterstützenswürdige Tatbestände und legte so Systeme von

Steuerfinanziert

Lebenslagenbezug

71

Geldleistungen an. Er hatte die Leistungsempfänger auch als Wähler im Auge.

Gießkannen-prinzip Dies hat zur Folge, daß der Empfängerkreis häufig groß und die Geldleistung pro Kopf aber gering ist. So decken die Kindergeldzahlungen, die auch Millionäre erhalten können, auch nicht nur annähernd die Kosten für das Aufziehen von Kindern; ähnlich wurden viele Kriegsopferleistungen als „Schnapsgeld" verspottet.

Man muß also sagen, daß die Versorgungsleistungen häufig den Charakter einer Zusatzgratifikation haben (siehe 7. Kapitel). Versorgungsleistungen sind nicht unbedingt an die Prüfung der Bedürftigkeit gekoppelt (zum Beispiel Kindergeld, Kriegsopferleistungen, Beamtenversorgung); sie wird aber – um den Empfängerkreis aus Geldknappheitsgründen nun doch nicht zu sehr auszuweiten – bei einigen neuen Versorgungsleistungen (Wohngeld, BAFöG) vorgeschrieben. Beim Kindergeld ist eine generelle Bedürftigkeitsprüfung immer wieder einmal im Gespräch. Ebenso wie die Versicherungsleistungen erhält man die Versorgungsleistungen auf Antrag. Die Träger der Leistungen sind staatlich (zum Beispiel Versorgungsamt) oder öffentlich-rechtlich (zum Beispiel Studentenwerk beim BAföG).

Knapp 7 Prozent des Sozialbudgets werden nach dem Versorgungs- bzw. Ausgleichsprinzip verteilt (siehe Dokumentation 7, S. 75)

3. FÜRSORGEPRINZIP

gesamte Lebenssituation Sozialleistungen nach dem *Fürsorgeprinzip* (Sozial- und Jugendhilfe; siehe 8. Kapitel) unterscheiden sich von den Versorgungsleistungen in der Ziel- und Handlungsrichtung dadurch, daß sie sich den betroffenen Personen in ihrer gesamten Lebenssituation zuwenden (wollen) und nicht nur in Teilfunktionen als Mieter, Kinderaufzieher oder Auszubildender. Das Fürsorgerische wird auch dadurch unterstrichen, daß der Träger der Leistungen (Sozial- oder Jugendamt beziehungsweise delegiert an freie Träger) im Sinne der Betroffenen Leistungen vergeben muß, wenn ihm bekannt wird, daß jemand der Hilfe bedürftig ist (zum Beispiel Maßnahmen des Jugendamtes bei Gefährdung von Kindern); ein Antrag zum Erhalt von Leistungen ist also im Prinzip nicht nötig (wird aber wohl immer verlangt).

steuer-finanziert Wie bei den Versorgungsleistungen handelt es sich um steuerfinanzierte Leistungen; Vorleistungen in Form von Beiträgen u.ä. sind nicht zu erbringen. Da die Fürsorge immer als das „letzte" Mittel angesehen

wird – man unterstellt, daß der einzelne sich zunächst selbst helfen Bedürftig-
können soll bzw. andere Sozialleistungen (z.b. Renten oder Arbeitslo- keitsprüfung
senleistungen) in Anspruch genommen werden können –, wird bei
Fürsorgeleistungen immer auch die Bedürftigkeit überprüft.
Träger von Fürsorgeleistungen können öffentlich (zum Beispiel
Jugendamt) oder privat (Verbände, Vereine; zum Beispiel Erziehungs-
beratungsstelle) sein. Nach dem Fürsorgeprinzip werden knapp 10
Prozent des Sozialbudgets verteilt (siehe Dokumentation 7, S. 75).
Die charakteristischen (Unterscheidungs-)Merkmale der drei Typen
von Geld- (und Sach-)Leistungen lassen sich wie in Abbildung 8 dar-
stellen.

Abbildung 8: Unterscheidungsmerkmale der drei Typen von
Geld- (und Sach-)Leistungen

VERSICHERUNGS-PRINZIP	VERSORGUNGS-/AUSGLEICHSPRINZIP	FÜRSORGEPRINZIP
Vorleistungen (Anwart-schaften)	keine Vorleistungen	keine Vorleistungen
Beitragsfinanzierung	Steuerfinanzierung	Steuerfinanzierung
keine Bedürftigkeits-prüfung	teils/teils Bedürftigkeits-prüfung	Bedürftigkeitsprüfung
öffentlich-rechtliche Träger	staatliche/öffentlich-rechtliche Träger	staatliche/private Träger

Im folgenden sollen nun zuerst die großen sozialpolitischen Geldleistungen betrachtet werden; von diesen zuerst die Leistungen nach dem
Versicherungsprinzip (6. Kapitel), dann die Leistungen nach dem Ver-
sorgungs- bzw. Ausgleichsprinzip (7. Kapitel), und schließlich die
Leistungen nach dem Fürsorgeprinzip (8. Kapitel). Im Anschluß daran
folgen die Kapitel zu den sozialen Diensten und Rechten.

Diskussion

● Beobachten Sie die zahlenmäßige Entwicklung der Leistungsarten in Dokumentation 7 und suchen Sie nach Gründen für die
Veränderungen.

● Wäre es nicht gerecht, bei den Versorgungsleistungen generell
eine Bedürftigkeitsprüfung einzuführen?

● Wie kann man begründen, daß Beamtenleistungen Sozialleistungen sind?

Dokumentation 7: **Was kostet der Sozialstaat? – Das Sozialbudget 1950 bis 1998**
in Mrd. DM (ohne Beamtenleistungen und Steuervergünstigungen außerhalb des Familienlastenausgleichs)

	1950	1955	1960	1965	1970	1975	1980	1985	1990	1995	1998
Versicherungsleistungen											
Gesetzliche Rentenversicherungen	3,9	7,0	19,5	31,2	51,7	100,3	141,1	173,8	227,4	361,1	398,2
Gesetzliche Krankenversicherung	2,5	4,7	9,5	15,7	25,2	60,3	89,0	113,2	150,5	239,1	245,9
Gesetzliche Unfallversicherung	0,6	1,0	1,6	3,0	3,9	6,6	9,3	10,9	12,7	19,9	20,9
Arbeitsförderung	1,9	2,0	1,1	1,5	3,6	17,8	22,8	39,0	51,3	128,9	133,2
Gesetzliche Pflegeversicherung	–	–	–	–	–	–	–	–	–	10,3	30,6
Vers.-leistungg in % d. Sozialbudgets*	67,9	68,0	74,5	76,0	80,0	78,9	80,7	83,8	83,9	83,7	82,3
Versorgungs- u. Ausgleichsleitungen											
Kindergeld**	0,04	0,5	0,9	2,8	2,8	14,6	17,1	14,1	14,5	21,2	49,9
Erziehungsgeld	–	–	–	–	–	–	–	–	4,6	7,2	7,1
Entschädigungen***	3,1	4,9	8,0	9,9	11,7	15,6	17,5	16,7	16,4	18,1	15,6
Ausbildungsförderung	–	–	0,08	0,1	0,6	2,3	3,1	0,4	0,8	1,8	1,6
Wohngeld	–	–	0,002	0,1	0,6	1,8	2,0	2,7	3,9	6,2	7,5
Fürsorgeleistungen											
Sozialhilfe	1,0	1,3	1,1	2,0	3,2	8,3	13,2	19,9	29,2	54,4	50,1
Leistungen für Asylbewerber/innen	–	–	–	–	–	–	–	–	–	5,4	5,1
Jugendhilfe	0,03	0,05	0,5	0,9	1,8	5,6	8,3	9,8	13,3	29,7	30,9
Öffentlicher Gesundheitsdienst	0,1	0,2	0,2	0,4	0,6	1,0	1,3	1,5	1,9	3,2	3,3
Sozialbudget ohne Arbeitgeber- und Leistungen zur Vermögensbildung	13,1	21,6	42,5	67,6	105,5	234,2	324,7	402,0	526,5	906,5	999,9
in % des Bruttoinlandsprodukts	13,3	11,8	14,0	14,7	15,6	22,8	22,0	22,0	21,7	26,2	26,3
Arbeitgeberleistungen****	0,5	1,0	4,9	7,8	18,4	29,3	45,9	53,4	74,4	97,8	89,6
Leistungen zur Vermögensbildung	–	–	0,4	1,3	4,4	13,3	13,1	11,4	10,5	10,4	9,9
Sozialbudget insgesamt	13,6	22,6	47,8	76,7	128,5	276,8	383,7	466,8	611,4	1014,7	1099,4
in % des Bruttoinlandsprodukts	13,8	12,4	15,8	16,7	19,2	26,9	26,0	25,6	25,2	29,3	28,9

* Sozialbudget wie oben definiert, jedoch ohne Arbeitgeber- und Leistungen zur Vermögensbildung
Von 1998 an als Familienleistungsausgleich (Kindergeld und steuerliche Vergünstigungen)
** Kindergeld**
*** Kriegs- und Gewaltfolgen, Wiedergutmachung, Lastenausgleich u.a.
**** Entgeltfortzahlung, betriebliche Altersversorgung u.a. 1950 und 1955 nur Entgeltfortzahlung
Quelle: Bundesministerium für Arbeit u. Sozialordnung (Hrsg.), Sozialbericht 1971, ders. (Hrsg.), Sozialbudget 1998, Bonn 1999

6. Kapitel:
Krankheit, Unfall, Alter, Arbeitslosigkeit, Pflegebedürftigkeit: Die Sozialversicherung

Wie im historischen Teil (Kapitel 3) erwähnt, ist die Sozialversicherung in Deutschland kein rechtlich, organisatorisch und sachlich einheitliches System sozialer Leistungen, sondern ein Vergabe-, Finanzierungs- und Organisationstyp mit in sich eigenständigen Systemen, die gern auch als „Zweige" bezeichnet werden.

Vorstöße, eine einheitliche Sozialversicherung – möglichst für alle Bürger als „Volksversicherung" – aufzubauen, wie sie von der SPD unternommen worden sind, gibt es seit Ende der 50er Jahre nicht mehr. Die aktuelle politische und auch wissenschaftliche Debatte um Reform bzw. „Umbau" der sozialen Sicherungssysteme bleibt im Versäulung wesentlichen dieser Versäulung verhaftet, indem die Vorschläge die einzelnen Systeme der Sozialversicherung, zum Beispiel die gesetzliche Krankenversicherung oder die Rentenversicherung betreffen, nicht aber alle Systeme zugleich. Indem konzeptionelle und theoretische Beiträge zur Sozialversicherung als System fehlen, bürgern sich Begriffe ein, die den Status quo zu erhalten beitragen sollen. Die Sozialversicherungszweige werden als „Solidargemeinschaften" bezeichnet, was den Zwang zum Beitritt sowie die Ausschluß- und Einschlußgrenzen bei Einkommen und Beitragsbemessung verschleiert. Sie werden „bewährte Säulen" der sozialen Sicherung genannt, was suggeriert, daß die Systeme der Sozialversicherung organisatorisch, rechtlich und sachlich aufeinander abgestimmt seien. Die Renten- und Pflegeversicherung wird sehr gern auch als Ausdruck eines „Generationenvertrages" bezeichnet, was unterstellt, daß es tatsächlich einen Vertrag gäbe und es sich nicht lediglich um das nicht unumstrittene Finanzierungsverfahren (Umlage von Beitragszahlern zugunsten der Leistungsempfänger/innen) handelt.

Im folgenden werden die *fünf Systeme der Sozialversicherung* jeweils in vier Schritten betrachtet: (1) der versicherte Personenkreis, (2) die Leistungen, (3) Finanzierung und Organisation und (4) Bedeutung, Probleme, Diskussion.

1. GESETZLICHE KRANKENVERSICHERUNG

Die Regelungen zur gesetzlichen Krankenversicherung (GKV) befinden sich im V. Buch des Sozialgesetzbuches (SGB V).

(1) Versichert müssen alle Arbeiter/innen und Angestellte bis zur Versicherungspflichtgrenze (siehe Abbildung 6, S. 70) sein, die mehr als 15 Stunden in der Woche erwerbstätig sind oder deren Einkommen die Geringverdienergrenze (siehe Abbildung 6) überschreiten. Versichert mit – zum Teil besonderen Beitragsregelungen – sind ferner Rentner/innen, Arbeitslose, Studierende, Landwirte und Künstler. Beitragsfrei mitversichert sind Famlienangehörige, wenn sie kein Erwerbseinkommen über der Geringverdienergrenze haben. Freiwillig können sich besser verdienende Personen unter bestimmten Bedingungen (§ 9) sowie nicht versicherungspflichtige Schwerbehinderte bei der GKV versichern. *Versicherte*

Auf diese Weise waren 1998 rund 30 Mio. Personen pflichtversichert, 15 Mio. als Renter/innen, 21 Mio. als Familienmitglieder mitversichert, und 6,2 Mio. freiwillig. Insgesamt umfaßte der gesetzliche Krankenversicherungsschutz damit etwa 88 % der Bevölkerung.

(2) Die wichtigsten Leistungen sind:

(a) Kostenlose *ärztliche Behandlung* (§ 28). *Leistungen*

(b) Bei *zahnärztlicher Behandlung* teilweise Kostenübernahme (50 % der Kosten). Sie umfaßt die zahnärztliche Standardversorgung und schließt zum Beispiel kieferothopädische Bahandlung für über Achtzehnjährige aus. Bei regelmäßigem Zahnarztbesuch gibt es Erstattungszuschläge um bis zu 15 % der Kosten.

(c) Teilweise kostenfreie Versorgung mit *Arznei- und Verbandsmitteln,* Heil- (z. B. Gymnastik) und Hilfsmittel (z. B. Brillen oder Prothesen). Bei Arznei-, Verbands- und Hilfsmittel gibt es sog. Festpreise, deren Höhe einem Ärzte- und Krankenkassenausschuß festgelegt werden und bis deren Höhe die Kosten übernommen werden. Bei Arznei- und Verbandsmittel betrifft dies nur Produkte, die bis Ende 1995 behördlich zugelassen worden sind (bei etwa 30 % der Mittel gibt es Festpreise). Wenn es keine Festpreise gibt, müssen die Versicherten bei Arznei- und Verbandsmitteln je nach Packungsgröße zuzahlen (zur Höhe der Zuzahlungen vgl. Abb. 9).

Sog. Bagatellmedikamente wie Schnupfen- oder Abführmittel werden nicht getragen (§ 34).

Abbildung 9: Zuzahlungen bei Leistungen der gesetzlichen
Krankenversicherung 2000 / 2001
(in Klammern östliche Bundesländer)

Arzneimittel	je nach Packungsgröße 8 bis 10 DM
Verbandsmittel	8 DM
Zahnersatz	50 % der Kosten, bei guter Zahnpflege und medizinischer Vorsorge bis 33 % der Kosten
Bandagen u. a.	
Hilfsmittel	20 % der Kosten
Heilmittel	15 % der Kosten
Massagen, Krankengymnastik	15 % der Kosten
Klinikaufenthalt	17 DM/Tag (14 DM) die ersten 14 Tage
Stationäre Vorsorge- u. Rehabil.-Maßnahmen	25 DM/Tag (20 DM)
Mütterkuren	17 DM/Tag (14 DM)
Fahrtkosten	25 DM pro einfache Fahrt

Befreit von der Zuzahlung (außer bei Klinikaufenthalt) sind:
Unter Achtzehnjährige
Empfänger/innen von Leistungen nach dem BSHG, BAFöG, Bundesversorgungsgesetz, Bezieher/innen von Unterhaltsgeld nach SGB III
Ledige mit einem monatlichen Einkommen unter 1 792 DM
Verheiratete mit einem monatlichen Einkommen unter 2 465 DM
Verheiratete mit einem Kind: 2 912 DM
Freibetrag für weitere Angehörige: 448 DM

Zusätzlich gilt die Überforderungsgrenze: Zuzahlungsfreiheit besteht auch
dann, wenn die Kosten mehr als 2 % des Jahreseinkommens ausmachen
(bei Einkommen über der Beitragsbemessungsgrenze [siehe Abbildung 6] 4 %, bei chronisch Kranken 1 % (vom zweiten Jahr an)

Von der Zuzahlung befreit sind Personen unter 18 Jahren sowie Personen, deren Einkommen 40 % des Durchschnittseinkommens der Rentenversicherten (sog. monatliche Bezugsgröße nach § 18 SGB IV übersteigen, 2001: 4 780 DM, östliche Länder: 3 780 DM). Befreit sind ferner Empfänger/innen von Leistungen nach dem Bundesversorgungsgesetz und dem BAFöG (siehe 7. Kapitel), dem BSHG (siehe 8. Kapitel) sowie Arbeitsförderungsleistungen (siehe weiter unten Nr. 4). Wenn die Zuzahlungen und notwendigen Fahrtkosten bei einer Krankheit mehr als 2 % des Bruttoeinkommens von Versicherten übersteigen, besteht ebenfalls keine Zuzahlungspflicht. Bei chronisch Kranken, deren Kosten unter dieser Belastungsgrenze liegen, gibt es nach einem Jahr die Grenze von 1 %. Die Grenzen liegen dann niedriger, wenn der/die Kranke Angehörige hat (§§ 61, 62)

(d) Übernahme von notwendigen *Fahrtkosten,* soweit diese den Betrag von 25 DM übersteigen (§ 60)

(e) *Häusliche Krankenpflege,* wenn ein Krankenhausaufenthalt geboten, aber nicht möglich ist, bis 4 Wochen (länger ist möglich) für Grund- und Behandlungspflege (auch hauswirtschaftliche Versorgung ist möglich). Eine Haushaltshilfe wird gestellt, wenn ein unter 12 Jahren oder behindertes Kind zu versorgen ist (als Kannleistung auch in anderen Fällen) (§§ 37, 38)

(f) Zeitlich unbegrenzte *Krankenhausbehandlung* in dem ärztlich eingewiesenen Krankenhaus (Zuzahlung siehe Abbildung 9) (§ 39); Zuschüsse bei Versorgung in Hospizen (§ 39 a).

(g) *Kuren,* in der Regel nicht länger als 3 Wochen (Zuzahlung je nach Krankenkasse siehe Abbildung 9) (§ 40).

(h) *Krankengeld* für versicherte Arbeitnehmer/innen, längstens 78 Wochen innerhalb von drei Jahren in Höhe von 70 % des zuschlagsbereinigten Brottolohnes (aber nicht höher als 90 % des Nettolohnes). Der Anspruch auf Krankengeld ruht, wenn die ersten 6 Wochen Lohnfortzahlung durch das Unternehmen geleistet wird. Für die Versorgung von kranken Kindern unter 12 Jahren gibt es Krankengeld pro Kind bis zu 10 Arbeitstagen (bei Alleinerziehenden 20 Arbeitstagen), insgesamt maximal 25 Arbeitstage im Jahr (bei Alleinerziehenden 50 Arbeitstage) (§§ 44–51).

(i) *Sterbegeld* in Höhe von maximal 2 100 DM (für Familienangehörige 1 050 DM) aber nur für Versicherte, die am 1. Januar 1989 Mitglied waren (§§ 58, 59)

(j) Leistungen zur *Früherkennung* von Krankheiten bei Männern ab dem 45., bei Frauen ab dem 20. und Kindern bis zum 6. Lebensjahr (§§ 25, 26).

(k) Leistungen zu *Empfängnisverhütung,* Schwangerschaftsabbruch und Sterilisation (§§ 24a, 24b).

(l) *Mutterschaftsleistungen* (nach dem Mutterschutzgesetz von 1952): Medizinische Hilfe und Arznei während der Schwangerschaft und bei Entbindung, Mutterschaftsgeld (für mindestens 12 Wochen lang) versicherte Frauen in Höhe des Krankengeldes (bis 750 DM, die

Differenz bis zur Höhe des Krankengeldes trägt das Unternehmen) in der Zeit von sechs Wochen vor bis acht Wochen nach der Geburt. Das Mutterschaftsgeld wird auf das Erziehungsgeld (siehe 7. Kapitel) angerechnet. Entbindungsgeld in Höhe von 150 DM erhalten versicherte Frauen, die die vorgeschriebene Versicherungszeit von 12 Wochen nicht erfüllen.

(m) Die Krankenkassen können Selbsthilfegruppen zu Krankheiten fördern, die von den Kassenverbänden als förderungswürdig anerkannt wurden (§ 20, Abs. 4).

Beiträge (3) Die Ausgaben der GKV werden durch Beiträge finanziert. Der Bund zahlt der GKV für Mutterschaftsleistungen von 400 DM pro Fall. Die Beitragssätze werden durch die Krankenkassen beschlossen (durchschnittliche Höhe der Beitragssätze siehe Abbildung 7, S. 70). Die Beiträge werden nicht in voller Höhe von den Lohneinkommen entrichtet, sondern nur bis zur Beitragsbemessungsgrenze, die bei der GKV identisch mit der Versicherungspflichtgrenze ist und die jeweils 75 % der Beitragsbemessungsgrenze der gesetzlichen Rentenversicherung ist (Höhe der Beitragsbemessungsgrenze siehe Abbildung 6, S. 70). Die Beiträge werden je zur Hälfte von den Versicherten und den Unternehmen entrichtet.Studierende, Landwirte und andere nicht lohnabhängige Gruppen zahlen niedrigere Beitragssätze. Renter/innen zahlen Beiträge in Höhe der Hälfte der durchschnittlichen Beitragssätze der Versicherten, die andere Hälfte trägt der Rentenversicherungsträger.

Kranken- Aus historischen Gründen (siehe 3. Kapitel) existiert auch heute
kassen noch kein einheitlicher Typ von Krankenkasse. Es gibt in der Bundesrepublik Deutschland zur Zeit insgesamt etwa 420 Orts-, Betriebs-, Innungs-, landwirtschaftliche und Ersatzkassen. Etwa zwei Drittel davon sind Betriebskrankenkassen. Die Ortskrankenkassen als Basiskassen haben sich in den letzten Jahren regionalisiert, zum Beispiel haben sich die Allgemeinen Ortskrankenkassen (AOK) im südlichen Nordrhein-Westfalen zur AOK Rheinland zusammengeschlossen. Die AOK haben knapp 40 % der Versicherten und bei den sog. Ersatzkassen, bundesweiten Krankenkassen, die nach Berufsgesichtspunkten aufgebaut sind, rund ein Drittel aller Versicherten. Hinzu kommen Innungskassen für Landwirte und Kassen für Landwirte.

Es besteht für Versicherte die Freiheit, zwischen Orts- und Ersatzkassen zu wählen; der Eintritt in die die übrigen Kassen ist grundsätzlich nicht frei, kann aber durch Kassensatzung ermöglicht werden. Da die Kassen unterschiedliche Versicherte mit unterschiedlichen Risiken und damit unterschiedlich hohe Beitragssätze haben, ist zwischen den Kassen, die jüngere, beitragsstärkere und gesündere Mitglieder haben, z. B. den Ersatzkassen, und denen, die mehr ältere Mitglieder versichern, vor allem den AOK, ein sogenannter Risikostrukturausgleich (§ 266) vorgesehen. Einheitlich bei dieser Zersplitterung des Kassenwesens ist: Als Träger der GKV müssen sie die oben angegebenen Leistungen gewähren, stehen unter staatlicher Aufsicht und sind Körperschaften des öffentlichen Rechts und sie haben Selbstverwaltungsorgane. Die Vorstände und Verwaltungsräte sind – gemäß der Beitragsparität – halbparitätisch besetzt (bei den Ersatzkassen gibt es keine Unternehmensvertreter). Die Krankenkassen haben Dachverbände (zum Beispiel Bundesverband der Ortskrankenkassen), die unter anderem Verhandlungspartner der Kassenärztlichen Vereinigungen (die u. a. die Kosten für ärztliche Behandlung einfordern, um die Gelder an die Ärzte weiterzuleiten) und auch Verhandlungspartner der Krankenhausträger (Pflegesatzverhandlungen) sind.

(4) Die GKV ist heute eine der umstrittendsten Sozialleistungen. „Kosten-Seit 1945 fordern Experten eine grundlegende Reform. Richtete sich explosion" die Kritik bis Ende der 60er Jahre eher noch auf die organisatorische Zersplitterung (Beitragsgefälle zwischen den Kassen) und die Ungleichbehandlung von Arbeitern und Angestellten (beim Krankengeld, das seit 1969 auch für Arbeiter erst nach der Lohnfortzahlung im Krankheitsfall ab der siebten Woche gezahlt werden muß), so tritt seit den 70er Jahren die als „Kostenexplosion" bezeichnete exorbitante Ausgabensteigerung als Symptom eines komplexen Systemproblems in den Vordergrund. Die Ausgabensteigerung um ca. das 50fache seit 1950 (siehe Dokumentation 7, S. 75) ist überdurchschnittlich hoch. Man ist sich weitgehend aber darin einig, daß bestimmte sozialökonomische Faktoren für die Ausgabensteigerung gesorgt haben, etwa

● die Ausweitung des zwangsversicherten Personenkreises (1950: rund 75 %, 2001: rund 88 % der Bevölkerung),

- der Ausbau des Gesundheitswesens (zum Beispiel Verdoppelung der Ärztezahlen seit 1960; zur Zeit gibt es gut 291 000 Ärzte/innen, davon sind etwa gut die Hälfte niedergelassene Kassenärzte/innen. Im Durchschnitt kommt heute etwa auf etwa 260 Einwohner ein/e Arzt/Ärztin (1970: gut 600 Einwohner),
- die Veränderung der Morbiditätsstruktur (Zunahme der chronischen altersbedingten Krankheiten),
- die Zunahme der Altenquote (Anteil der über Neunundfünfzigjährigen 1955: 15,6 %; 1998: 21,8 %),
- die Verbesserung, Verteuerung und zahlenmäßige Zunahme der medizinischen Apparate,
- der Ausbau der Leistungen (zum Beispiel Hineinnahme der Vorsorgeuntersuchungen 1971).

„Gesundheitsreform": Leistungseinschränkungen

Seit den späten siebziger Jahren versucht der Gesetzgeber, mit Kostendämpfungsgesetzen, Leistungseinschränkungen und schärferen Wirtschaftlichkeitsgeboten die „Kostenexplosion" in den Griff zu bekommen. Die wichtigsten Schritte dieser als „Gesundheitsreform" bezeichneten Versuche waren bisher:

- Preisvergleichslisten für Arznei und Einrichtung einer „Konzertierten Aktion im Gesundheitswesen" (informelle Steuerung durch gemeinsame Empfehlungen der wichtigsten verbandlichen und staatlichen GKV-Akteure) 1977 und 1981
- Gesundheits-Reformgesetz 1988: Festbeträge für gängige Arzneimittel, Zuzahlung bei den übrigen erhöht, ebenso bei zahnärztlichen Leistungen und Krankenhausaufenthalten. Erweiterung der Angebote zur Gesundheitsförderung.
- Gesundheits-Strukturgesetz 1992: Budgetierung der Ausgaben für ärztliche Leistungen; bei Krankenhausleistungen Fallpauschalen statt wie bisher Kostenerstattung und erhöhte Zuzahlung; Beitrittsfreiheit in alle Kassen möglich.
- 1. und 2. Neuordnungsgesetz 1996, 1997: Koppelung von Beitragserhöhungen und Zuzahlungen; Festbeträge für zahnärztliche Leistungen; Zuzahlung für Krankenhausaufenthalte erhöht; weitgehende Streichung der Angebote zur Gesundheitsförderung.
- GKV-Gesundheitsreformgesetz 2000: Budgetierung, aber auch Förderungsmöglichkeiten für Selbsthilfegruppen und der Möglichkeit für Krankenkassen, eigene – außerhalb der niedergelassenen Ärzte – Gesundheitszentren mit angestellten Ärzten aufbauen.

Allein für die „drei Stufen der Gesundheitsreform" (1988 bis 1997) war ein Einspareffekt von rund 25 Mrd. geplant. Allerdings sind die Kosten für Gesundheitsleistungen jeweils bisher nie dauerhaft gesenkt worden – die Frage, inwieweit das GKV-System durch die Kürzungen an Effizienz einbüßt, wird bei der Fixierung auf die Kostenseite weitgehend vernachlässigt. Die deutliche Erhöhung der Zuzahlungen bei medizinischen Leistungen läßt, sollte die Entwicklung weitergehen, die Frage aufkommen, inwieweit die GKV von dem Grundsatz abkommt, daß Gesundheit, ähnlich wie Bildung/Ausbildung oder materielle Infrastruktur wie Wasser oder Kanalisation ein öffentliches Gut und keine Ware sind oder sein soll. So zahlen die Versicherten inzwischen etwa 20 % der Medikamentenkosten aus eigener Tasche (FAZ 10. 3. 1998).

Nach wie vor sind aber die Fachleute und auch viele Politiker der Ansicht, daß die „Kostenexplosion" nicht so sehr durch ungebremste und tendenzielle, vielleicht auch ungerechtfertigte Inanspruchnahme von Gesundheitsgütern und Leistungen durch die Betroffenen begründet ist („Moral-Hazard"), sondern auch durch elementare Steuerungsdefekte bedingt sind, die sich angesichts der oben genannten sozial-ökonomischen Entwicklungen überproportional kostentreibend auswirken.

Die wichtigsten Defekte liegen in folgenden Strukturen begründet: Steuerungsdefekte

● Die Nachfrage beziehungsweise die Veranlassung der Inanspruchnahme von Gesundheitgütern und Leistungen wird kaum durch Markt- oder Einkommensschranken begrenzt. Das ist sozialpolitisch so gewollt. Gesundheitshilfe aller Art soll und muß in ausreichender beziehungsweise gesetzlich vorgesehener Menge unabhängig von der Höhe der Einkommen der Abnehmer zur Verfügung stehen. Die Folge stärkerer Nachfrage beziehungsweise Inanspruchnahme von Gesundheitsgütern und Leistungen ist, daß die Beitragssätze steigen, wenn nicht bei Kosten und Leistungen gekürzt wird.

● Die Kassenärzte bestimmen nicht nur das Leistungsangebot ihrer Dienste selbst, sie bestimmen auch die Nachfrage nach Gesundheitsgütern und Leistungen, da primär sie feststellen, welche Leistung in welchem Umfang (z. B. auch Arznei- und Krankenhausaufenthalte) gewährt werden muß. Die Höhe der von ihnen erbrachten Leistung bestimmt indirekt ihr privates Einkommen.

In diesem Zusammenhang fällt der Kassenärztlichen Vereinigung

(KV), einer berufsständischen Zwangsorganisation der niedergelassenen Ärzte eine Schlüsselrolle zu.
Die KV gewährleistet durch den gesetzlichen Sicherstellungsauf-
trag die lückenlose und ausreichende Versorgung mit niedergelassenen Ärzten. Sie sorgt aber mit dessen Hilfe auch dafür, dass es unter
den Ärzten grundsätzlich keine Konkurrenz um Patienten geben
muss, indem sie die Zulassung als Kassenarzt kontingentiert. In
finanzieller Hinsicht sorgt sie dafür, dass die von den Ärzten
erbrachten Leistungen nicht direkt mit den Kassen abgerechnet wird
und damit kontrolliert werden können. Sie rechnet mit den Kassen
pauschal ab und erstattet die Leistungen für die einzelnen Ärzte.
Ökonomisch gesehen kann es nicht im Interesse der niedergelassenen Ärzte liegen, die Leistungen und damit die Kosten zu minimie-
ren, weil dies für sie Einkommenseinbußen zur Folge hätte. Die
Stellung der KV in der GKV sorgt durch Wahrnehmung des Sicher-
stellungsauftrags und die Pauschalabrechnung dafür, dass nicht
durch Konkurrenz oder Einzelabrechnung der ärztlichen Leistungen durch die Kassen Kontrollen und Korrektive wirksam werden könnten.
Für die vielen Gesundheitsökonomen liegt in dieser Konstruktion
der hauptsächliche Steuerungsdefekt der gesetzlichen Krankenversicherung. Außer der 1993 eingeführten Budgetierung gibt es kaum
Kontroll- oder Steuerungsmaßnahmen in Richtung auf die niedergelassenen Ärzte.

- Aufgrund ärztlicher Entscheidungen werden die über die Krankenkasse abzurechnenden Medikamente und Hilfsmittel gewährt, deren
Preise wiederum nach Markt- beziehungsweise privatwirtschaftli-
chen Gesichtspunkten zustandekommen. Da der Pharmaziemarkt
überdurchschnittlich hoch monopolisiert ist, treiben diese Ausgaben
die Gesamtausgaben der Krankenkassen und damit die Gesundheits-
kosten hoch, ohne daß die Versicherten als Einzahler hierauf Einfluß
nehmen können. Die Versuche, über Festpreise diesen Kostenfaktor
zu begrenzen, wurden inzwischen wieder aufgegeben.

- Das duale Finanzierungssystem der Krankenhäuser
(Investitions- und Baukosten zahlen die Länder, die laufenden
Kosten die Krankenkassen) sorgt dafür, daß zum Beispiel die Kran-
kenhäuser, um die Bettenkapazität zu erhalten, auf längere Verweil-
dauer der Patienten abheben, da ja die Pflege- und Unterhaltskosten
(Pflegesatz) von den Kassen ersetzt werden müssen. Seit 1985 wird

versucht, durch dezentrale Kapazitätsplanung und Erstattung der Kosten im vorhinein („prospektive" Erstattung) auf wirtschaftlicheres Verhalten der Krankenhäuser hinzuwirken. Den Differenzbetrag zwischen prospektiver Erstattung und wirklichen Ausgaben dürfen die Krankenhäuser behalten.

● Die Krankenkassen als die Geldsammelstellen der Versicherten haben auf die wichtigsten Kostenverursacher und -treiber zu wenig regulierenden Einfluß.

● Grundsätzlich stoßen in der GKV berufsständische Sicherstellungslogiken wie bei der KV, gewinnwirtschaftliche Orientierungen wie bei den Pharmazie- oder Apparateherstellern und politische Logiken (Gesundheit als kollektives Gut, gesetzliche Rahmenbedingungen) aufeinander, ohne dass klar geregelt ist, welche dieser Logiken dominiert bzw. wie sie sich zueinander zu verhalten haben. Bei den Reformversuchen haben sich die Akteure der GKV daher immer interessenorientiert und als „Veto-Spieler" verhalten. Daher war es nicht möglich, die Struktur der GKV zu erneuern.

2. GESETZLICHE RENTENVERSICHERUNG

Die Regelungen zur gesetzlichen Rentenversicherung (GRV) befinden sich im VI. Buch des Sozialgesetzbuches (SGB VI). Sie ist das insgesamt teuerste System der sozialen Sicherung. Mit einem Ausgabevolumen von knapp 400 Mrd. DM hat sie einen Anteil von etwa 40 % am Sozialbudget (siehe Dokumentation 7, S. 75).

Ihr Anteil wird entsprechend der Entwicklung der Altenquote an der Bevölkerung weiter wachsen. Die Leistungen der GRV haben sich vor allem durch die Rentenreformen von 1957 und 1972, zum Teil erheblich geändert. Setzte sich die Rente vor 1957 aus einer festen, staatlich beziehungsweise steuerlich finanzierten „Sockelrente" (in Höhe von zuletzt 18 DM für Arbeiter und 42 DM für Angestellte monatlich) und einem nach der Anzahl der Versichertenjahre bemessenen Steigerungsbetrag zusammen, hat man sie seitdem individualisiert. Ebenso ist 1957 die laufende Anpassung der ausgezahlten („Bestands-")Renten an die Löhne der versicherten Arbeiter und Angestellten geschaffen worden („Dynamisierung", „dynamische Rente"), damit die Rentenempfänger bei steigenden Preisen bzw. Löhnen nicht verarmen. Die ursprünglich auf der Basis der Bruttolöhne der Versicherten vorgenommene Dynamisierung wurde in den 80er Jahren in mehreren

1957 Individualisierung

„dynamische Rente"

85

Schritten auf die sogenannte Nettolohnanpassung umgestellt. Bei steigenden Steuern und Sozialversicherungsbeitragssätzen steigen die Bestandsrenten langsamer als bei der Bruttolohnanpassung.

1972 Flexibilisierung 1972 wurde neben der im 4. Kapitel erwähnten Erweiterung des versicherungsberechtigten Personenkreises der Zugang zur Rente für Versicherte, die noch nicht 65 Jahre alt sind, erleichtert („Flexible Altersgrenze").

1992 neue Rentenformel Mit der Rentenreform 1992 wurde eine neue, etwas vereinfachte Formel zur Berechnung der Renten eingeführt, mit deren Hilfe es nun leichter möglich ist, auch kürzere Versicherungszeiten rentenwirksam einzuarbeiten. Die 1957 beschlossene Individualisierung wurde damit verfeinert und den modernen Beschäftigungsbedingungen – vor allem der Frauen – mit unterbrochenen und Teilzeitbeschäftigungen angepaßt.

Auch die gesetzliche Rentenversicherung ist organisatorisch zersplittert. Gehörte die heutige Arbeiterrentenversicherung zum Bismarckschen Sozialpolitik-Bestand, so wurde für die Angestellten 1911 eine eigene Altersversicherung geschaffen, die bis heute organisatorisch selbständig ist. Aber anders als die GKV ist sie rechtlich nicht einheitlich geregelt. Immer dann, wenn neue Berufsgruppen eine gesetzliche Rentenversicherung erhalten sollten, wurden spezielle Gesetze geschaffen. So wurden für die Bergleute (Reichsknappschaftsgesetz 1923), Handwerker (1938), Landwirte (1957) und Künstler (1985) jeweils eigene Altersversicherungen geschaffen. Die Alterssicherung der Beamten stellt als „Versorgung" einen anderen Leistungstyp außerhalb der Sozialversicherung dar. Diese Zersplitterung führt dazu, daß es in der Bundesrepublik Deutschland berufsgruppenspezifisch verschiedene Renten und unterschiedliche Rentenniveaus gibt, die die soziale Ungleichheit der Erwerbspersonen nicht nur widerspiegelt, sondern in der Tendenz sogar verstärkt.

Versicherte (1) Die meisten der etwa 23 Mio. Rentner/innen bzw. Pensionsempfänger/innen in der Bundesrepublik Deutschland empfangen Leistungen aus der Arbeiter- und Angestelltenversicherung (rund 21 Mio. Personen, darunter gut 14 Millionen Bezieher/innen von Altersrente). Daher soll auf der gesetzlichen Arbeiter- und Angestelltenversicherung im folgenden das Hauptaugenmerk liegen.

Versicherungspflichtig sind alle nichtbeamteten Lohnabhängigen (seit 1968 alle Angestellten ohne Einkommensbegrenzung), selbständige Heimarbeiter, Küstenschiffer und andere Selbständige, kindererziehende Elternteile für ein Jahr (von 1986 an), Behinderte, die in anerkannten Einrichtungen arbeiten. Selbständige können innerhalb von zwei Jahren nach Aufnahme ihrer Tätigkeit auf Antrag versicherungspflichtig werden. Freiwillig können alle sonstigen Personen und im Ausland lebende Deutsche versichert sein. Auf diese Weise sind etwa 43,5 Mio. Arbeiter, Angestellte und sonstige Personen gesetzlich rentenversichert.

(2) Die wichtigste Leistung stellen zweifellos die Renten dar. Man unterscheidet zwischen Versicherten- und Hinterbliebenenrenten; die Hinterbliebenenrenten leiten sich aus den Versicherungsrenten ab. Leistungen

(a) Die wichtigsten *Renten* sind in der Abbildung 10 (S. 88) zusammengestellt.

Die *Rentenformel* setzt sich aus vier Faktoren zusammen: *Persönliche* *Entgeltpunkte:* Aus Beitragszeiten, Kindererziehungszeiten (drei Jahre für ein Kind) oder freiwilligen Beiträgen sowie beitragsfreien Zeiten, den Anrechnungszeiten für Krankheit, Mutterschutz, Arbeitslosigkeit oder Ausbildung bis zu drei Jahren nach dem 17. Lebensjahr, den Ersatzzeiten für Kriegsdienst, Gefangenschaft oder Vertreibung, den Zurechnungszeiten für erwerbs- oder berufsunfähige Frührentner/innen sowie für Hinterbliebenenrenten beim Tod von jüngeren Versicherten (fehlende Versicherungszeiten werden zugeschlagen, um Minimalrenten zu vermeiden) und den ähnlich wirkenden Berücksichtigungszeiten für Kindererziehungs- (Kinder bis zu zehn Jahren) oder Pflegezeiten (§§ 54–59). Die persönlichen Entgeltpunkte werden im Verhältnis zum Durchschnitt der Bruttoeinkommen der in der gesetzlichen Rentenversicherung Mitversicherten ermittelt. Zum Beispiel bekommen Versicherte mit einem Durchschnittseinkommen pro Jahr einen Entgeltpunkt. Auch die Kindererziehungszeiten werden mit 1 Entgeltpunkt eingerechnet; Wehr- und Zivildienstzeiten (nach 1981) hingegen mit 0,75 Punkten pro Jahr. Renten-
formel

Zugangsfaktor: Die ermittelten Entgeltpunkte werden mit einem Zugangsfaktor multipliziert: Bei üblicher Inanspruchnahme der Renten beträgt er 1,0, bei späterer Inanspruchnahme der Altersrente (nach dem 65. Lebensjahr) erhöht er sich für jeden Monat um 0,5 %, was sich als Rentensteigerung pro Jahr um 6 % auswirkt. Bei vorzeitigem Altersrentenbezug vermindert sich der Zugangsfaktor für jeden Monat um 0,3 %, was eine Verringerung der Altersrente pro Jahr um 3,6 % zur Folge hat (§ 77).

Abbildung 10: Übersicht über die wichtigsten Rentenarten

Rentenart und Fundstelle in SGB VI	Voraussetzungen	Renten-artfaktor	Besonderheiten
Altersrente („Regelaltersrente") § 35	Allgemeine Wartezeit (60 Monate Beitrags- oder Ersatzzeiten); Vollendung des 65. Lebensjahres	1	Unbeschränkter Hinzuverdienst möglich
Altersrente für langjährig Versicherte § 41	Ab 63. Lebensjahr (2000–2001 stufenweise Erhöhung auf 65 Jahre); Wartezeit 35 Jahre	1	Teilrenten möglich: 2/3, 1/2, 1/3 Hinzuverdienstgrenzen:
Altersrente für Schwerbehinderte § 37	Ab 60. Lebensjahr (von 2001 an: 63 Jahre) mindestens 50 % Beeinträchtigung; Wartezeit 35 Jahre)	1	Bei 2/3-Rente 40 % des früheren Lohns oder das 17,5fache des aktuellen Rentenwerts
Altersrente weg. Arbeitslosigkeit oder nach Altersteilzeit § 38	Ab 60. Lebensjahr (1997–2001 stufenweise Erhöhung auf 65 Jahre); 52 Wochen Arbeitslosigkeit in) 18 Monaten oder 24 Monate Altersteilzeit; 8 Jahre) Pflichtbeiträge in den letzten 10 Jahren; 15 Jahre Wartezeit	1	Bei 1/2-Rente 60 % des früheren Lohns oder das 26,5fache des aktuellen Rentenwerts Bei 1/3-Rente 80 % des früheren Lohns oder das 35-fache des aktuellen Rentenwerts
Altersrente für Frauen § 39	Ab dem 60. Lebensjahr (2000–2004 stufenweise Erhöhung auf 65 Jahre); nach dem 40. Lebensjahr mehr als 10 Jahre) Pflichtbeiträge; 15 Jahre Wartezeit)	1	
Rente wegen Erwerbsunfähigkeit und teilweiser Erwerbsminderung §§ 43, 44	Allgemeine Wartezeit und mind. 3 Jahre Pflichtbeiträge i. d. letzten 5 Jahren (Ausnahmen z. B. bei Unfällen mgl.) Volle Erwerbsunfähigkeitsrente bei weniger als 3 Std./Tag Erwerbsfähigkeit; bei 3–6 Std. 50 % d. Rente	1 0,5	Hinzuverdienstgrenzen: Bei voller Erwerbsminderung: 630 DM, Teilrenten 3/4, 1/2, 1/3/4: 1136,77 DM, 1508,41 DM, 1880,05 DM; bei teilweiser Erwerbsminderung in voller Höhe: 1508,41 DM, in Höhe von 1/2: 1880,05 DM (West)
Erziehungsrente § 47	Tod des geschiedenen Ehepartners, unter 18 Jahre altes Kind. Allgemeine Wartezeit	1	
Witwen(r)rente § 46	Allgemeine Wartezeit des/r Versicherten Große Witwen(r)rente (über 45 Jahre oder mit Kind): 60 % der entsprechenden Versichertenrente Kleine Witwen(r)rente (in allen anderen Fällen): 25 %	0,6* 0,25*	
Waisenrente § 48	Allgemeine Wartezeit des/r Versicherten Halbwaisenrente: 10 % der entsprechenden Versichertenrente. Vollwaisenrente: 20 %	0,1 0,2	

* Die ersten 3 Monate des Rentenbezugs beträgt der Rentenartfaktor 1

Rentenartfaktor: Für die verschiedenen Rentenarten gibt es unterschiedliche Multiplikatoren, die in die Rentenberechnung einbezogen werden. Bei Alters-, Erwerbsunfähigkeits- und Erziehungsrenten beträgt der Faktor 1,0, bei Berufsunfähigkeitsrenten 0,6667, bei großen Witwen-/Witwerrenten 0,6 (in den ersten drei Bezugsmonaten 1,0), bei kleinen Witwen-/ Witwerrenten 0,25 (in den ersten drei Bezugsmonaten 1,0), bei den Halbwaisenrenten 0,1 und den Vollwaisenrenten 0,2 (§ 67).

Aktueller Rentenwert: Es ist dies ein DM-Betrag, der der Summe entspricht, die man als Rente erhalten würde, wenn man für ein Jahr die durchschnittlichen Beiträge der Rentenversicherten (auf der Basis der Bruttoeinkommen) gezahlt hätte. Der aktuelle Rentenwert wird jährlich festgelegt und auf der Basis der Entwicklung der Nettoeinkommen der Versicherten fortgeschrieben (2000: 48,28 DM westliche Bundesländer; 42,01 östliche Bundesländer).

Die Rentenformel für die Monatsrente lautet also: Persönliche Entgeltpunkte × Zugangsfaktor × Rentenartfaktor ×aktueller Rentenwert. In einem vereinfachten Beispiel wird die Rente wie folgt berechnet: 40 Entgeltpunkte für 40 Beitragsjahre bzw. beitragsfreien Zeiten, Altersrente (Zugangsfaktor 1,0), aktueller Rentenwert für 2000: 40 × 1 × 48,28 DM = 1 931,20 DM. Bei einer/m ostdeutschen Rentner/in läge der Betrag bei 1 680,40 DM. Bei der durchschnittlich von den Versicherten erreichten Entgeltpunktezahl von 32,89 beträgt die Regelaltersrente 1 587,92 DM (Ost: 1 381,70 DM).

(b) Neben den Renten gibt es bei der GRV *Rehabilitationsleistungen.* Rehabilitationsleistungen Es gilt der Grundsatz, daß Rehabilitationsleistungen Vorrang vor Renten haben sollen, um durch die Herstellung oder Besserung der Erwerbsfähigkeit von Versicherten den sonst eventuell vorzeitigen Rentenbezug zu vermeiden oder hinauszuzögern. Die Rehabilitationsleistungen werden nur Versicherten gewährt; andere Personen mit Behinderungen oder Beeinträchtigungen sind an die Krankenkassen oder die Sozialämter verwiesen. Die Vergabe der Rehabilitationsleistungen der Rentenversicherungsträger ist somit an die Versicherungspflicht und damit an die Erwerbstätigkeit gekoppelt, sie sind in der Anlage kausal angelegt und auf die Erwerbsfähigkeit hin orientiert. Die wichtigsten Leistungen sind die medizinischen Rehabilitationsleistungen, die berufsfördernden Maßnahmen und das Übergangsgeld. Die medizinischen Leistungen umfassen ambulante und stationäre Hilfen, Arznei und Hilfsmittel (§ 15). Versicherte über 18 Jahre in stationären Rehabilitationsmaßnahmen müssen in den ersten 14 Tagen pro Tag 25 DM zuzahlen (Ost: 20 DM). Wird die Maßnahme innerhalb von 14 Tagen nach einer Krankenhausbehandlung begonnen, müssen nur 12 DM (Ost: 9 DM) gezahlt werden. Bezieher geringer Einkommen können von der Zuzahlung befreit werden. Die Berufsförderung betrifft eine breite Palette von Maßnahmen von der (Teil)Finanzierung von Lehrgängen unter anderem zur Berufsvorbereitung, beruflichen Anpassung oder Fortbildung bis zu Förderungsleistungen an Unternehmen zur Arbeitsaufnahme von Rehabilitanden (Lohnzuschüsse u. a. §§ 16, 17). Die Rentenversicherungsanstalten gehören zu den Trägern der Berufsförderungswerke, die im wesentlichen die *berufsfördernden Leistungen* anbieten (§ 18).

Das *Übergangsgeld,* das während der Zeit der medizinischen oder/und berufsfördernden Maßnahme gezahlt werden kann, beträgt je nach Familienstand zwischen 60 und 75 % der um 35 % (bei Inanspruchnahme berufsfördernder Leistungen) bzw. 20 % (bei medizinischen Rehabilitationsmaßnahmen) verminderten zuschlagsbereinigten Bruttolohnes des/r Versicherten bzw. eines zugrundegelegten Durchschnittslohns (§§ 20–26). Bei den stationären medizinischen Leistungen gelten die Zuzahlungspflichten wie bei der GKV (siehe Abbildung 9, S. 76). Voraussetzung für den Erhalt der Rehabilitationsleistungen ist das Vorliegen einer „erheblichen Gefährdung der Erwerbstätigkeit" oder daß „bei geminderter Erwerbsfähigkeit diese wesentlich gebessert oder wiederhergestellt werden kann ..." (§ 10 Abs. 2). Ferner müssen die Rehabilitanden eine Wartezeit von 15 Jahren erfüllt haben oder eine Erwerbsunfähigkeitsrente beziehen. Als Voraussetzung für den Erhalt der medizinischen Leistungen reicht der Nachweis der Allgemeinen Wartezeit bzw. eine zweijährige Versicherungszeit, wenn die Beschäftigung binnen zweier Jahre nach Ende der Ausbildung aufgenommen worden ist.

Die Rentenversicherungsträger gewährten jährlich rund 1 Mio. medizinische Rehabilitationsleistungen (zum Vergleich: 1970: 650 000, 1960: rund 500 000), die Anzahl der Berufsförderungsmaßnahmen der Rentenversicherungsträger lag 1997 bei etwa 100 000 (1970: 37 000). Seit 1997 ist bei beiden Maßnahmen ein starker Rückgang um etwa ein Drittel festzustellen.

Rentenversicherungsanstalten (3) Träger der GRV sind die 23 Landesversicherungsanstalten für die Arbeiterrentenversicherung (LVA), die die Handwerkerrentenversicherung mitverwalten, die Bundesversicherungsanstalt für Angestell-

te (BfA), die Bundesbahn-Versicherungsanstalt und die Seekasse. Die
Bundesknappschaft ist Trägerin der Knappschaftskasse; die 19 landwirtschaftlichen Alterskassen tragen die Rentenversicherung der
Landwirte. Die Gremien bei den LVA und der BfA sind paritätisch
besetzt, da die Beiträge von den Versicherten und den Unternehmern
je zur Hälfte aufgebracht werden.

Die öffentliche Hand (hauptsächlich der Bund) leistet – wie schon zu   Staatszu-
Zeiten Bismarcks – einen Zuschuß zur Gesetzlichen Rentenversiche-   schuß
rung (1995 rund 75 Mrd. DM, davon etwa 62 Mrd. DM an die Arbei-
ter- und Angestelltenversicherung. Mit dem Rentenreformgesetz 1992
sollte der Anteil des öffentlichen Zuschusses an den Ausgaben in etwa
die Höhe der Beitragssätze haben. Als die Beitragssätze Ende 1997 auf
21 % angehoben werden sollten, wurde, um die Beitragssteigerung zu
vermeiden, der Staatszuschuß erhöht. 1997 lag der Staatszuschuß bei
21 % der Gesamtausgaben (Statistisches Jahrbuch 1999, S. 458).

(4) Ebenso wie die GKV steckt die GRV seit längerem in einer Krise.   Finanzie-
Anders als dort hat die GRV nicht so sehr die kaum kontrollierbaren   rungspro-
Einkommen oder Gewinne der ständisch oder privatwirtschaftlich   bleme
arbeitenden „Profiteure" zu bezahlen – obwohl dies sicher bei den
Rehabilitations- und Gesundheitsleistungen der GRV auch zu Buche
schlägt –, sondern hauptsächlich die Folgen gesellschaftlicher Strukturen und Entwicklungen zu tragen: Die GRV arbeitet bei ihrer Auszah-
lungspolitik heute nach einem Umlageverfahren. Die Träger der Rentenversicherung müssen eine Monatsausgabe als Schwankungsreserve
ansammeln, aus denen dann die laufenden Ausgaben für Renten und
andere Leistungen bezahlt werden. In der sozialpolitischen Rhetorik
wird diese Finanzierung nach dem Umlageverfahren heute gern als
„Generationenvertrag" bezeichnet: Die aktuell Versicherten zahlen
durch ihre Beiträge die Renten, dafür sollen sie politisch die Gewähr
bekommen, daß auch im Falle ihrer Verrentung die Renten von den
dann Versicherten gezahlt werden. Durch die Leistungsverbesserungen
nach 1957 (z. B. Möglichkeit zum vorzeitigen Rentenbezug nach 1972)
hatten die Träger ihre Rücklagen langfristiger Art weitestgehend auf-
gebraucht, so daß es in mehreren Etappen einen Wechsel vom
ursprünglichen Kapitaldeckungsverfahren zum Umlageverfahren kam.
Heute leben die gesetzlichen Rentenversicherungen tatsächlich von
der Hand in den Mund, und oft verfügen sie nicht einmal mehr über die
vorgeschriebene Schwankungsreserve, denn gehen die Beitragszahlungen, bedingt durch hohe Arbeitslosigkeit oder/und niedrige Lohn-

abschlüsse oder/und viele „Frühverrentungen" (gut 20 % der Neuzu-
gänge für Altersrenten betreffen unter 60-Jährige und mehr als 67 %
unter 64-Jährige) zurück, gerät die Rentenversicherung in eine Liqui-
ditätsklemme, wenn nicht rechtzeitig der Bundeszuschuß oder die
Beitragssätze erhöht werden.

Hinzu kommt, daß sich die Massenarbeitslosigkeit durch verminderte
Beiträge und die demographische Entwicklung immer problematischer auf die Rentenversicherung auswirkt. Die überproportionale
Zunahme der Zahl der alten Menschen scheint zur Zeit das größte Problem der GRV darzustellen. Schon seit den späten 50er Jahren warnen
Fachleute vor dem „Rentnerberg". In der Tat scheint das Rentensystem auf heutigem Niveau in Zukunft nicht mehr (auf die gleiche Weise wie heute) finanzierbar zu sein. Wenn man bis zum Jahr 2030 mit
einer Verdoppelung des Altenquotienten rechnen muß, müßten – gleiche Finanzierung wie heute unterstellt – die Beitragssätze auf rd. 35 %
steigen (siehe Abbildung 11, S. 94).

Reformvor-
schläge
Die Abhilfevorschläge, über die zur Zeit diskutiert wird, und über
deren Realisierungschancen wenig gesagt werden kann, bewegen sich
auf den folgenden Ebenen:

Reformvor-
schläge
● Einbeziehung der Beamten in die Finanzierung der GRV, um die
Masse der Beitragszahler auszuweiten bzw. Ausweitung der Versicherungspflicht auf alle erwerbstätigen und -fähigen Personen
(unabhängige Wissenschaftler);

● Wiedereinführung einer steuerfinanzierten Sockel- oder Grundrente, die durch eine beitragsfinanzierte Sozialversicherungsrente
ergänzt werden soll (B90/GRÜNE, Teile der SPD, auch bei einigen
Fachleuten der CDU);

● Förderung der individuellen bzw. privaten Altersvorsorge mit kommerziellen Versicherungen durch steuerliche Vergünstigungen
(Teile von Bündnis 90/Die Grünen, FDP, Teile der CDU/CSU).

● Einführung von Pensionsfonds nach angelsächsischem Vorbild:
Die Unternehmen (und ggf. auch die Beschäftigten) zahlen in einen
betrieblichen Rentenfonds ein, aus dessen Mitteln Teile oder die
gesamte Rente finanziert wird (Teile von SPD, CDU, Wirtschaftsverbänden, Gewerkschaften).

● Kürzung der Bestandsrenten: Nachdem die seit 1957 bestehende
Bezugsgröße der Rentendynamisierung 1992 vom Bruttoeinkommen der Rentenversicherten auf das – langsamer steigende – Netto-

einkommen umgestellt worden war, wollte die CDU/FDP-Regie-
rung – wie auch Bündnis 90/Die Grünen vor 1998 die Anpassung
der Bestandsrenten an einen sog. demographischen Faktor koppeln
(Abschläge bei zunehmender Lebenserwartung der Versicherten).
Die meisten Fachleute sind sich heute darin einig, dass es künftig mehrere parallele bzw. aneinander gekoppelte Rentenformen statt der heute alleinigen Beitragsrente geben wird: Steuerfinanzierte Grundrente
plus beitragsfinanzierte Sozialversicherungsrente plus kommerzielle
und/oder Betriebsfondsrente. Die sozialpolitische Debatte dreht sich
heute – außerhalb der parlamentarischen und ministerialen Politikare-
na – bereits weniger um das Ob als um das Wie und das Wann einer
Umstrukturierung des Rentensystems.
Die für 2001 geplante Rentenreform wird im wesentlichen die Absen-
kung der Rentenanpassungen und die Förderung von individueller
bzw. privater Altersvorsorge mit sich bringen.

Betrifft dies die mehr oder weniger nahe Zukunftsentwicklung, so
scheint das heute schon ein mindestens ebenso großes Problem die aus
der Individualisierung der Rentenformel sowie der ständischen Glie-
derung der Organisation resultierenden Ungleichheiten beziehungsweise Unterversorgungen zu sein. Grob gesagt werden diejenigen, die
auch im Erwerbsleben benachteiligt sind, die schlecht bezahlten (qualifizierten) Arbeiter, die von Arbeitslosigkeit Bedrohten, vor allem
die Frauen (Qualifikation, kurze Lebensarbeitszeit), entsprechend
schlechter gestellt. Berufsstände wie Landwirte oder Bergleute hingegen werden durch verstärkte Bundeszuschüsse in ihrer RV dagegen
ausdrücklich bessergestellt als selbst noch die Angestellten.

Die Angestellten erhalten im Durchschnitt eine um 26 % höhere Alters- und **soziale Un-**
Erwerbminderungsrente als die Arbeiter, und die durchschnittlichen Renten **gleichheit**
der Frauen betrugen (1999 in den westlichen Bundesländern) für ehemalige **und Höhe**
Angestellte 50 % der Männerrenten, bei den ehemaligen Arbeiterinnen sogar **der Renten**
nur rund 43 % (in den östlichen Ländern war die Differenz zwischen Männern
und Frauen geringer, aber die Zahlbeträge der Renten niedriger als im
Westen). So näherte sich die durchschnittliche Versichertenrente einer ehemaligen Arbeiterin mit monatlich 700 DM (westliche Bundesländer) dem entsprechenden Sozialhilferegelsatz (plus Zuschlägen für Unterkunft) an.
Das in den offiziellen Berichten der Bundesregierung gerne angegebene Ren-
tenniveau nach der sogenannten Eckrente mit 45 Versicherungsjahren in Höhe
von 2186,10 DM (1999 – westl. Bundesländer) für Altersruhegelder gibt die
tatsächlichen Verhältnisse nicht realistisch wieder. Denn etwa 65 % aller

Alters- und Erwerbsunfähigkeitsrenten für Arbeiter hatten einen Betrag bis 2000 DM; bei Arbeiterinnen erreichten fast 98 % aller Renten einen Betrag bis 2000 DM. Bei den männlichen Angestellten lagen 2/3 der Renten über der Eckrente und bei den weiblichen Angestellten 10 % (Zahlen: Stat. Jahrbuch 2000, S. 454). Mit anhaltender Beschäftigungskrise und damit für viele arbeitslose Versicherte verminderten Beitragszahlungen muß davon ausgegangen werden, daß diese Renten künftig geringer werden, entsprechend niedriger werden dann die Witwen/Witwerrenten ausfallen. Vor allem für Frauen – der durchschnittliche Betrag der Witwenrente der Arbeiterrentenversicherung lag (1999) bei 903 DM (alte Bundesländer) – birgt das Risiko der Altersarmut in sich. Man kann dieses Risiko auch daran erkennen, dass (1999) knapp ein Drittel der Angestellten – und fast die Hälfte der Arbeiter – Alters- und Erwerbsunfähigkeitsrenten einen Zahlbetrag von unter 1000 DM im Monat ausmachten (Zahlen: Statistisches Bundesamt, Bundesminister für Arbeit und Sozialordnung).

Obwohl die Zukunft der GRV als nicht geklärt angesehen werden kann und die Probleme aus Kleinstrenten vor allem für Frauen in Zukunft wohl eher größer werden, gehen die reformerischen Bemühungen des Gesetzgebers auf diese Umstände kaum ein. Auch hier wie bei der GKV stehen die aktuellen Ausgaben für die Sozialleistung Rente und nicht die Strukturprobleme im Vordergrund. Auch hier versucht der Gesetzgeber seit 1977 kosteneinsparende Veränderungen anzubrin-

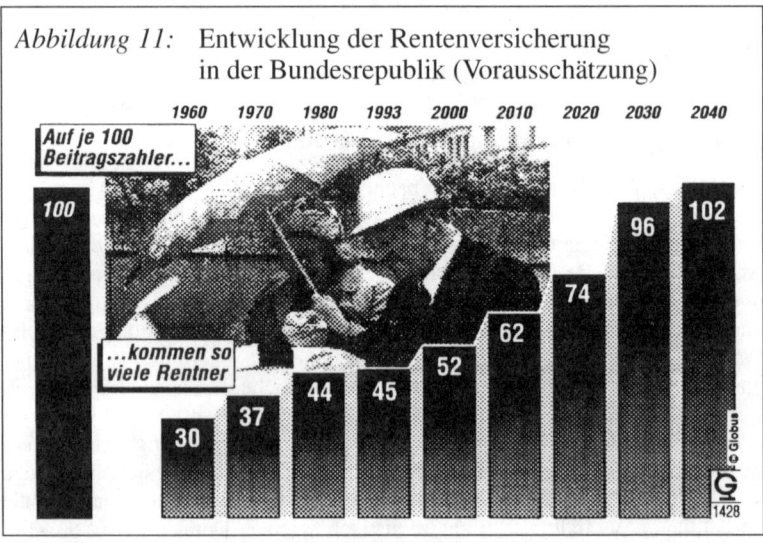

Abbildung 11: Entwicklung der Rentenversicherung in der Bundesrepublik (Vorausschätzung)

gen. So wurden vor allem im Rehabilitationsbereich Leistungen gekürzt und durch kostensparende Veränderungen der Rentendynamisierung (zum Beispiel Umstellung von Bruttolohn- auf Nettolohnanpassung) die Ausgaben zu senken getrachtet.

3. GESETZLICHE UNFALLVERSICHERUNG

Die Regelungen zur gesetzlichen Unfallversicherung (GUV) befinden sich im VII. Buch des Sozialgesetzbuches (SGB VII).

(1) Versichert sind alle nichtbeamteten Lohnabhängigen (für Beamte gelten eigene beamtenrechtliche Vorschriften), Arbeitslose, Kinder in Kindergärten, Schüler/innen, Studierende, Landwirte, Artisten und andere Selbständige. Ferner sind Personen in ihrer ehrenamtlichen gemeinnützigen Tätigkeit versichert. 1998 waren so rund 73 Mio. Menschen (alte Bundesländer) gesetzlich unfallversichert, davon rund 17,7 Mio. Kinder, Schüler/innen und Studierende. *Versicherte*

(2) Die wichtigsten Leistungen der GUV sind:

(a) *Unfallverhütung:* Technische Aufsicht der Unfallversicherung in den Betrieben (rund 5 500 Aufsichtsleute der Berufsgenossenschaften). Es ist außerdem vorgeschrieben, daß in Betrieben mit mehr als 20 Beschäftigten Sicherheitsbeauftragte vom Unternehmen (unter Mitwirkung des Betriebsrates) bestellt werden müssen (rund 520 000) und daß (seit 1972) Betriebsärzte und Sicherheitsingenieure eingestellt werden sollen. Ferner gibt es die staatliche Gewerbeaufsicht, vorwiegend auf kommunaler Ebene. Rund 4 400 Gewerbeaufsichtsbeamte sind für 3 Mio. Betriebe zuständig (Zahlen: Bundesministerium f. Arbeit und Sozialordnung). *Leistungen*

(b) Kostenlose und unbegrenzte *Heilbehandlung* bei Unfällen.

(c) *Pflegegeld* bei Pflegebedürftigkeit, je nach Grad zwischen 545 und 2 180 DM (Ost: 468 bzw. 1 871 DM monatlich (wird wie Renten dynamisiert).

(d) *Verletztengeld* in der Regel in Höhe des Krankengeldes für arbeitsunfähige Versicherte, die keinen Anspruch auf Lohnfortzahlung der GKV, Arbeitslosen- oder Mutterschaftsleistungen haben.

(e) *Berufshilfe:* Wirtschaftliche Unterstützung während Ausbildungszeiten nach einem Unfall (Umschulungskosten, Lohnbeihilfen an Unternehmen); währenddessen Übergangsgeld von der 7. bis zur 13. Krankheitswoche an in Höhe von 68 % des vorherigen Lohns (bei mindestens einem zu versorgenden Angehörigen 75 %, wenn die Erwerbstätigkeit nicht länger als drei Jahre zurückliegt), sonst 65 % und bei Arbeitslosigkeit 60 % (mit Angehörigen 67 %).

(f) *Renten* für Versicherte, wenn die Erwerbsfähigkeit länger als 13 Wochen und um mindestens 20 % gemindert ist: Bei 100 % Erwerbsunfähigkeit wird die „Vollrente" (2/3 des vorher bezogenen Einkommens bis zu einer Obergrenze, die die Berufsgenossenschaft festlegt, z. B. 144 000 DM/Jahr), bei nur eingeschränkter Erwerbsfähigkeit werden Teilrenten („Knochentaxe") gezahlt. Die Renten werden wie die GRV-Renten dynamisiert.

Renten für Hinterbliebene: Witwen-/Witwerrenten in Höhe von 30 % des Arbeitseinkommens des/r Verstorbenen (40 % vom 45. Lebensjahr an, bei mindestens einem unversorgten Kind oder bei Berufsunfähigkeit); Überbrückungshilfe in Höhe der Vollrente in den ersten drei Monaten nach dem Tod des/r Versicherten. Halbwaisen erhalten 20 % und Vollwaisen 30 % der entsprechenden Renten. Eigenes Einkommen wird bei den Hinterbliebenenrenten angerechnet: Die Anrechnungsgrenze liegt beim 26,4-fachen des aktuellen Rentenwerts (siehe GRV, S. 86).

(g) *Abfindungen* nach Art des Einzelfalles unterschiedlich: Maximum neun Jahresrenten für einen Zeitraum von zehn Jahren (danach können wieder Rentenansprüche an die GUV geltend gemacht werden) bei mindestens 30 % Erwerbsunfähigkeit, wenn die Abfindung zum Aufbau einer eigenen wirtschaftlichen Existenz benötigt wird. Bei Bezug einer Rente in Höhe unterhalb von 30 % der Vollrente ist eine Abfindung auf Dauer möglich (neun Jahresrenten, Mindestalter 21 Jahre; Abfindungen bei Wiederheirat: zwei Jahresrenten). Andere Abfindungen (4,5 Jahresrenten für eine Dauer von fünf Jahren bis zum Wiederaufleben von Ansprüchen) sind möglich.

(h) *Sterbegeld:* Einen Monatslohn des/r Versicherten, mind. 400 DM.

Berufsgenossenschaften (3) Träger sind 35 gewerbliche und 58 weitere Berufsgenossenschaften. Die Unternehmer beziehungsweise die öffentlichen Arbeitgeber zahlen die Beiträge, deren Höhe sich nach den Entgelten der Versicherten und den vom Gesetzgeber festgelegten Gefahrenklassen ergibt; im Durchschnitt liegt der Beitragssatz bei ca. 1,5 % der Entgelte.

Die GUV gilt als eine der erfolgreichsten Sozialleistungen. Die Zahl der schweren Unfälle ist seit den 60er Jahren nahezu kontinuierlich zurückgegangen, was allgemein auf die Unfallverhütung zurückgeführt werden darf. Die Kostenentwicklung der GUV hält sich in Grenzen (siehe Dokumentation 7, S. 75). Anders als die Krankenkassen haben die Berufsgenossenschaften wirkungsvollere Steuerungsmöglichkeiten im Hinblick auf die Entstehung der Risiken und die Verausgabung von Geld.

(4) Probleme gibt es bei der Wahrnehmung und Meldung von Unfällen und Berufskrankheiten. So ist bekannt, daß in Zeiten wirtschaftlicher Rezession weniger Unfälle gemeldet werden als in Hochkonjunkturphasen. Ein weiteres Problem besteht in der relativ starren Anerkennung von Berufskrankheiten durch das Bundesarbeitsministerium (zur Zeit 64), die die Gefahr in sich birgt, daß neu auftretende Schäden zunächst nicht behandelt werden und hohe Folgekosten entstehen. Da die durch das Bundesarbeitsministerium nicht anerkannten Berufskrankheiten und die den Berufsgenossenschaften zwar gemeldeten, aber nicht anerkannten und entschädigten Unfälle und Krankheiten in der Regel von den Krankenkassen zu entschädigen sind, kann dies bei restriktiver Entschädigungspraxis der Berufsgenossenschaften die Ausgaben der Krankenkassen und den dort vorhandenen Problemdruck verschärfen.

Probleme

4. ARBEITSFÖRDERUNG

Die Arbeitsförderung kam in Form des Gesetzes über Arbeitsvermittlung und Arbeitslosenversicherung (AVAVG) erst 1927 zum alten Bestand der Sozialversicherungen hinzu; mit der Novelle von 1969 wurde das System in eine neue Form von Arbeitsförderung übergeführt (Arbeitsförderungsgesetz – AFG – vom 25. Juni 1969, BGBl I S. 582).

Nach dem Allgemeinen Teil des Sozialgesetzbuchs gehören Arbeitsförderungsleistungen nicht zur Sozialversicherung (SGB I § 3), da man bestimmte Leistungen der Arbeitsförderung (zum Beispiel Berufsberatung oder Arbeitsvermittlung) gewährt bekommt, ohne versichert zu sein. So wird die Arbeitslosenhilfe (siehe unten) wie eine Fürsorgeleistung (Bedürftigkeitsprüfung) gezahlt. Da Arbeitsförderung im übrigen und mithin in ihren wichtigsten Teilen nach dem Versicherungsprinzip arbeitet, soll sie dennoch unter dem Kapitel Sozialversicherung behandelt werden.

Für die Entwicklung ist folgendes typisch: Das AVAVG und das AFG wurden je nach Erfordernissen mehrmals zum Teil gravierend verändert. Anfang der 30er Jahre wurden die Arbeitslosenleistungen radikal abgebaut, in der Zeit des Faschismus wurde das AVAVG am stärksten von allen Sozialversicherungszweigen durch Zweckentfremdung von Geldmitteln zur Kriegsvorbereitung

Reform 1969: AFG

mißbraucht. 1969 wurde das inzwischen rekonstruierte und verbesserte Gesetz auf der Leistungsseite stark ausgebaut, verbessert (Erweiterung der Förderung von Fortbildung, Umschulung oder Weiterbildung) und umbenannt; 1982ff. wurden die Leistungen spürbar zurückgeschnitten. Die mit der politischen „Wende" nach 1982 einhergehende Politik des „Sozialabbaus" konzentriert(e) sich geradezu auf das AFG. Eine weitere Novelle des AFG von 1993 brachte neue Einschränkungen. So wurden die Arbeitslosengeld- und Arbeitslosenhilfeleistungen noch einmal gekürzt, die Arbeitslosenhilfe wird nur noch auf Zeit gezahlt und der Schlechtwettergeldbezug um zwei Monate gekürzt. Das Arbeitsförderungsreformgesetz (AFRG) von 1997 ersetzte das AFG weitgehend, ohne aber dessen Grundstruktur zu verändern, und überführte es in das Sozialgesetzbuch als SGB III.

Reform 1997: SGB III
Es gliedert sich in zwölf Kapitel und trennt zwischen Beratungs- und Vermittlungsleistungen sowie Leistungen an Arbeitnehmer (IV. Kapitel, §§ 45–216), Arbeitgeber (V. Kapitel, §§ 217–239) und an Träger (VI. Kapitel, §§ 240–279). Es unterteilt nach Leistungsarten wie Beratung, Kostenerstattung oder Geldzahlungen und nicht nach Arten der Risiken auf dem Arbeitsmarkt. Insofern ist seine Anlage kausal und nicht final ausgerichtet. Für die Versicherten als den Hauptnutzern des Gesetzes ist es in seiner Struktur von bemerkenswerter Unübersichtlicht.

Der heutige Stand der Arbeitsförderung sieht wie folgt aus:

Versicherte (1) Pflichtversichert sind alle nichtbeamteten Lohnabhängigen über der Geringverdienergrenze (siehe Abbildung 6, S. 70). Auf diesem Wege sind in Deutschland etwa 28 Mio. Menschen versichert.

Leistungen (2) Auf der Leistungsseite stehen als Dienste zunächst Arbeitsvermittlung und Beratung als zentrale Aufgaben im Vordergrund. Die Arbeitsämter als Träger der Arbeitsförderung haben das Monopol für Arbeitsvermittlung und die Pflicht zur Beratung. Das Vermittlungsmonopol wurde von 1994 an gelockert, seitdem dürfen private Vermittler mit Genehmigung der Bundesanstalt für Arbeit Vermittlungsdienste anbieten.

Bei den Geldleistungen kann man sinnvoll die Lohnersatzleistungen bei Arbeitslosigkeit (Arbeitslosengeld und -hilfe, Buchstabe a und b) von denen unterscheiden, die Arbeitslosigkeit verhindern oder beenden helfen sollen (Buchstabe c bis h) und Leistungen für bestimmte Empfängergruppen (i bis m).

(a) *Arbeitslosengeld* (§§ 117–152) ist die wichtigste Leistung bei schon vorhandener Arbeitslosigkeit. Voraussetzung für den Bezug ist, daß der/die Versicherte arbeitslos ist, für mindestens 15 Stunden in der Woche als arbeitsfähig zur Verfügung steht und bereit ist, sich Maßnahmen zur beruflichen Bildung (siehe unten unter g) zu unterziehen, die vom Arbeitsamt als zumutbar angesehen werden. Ferner muß die Anwartzeit erfüllt sein. Diese beträgt mindestens 12 Monate beitragspflichtige Tätigkeit (bei Saisonarbeitern 6 Monate, bei Wehr- und Zivildienst 10 Monate) innerhalb einer Rahmenfrist von 3 Jahren. Auf die Rahmenfrist werden Pflege- und Erziehungszeiten nicht angerechnet. Sie beträgt 5 Jahre bei Bezug von Unterhaltsgeld und Übergangsgeld (vgl. f und k) und bei selbständiger Tätigkeit (§§ 123, 124).

Die Höhe des Arbeitslosengeldes beträgt 60 % des vorherigen (in den letzten 12 Monaten bezogenen) Nettolohns, bei mindestens einem unversorgten Kind 67 %. Bis Anfang der 80er Jahre hatte das Arbeitslosengeld einheitlich 68 % des Einkommens betragen.

Bezieher/innen von Arbeitslosengeld sind gesetzlich krankenversichert; für die Rentenversicherung gilt die Bezugszeit als Ausfallzeit. Sie müssen sich regelmäßig beim Arbeitsamt melden.

Die Bezugsdauer richtet sich nach Länge der Anwartzeit und dem Alter der Empfänger. Grundsätzlich stehen Anwartzeiten und Bezugsdauer im Verhältnis 2:1 zueinander (vgl. Abb. 12).

Nebeneinkünfte zum Arbeitslosengeld bleiben bis zu 20 % des bezogenen Arbeitslosengeldes oder 1/14 der Bezugsgröße der Sozialversicherung (Durchschnitteinkommen der Versicherten der gesetzlichen Rentenversicherung, 2000: 4480 DM Westdeutschland, 3640 DM Ostdeutschland) anrechnungsfrei (§ 141). Während eines Streiks wird kein Arbeitslosengeld gezahlt (§ 146). Hat jemand mehrere Beschäftigungsverhältnisse und wird bei einem davon arbeitslos, so wird Teilarbeitslosengeld gezahlt (Rahmenfrist: 2 Jahre, Anspruchdauer: 6 Monate – § 150).

Als Strafbestimmungen gelten: Wenn Bezieher/innen von Arbeitslosengeld selbst kündigen oder durch vertragswidriges Kündigen arbeitslos werden, sich weigern, ohne „wichtigen" Grund angebotene Beschäftigung anzunehmen oder an Maßnahmen zur Weiterbildung teilzunehmen, wird der Bezug des Arbeitslosengeldes für 12 Wochen ausgesetzt; in Härtefällen beträgt die „Sperrzeit" 3 bis 6 Wochen (§ 144). Wer sich nicht fristgerecht beim Arbeitsamt meldet oder einer angeordneten ärztlichen Untersuchung unterzieht, bekommt das Arbeitslosengeld für 2 Wochen, und bei Nichteinhalten einer Nachfrist mindestens 4 Wochen gesperrt (in Härtefällen beträgt die „Säumniszeit" eine bzw. längstens vier Wochen – § 145).

Abbildung 12: Anwartzeiten und Bezugsdauer des Arbeitslosengeldes

Dauer der Versicherungs-pflicht in Monaten (Anwartzeit)	in Jahren vor Meldung der Arbeitslosigkeit (Rahmenfrist***)	Bezugsdauer des Arbeitslosengeldes in Monaten				
		Lebensalter in Jahren				
		unter 45	45 bis 46	47 bis 51	52 bis 56	57 und älter
6*	3	3	3	3	3	3
8*	3	4	4	4	4	4
12*	3	6	6	6	6	6
16	7	8	8	8	8	8
20	7	10	10	10	10	10
24	7	12	12	12	12	12
28	7		14	14	14	14
32	7		16	16	16	16
36	7		18	18	18	18
40	7			20	20	20
44	7			22	22	22
48	7				24	24
52	7				26	26
60	7					30

* Nur bei saisonabhängigen Beschäftigungsverhältnissen

** nach Wehr- und Zivildienstzeiten beträgt die Bezugsdauer ebenfalls 6 Monate

*** Verlängerte Rahmenfrist bis zu 5 Jahren bei Erziehung eines Kindes unter 3 Jahren oder Pflege von Angehörigen, bei vorheriger selbständiger Tätigkeit oder Empfangs von Unterhaltsgeld nach SGB III

Quelle: §§ 124, 127 SGB III

(b) *Arbeitslosenhilfe* (§§ 190–206) ist eine Mischleistung mit Versicherungs- und Fürsorgeelementen (siehe Abbildung 8, S. 73): Arbeitslose erhalten sie, wenn der Anspruch auf Arbeitslosenhilfe erschöpft ist („Anschlußarbeitslosenhilfe") und Bedürftigkeit vorliegt. Bedürftigkeit liegt vor, wenn Arbeitslosenhilfebezieher und ihre (Ehe-)Partner kein eigenes Einkommen oder Vermögen haben. Einkommen der Lebenspartner und eigenes Einkommen werden auf die Arbeitslosenhilfe angerechnet, soweit es die Höhe der Arbeitslosenhilfe oder die Einkommensteuergrenze plus evtl. Ausgaben zum Unterhalt Dritter u. a. (§ 194) übersteigt.
Die Höhe der Arbeitslosenhilfe liegt bei 53 % des vorherigen Nettoeinkommens (bei mindestens einem unversorgten Kind 57 %). Bis Anfang der 80er Jahre hatte es einheitlich 58 % betragen und bis 1999 konnte die Arbeitslosenhilfe auch ohne vorherigen Bezug von Arbeitslosengeld gezahlt werden („originäre Arbeitslosenhilfe").
Es wird im Prinzip bis zum 65. Lebensjahr zeitlich unbegrenzt gezahlt und soll jeweils für ein Jahr bewilligt werden.
(c) *Kurzarbeitergeld* (§§ 169–182) muß vom Unternehmen beim zuständigen Arbeitsamt beantragt werden. Es wird gezahlt, wenn die Kurzarbeit wenigstens ein Drittel der Belegschaft betrifft, mindestens als 10 % des Bruttoentgelts mindert und mindestens vier Wochen andauert. Es beträgt 60 % des ausfallenden Nettolohns (bei mindestens einem unversorgten Kind 67 %) und wird in der Regel maximal sechs Monate lang gezahlt, in Ausnahmefällen bis zu 12 Monaten.
(d) *Maßnahmen zur Arbeitsbeschaffung (ABM)* (§§ 260–271): Es werden Beschäftigungsverhältnisse für Arbeiten gefördert, die „zusätzlich" sein müssen und im „öffentlichen Interesse" liegen (§ 260). Die Förderung soll Dauerbeschäftigungen schaffen bzw. die soziale Infrastruktur ausbauen helfen sowie der Verbesserung der Umweltbedingungen dienen.
Es werden Maßnahmen für Beschäftigte gefördert, die in den letzten zwölf Monaten mindestens sechs Monate erwerbslos gemeldet waren (Ausnahmen bei jüngeren oder behinderten Arbeitslosen). Die Förderung geschieht durch einen Zuschuß in Höhe von 30 bis 75 % von 80 % des entsprechenden Lohns (bei niedrigen Bezugslöhnen bis zu 100 %), in Sonderfällen kann die Förderung auch 100 % des Lohnes ausmachen (§ 264). Zusätzliche Zuschüsse in Höhe von bis zu 30 % der Maßnahmekosten können gegeben werden, wenn „ein besonderes arbeitsmarktpolitisches Interesse besteht" und diese „verstärkte För-

derung" in gleichem Umfang vom entsprechenden Bundesland ebenfalls erbracht wird (§ 266).
Die Dauer der ABM-Maßnahmen ist auf ein Jahr begrenzt, sie kann aber
auf bis zu drei Jahren verlängert werden, wenn der Beschäftigungsträ-
ger eine Verpflichtung zur Übernahme in ein Dauerarbeitsverhältnis
übernimmt. ABM-Maßnahmen können ohne zeitliche Unterbrechung
wiederholt werden, wenn dadurch auf Dauer für wechselnde Arbeitskräfte Beschäftigung geschaffen wird bzw. die Eingliederungschancen
der ABM-Beschäftigten „erheblich" verbessert wird (§ 267).
(e) Förderung der *Arbeitsaufnahme und selbständiger Tätigkeit*
(§§ 48–58): Zur „Verbesserung der Eingliederungaussichten" (§ 48)
können anerkannte Trainingsmaßnahmen zur Eignungsfeststellung
(vier Wochen lang), zum Bewerbungstraining (zwei Wochen) und zum
Abschluß von Qualifikationen (acht Wochen) dadurch gefördert werden, daß die Maßnahmekosten und ein Teil der Fahrtkosten übernommen werden (§ 49). Wer eine Beschäftigung aufnimmt, kann durch
sogenannte Mobilitätshilfen (Darlehen als Gehaltsvorschüsse, Beihilfen für Arbeitskleidung und -geräte bis zu einer Summe von 500 DM
sowie teilweise Übernahme von Fahrtkosten in den ersten sechs
Monaten und Darlehen für Umzugskosten) gefördert werden (§§ 53,
54). Arbeitslose, die eine Beschäftigung mit Einkommen unterhalb
der Geringverdienergrenze für längstens 3 Monate aufnehmen, können mit einer „Arbeitnehmerhilfe" (§ 56) in Höhe von 25 DM pro
Arbeitstag mit mindestens 6 Stunden unterstützt werden.
Arbeitslose, die sich selbständig machen wollen und die mindestens
vier Wochen Arbeitslosengeld oder -hilfe erhalten haben, können ein
Überbrückungsgeld (6 Monate lang im Betrag bis zur Höhe des
Arbeitslosengeldes) erhalten. (§ 57)
(f) Die Maßnahmen zur Förderung der beruflichen Aus- und Fortbildung sowie Umschulung galten bei der Gesetzesnovelle vom AVAVG
zum AFG 1969 als Paradestücke moderner final ausgerichteter Sozialpolitik. Mit ihrer Hilfe sollte, wie der damalige Arbeitsminister Hans
Katzer (CDU) sagte, Arbeitslosigkeit bekämpft werden können, bevor
sie entstünde. Nach dem Leistungsrückbau der 80er und Anfang der
90er Jahre wurden die Möglichkeiten der Förderung 1996 erneut eingeschränkt. Die vorherige Unterscheidung in berufliche Fortbildung
und Umschulung wurde fallengelassen zugunsten des Begriffs der
beruflichen Weiterbildung (§§ 77–96).
Wer an einer vom Arbeitsamt als „notwendig" anerkannten Weiterbil-

dungsmaßnahme teilnimmt, kann Förderungsleistungen erhalten. Die Antragsteller/innen haben keinen Anspruch auf die Leistungen, sondern sie werden nach Angemessenheitsgesichtspunkten und auch nach finanziellen Möglichkeiten der Arbeitsämter bewilligt. Notwendig kann eine Weiterbildungsmaßnahme sein, um Beschäftigte „bei Arbeitslosigkeit einzugliedern, eine ihnen drohende Arbeitslosigkeit abzuwenden, oder weil bei ihnen wegen fehlenden Berufsabschlusses die Notwendigkeit der Weiterbildung anerkannt ist." (§ 77) Voraussetzung zum Erhalt der Förderung ist ferner, daß die sog. Vorbeschäftigungszeit von mindestens 12 Monaten sozialversicherungspflichtiger Tätigkeit innerhalb der letzten drei Jahren (Ausnahmen sind möglich) erfüllt ist oder die Voraussetzungen zum Erhalt von Arbeitslosengeld bzw. Anschlußarbeitslosenhilfe vorliegen. Wer vor Beginn der Maßnahme Arbeitslosenhilfe bezogen hat, muß die Vorbeschäftigungszeit nicht erfüllen. Die Förderung umfaßt die *Weiterbildungskosten* sowie das *Unterhaltsgeld* für die Beschäftigten und die institutionelle Förderung für Ausbildungsstätten. Als Weiterbildungskosten können die Lehrgangsgebühren, ein Teil der Fahrt- oder auch Pendelfahrtkosten (bis zur Hälfte der Fahrtkosten bzw. bei Pendelfahrten bis zur Höhe der Kosten für externe Unterbringung; § 83), Kosten für externes Wohnen inklusive Verpflegung (doppelte Sätze nach dem Bundesreisekostengesetz) und für Kinderbetreuung (bis zu 120 DM pro Kind) übernommen werden. Teilnehmer/innen von Weiterbildungsmaßnahmen können Unterhaltsgeld in Höhe des Arbeitslosengeldes erhalten (auch der Erhalt von Teilzeitunterhaltsgeld etwa bei Teilnahme an einer Maßnahme und gleichzeitiger Erziehung eines Kindes) ist möglich. Wer nach Abschluß einer Maßnahme arbeitslos ist und kein Arbeitslosengeld bekommen kann, erhält bis zu drei Monaten ein Anschlußunterhaltsgeld (§ 156).

(g) *Eingliederungszuschüsse* für Arbeitslose, die der Einarbeitung bedürfen, für Langzeitarbeitslose (12 Monate und länger als arbeitslos gemeldete Personen), Behinderte, über 55 Jahre alte Arbeitslose oder Berufsrückkehrer/innen mit Bedarf an Einarbeitung §§ 217–234). Die Bundesanstalt für Arbeit kann in diesen Fällen 30 % des entsprechenden Lohnes, bei älteren Beschäftigten und bei erschwerten Vermittlungsbedingungen 50 % (in weiteren Sonderfällen bis 70 %) für eine Laufzeit von 6 Monaten (bei erschwerter Vermittlung 12 Monate, bei älteren Beschäftigten bis zu 24 Monaten) übernehmen. Das Arbeitsamt kann die Förderung davon abhängig machen, dass sich der Anstellungsträger ber Vertrag verpflichtet, die geförderte Person nach Förderungsende in ein reguläres Arbeitsverhältnis zu übernehmen.

(h) *Insolvenzgeld* in Höhe der ausstehenden Löhne kann dann gezahlt werden, wenn Unternehmen zahlungsunfähig geworden sind. Darüberhinaus kann dann nach Eröffnung des Insolvenzverfahrens vom Arbeitsamt bereits ein Vorschuß auf das Insolvenzgeld gegeben werden (§§ 183–189).

(i) *Wintergeld* und *Winterausfallgeld* für Beschäftigte des Baugewerbes (§§ 209–216): Für witterungsbedingte Mehraufwendungen in der Zeit zwischen dem 15. Dezember und Ende Februar werden 2 DM pro entsprechende Arbeitsstunde als „Mehraufwands-Wintergeld" gezahlt. Ist per Tarifvertrag eine Winterausfallgeld-Vorausleistung vorgesehen, so wird in der Zeit zwischen dem 1. November und dem 31. März ein „Zuschuß-Wintergeld" in der Höhe von 2 DM pro entsprechender Arbeitstunde gezahlt. Winterausfallgeld gibt es im gleichen Zeitraum, wenn mindestens 1 Stunde witterungsbedingt ausfällt. Es beträgt 60 % der ausgefallenen Nettolöhne (bei mindestens einem unversorgten Kind 67 %).

(j) Zur Förderung der *Berufsausbildung* (§§ 59–76) Jugendlicher werden *Berufsausbildungsbeihilfen* gezahlt:
Bei berufsvorbereitenden Bildungsmaßnahmen (je nach Alter, Familienstand und Wohnform) zwischen 355 DM und 860 DM (plus Zuschläge für Wohnen bis zu 75 DM).
Zur Förderung beruflicher Ausbildungen (je nach Alter, Familienstand und Wohnform zwischen 815 und 860 DM plus Zuschläge für externes Wohnen und Verpflegung bis zu 230 DM). Hinzu können noch Lehrgangs- und Fahrtkostenerstattungen kommen. Die Zahlung der Berufsausbildungsbeihilfe ist an die Einkommensverhältnisse der Eltern – analog zum BAFöG – vgl. 7. Kapitel, Nr. 4, S. 116 ff.) gebunden.
Träger von Jugendwohnheimen können durch Darlehen und Zuschüsse gefördert werden, wenn sie sich „in angemessenem Umfang" an den Kosten beteiligen (§ 252).

(k) Zur Förderung der beruflicher *Eingliederung Behinderter* (§§ 235–239) gibt es folgende Leistungen: Im allgemeinen haben sie leichteren Zugang zu den Förderungsmaßnahmen zur beruflichen Eingliederung, Förderung der Arbeitsaufnahme, Weiterbildung oder Berufsausbildung (vgl. oben). So müssen sie bei den Eingliederungsleistungen nicht arbeitslos sein und brauchen bei der Weiterbildungsförderung die Vorbeschäftigungszeit nicht zu erfüllen (§ 101). Bei

Maßnahmen zur beruflichen Rehabilitation können die Teilnahme- und Reisekosten übernommen werden.

Bei versicherten Behinderten wird während der Maßnahme ein *Übergangsgeld* (§§ 160–168) gezahlt, wenn eine Vorbeschäftigungszeit von mindestens 12 Monaten versicherungspflichtiger Zeit innerhalb der letzen drei Jahre vorliegt oder der/die Behinderte im Jahr zuvor eine Ausbildung abgeschlossen bzw. den Abschluß anerkannt bekommen hat oder Arbeitslosenhilfe bezogen worden ist. Es beträgt 75 % des vorherigen Nettolohns, wenn mind. ein zu versorgender Angehöriger oder eine den/die Behinderte versorgende Person mit ihm/ihr zusammenlebt, ansonsten 68%. Schließt sich an die Maßnahme Arbeitslosigkeit an, beträgt der Satz 67 bzw. 60 % (§ 163).

Für behinderte Teilnehmer/innen von Maßnahmen zur Berufsvorbereitung oder Grundausbildung unter 21 Jahren wird ein *Ausbildungsgeld* (§§ 104–108) je nach Art der Maßnahme, Familienstand und Alter sowie Wohnform der Teilnehmer/innen in Höhe von 335 DM bis 715 DM gezahlt, wobei die eigenen Einkünfte (Freibetrag: 385 DM), der Eltern (Freibetrag: 5 110 DM, alleinstehend: 3 180 DM) und des Ehepartners (Freibetrag: 3 180 DM) angerechnet werden. Bei einer Ausbildungs- oder Trainingsmaßnahme in einer Werkstatt für Behinderte werden einkommensunabhängig im ersten Jahr 105 DM und im zweiten 125 DM monatlich gezahlt. Für behinderte Teilnehmer über 21 Jahre wird Berufsausbildungshilfe gezahlt.

Bei einer beruflichen Ausbildung werden je nach Alter, Familienstand und Wohnform zwischen 180 und 860 DM Ausbildungsgeld gezahlt.

(l) Förderung der *Altersteilzeit* (nach dem Altersteilzeitgesetz): Ältere Beschäftigte vom 55. Lebensjahr an mit sozialversicherungspflichtiger Tätigkeit von mindestens 3 Jahren innerhalb der letzten 5 Jahre, die ihre Arbeitszeit auf die Hälfte reduzieren und deren Unternehmen das Arbeitseinkommen auf 70 % des vollen Nettolohns plus anteilige Rentenversicherungsbeiträge aufstocken, erhalten von der Bundesanstalt für Arbeit für längstens 6 Jahre weitere Lohnzuschüsse von 20 %.

(m) Eingliederungshilfen für *Spätaussiedler* (nach der Anordnung Spätaussiedler gemäß §§ 62 a AFG): Arbeitslose Spätaussiedler, die mindestens 5 Monate in einer Beschäftigung gestanden haben, die in Deutschland versicherungspflichtig gewesen wäre, und die bedürftig im Sinne der Vergabe von Arbeitslosenhilfe sind, erhalten für 6 Monate Eingliederungshilfe in Höhe der Arbeitslosenhilfe.

Förderung von Sprachlehrgängen können auch Spätaussiedler bekommen, die nur 70 Tage sozialversicherungsadäquater Tätigkeit nachweisen können, ferner Asylberechtigte und anerkannte Flüchtlinge.

(3) Die Finanzierung der Arbeitsförderung erfolgt im wesentlichen durch Beiträge, die je zur Hälfte von den Versicherten und den Unternehmern aufgebracht werden (zur Höhe der Beiträge siehe Abbildung 7, S. 70); die Beitragsbemessungsgrenze ist mit der der GRV identisch (Abbildung 6, S. 70). Daneben gibt es Bundeszuschüsse (z. B. für die Arbeitslosenhilfe) und eine Umlage von etwa 4 % des Umsatzes der Bauunternehmer für das Wintergeld und das Konkursausfallgeld bzw. das künftige Insolvenzgeld.

Träger der Arbeitsförderung ist die Bundesanstalt für Arbeit (Sitz: Nürnberg) mit 10 Landes- und 184 örtlichen Arbeitsämtern. Die Gremien (Vorstand und Verwaltungsrat bei der Bundesanstalt) sind drittelparitätisch aus Vertretern der Unternehmer, der Beschäftigten und öffentlichen Körperschaften besetzt.

Arbeitsförderung und Arbeitslosigkeit (4) Mit der Novelle des AVAVG zum AFG wollte man 1969 im Ansatz die präventive Bekämpfung der Arbeitslosigkeit gewährleisten. Dem lag der Gedanke zugrunde, daß eine rechtzeitige Um- beziehungsweise Weiterqualifikation nicht nur einer möglichen oder drohenden Arbeitslosigkeit bei Lohnabhängigen vorbeugen könnte. Man ging auch davon aus, daß durch die mit Hilfe des neuen AFG ständig neu- beziehungsweise umqualifizierten Arbeitskräfte einen wichtigen Beitrag zum erwünschten und für möglich gehaltenen „Wachstum nach Maß" leisten würden (Manpower-Ansatz in der Bildungsökonomie).

Das AFG hat indessen nicht verhindern können, daß es seit 1975 im Jahresdurchschnitt fast immer mehr als eine Mio. und seit 1982 mehr als registrierte 1,5 Mio. Arbeitslose gab. 1993 stieg die Zahl der Arbeitslosen erstmals auf über 3,5 Mio. Menschen (darunter 1,2 Mio. in Ostdeutschland), im Winter 1997/98 waren es über 4,8 Mio. Seitdem geht die Arbeitslosigkeit langsam zurück. Im Winter 2000/01 betrug die Zahl der Arbeitslosen 3,7 Mio. (FAZ 10. 1. 01). Rund 35 % galten mit einer Arbeitslosendauer von einem Jahr und länger als Langzeitarbeitslose; die Tendenz war im Winter 2000/01 steigend. Nimmt man zu den gemeldeten Arbeitslosen noch die in Maßnahmen stehenden sowie die als „stille Reserve" bezeichneten Personen zu, die Arbeit suchen, aber nicht registriert sind, beläuft sich die Zahl der Erwerbslosen auf etwa 7 Mio. (FAZ 12. 1. 1998).

In der sozialpolitischen Diskussion der letzten Jahre stehen zwei Fragen im Vordergrund, die auf Effizienzprobleme der Arbeitsförderung verweisen: Inwieweit stellen die Geldleistungen der Arbeitsförderung eine ausreichende Risikoabsicherung dar und wie und mit welchen Mitteln kann die Arbeitsförderung die Arbeitslosigkeit bekämpfen?

● Die Leistungskürzungen beim Arbeitsförderungsgesetz der 80er und 90er Jahre hatten zur Folge, daß der Anteil der Arbeitslosen, die die traditionellen Geldleistungen, das Arbeitslosengeld und die Arbeitslosenhilfe bezogen, abnahm.1970 bekamen noch gut 75 % der Arbeitslosen diese Leistungen (darunter 64 % Arbeitslosengeld). 1985 war der Anteil auf knapp 63 % (darunter nur noch 36,2 % Arbeitslosengeld) gesunken und lag 1990 bei 65 %. 1999 war die Quote der Unterstützten wieder auf gut 85 % angestiegen, jedoch blieb der Anteil der Empfänger/innen von Arbeitslosengeld mit 47,5 % niedrig (siehe Abbildung 13). Die tendenzielle Abkoppelung von Arbeitslosigkeit und Empfang von Arbeitslosengeld aufgrund ungünstigerer Zugangsvoraussetzungen (Anwartzeiten) und verkürzter Laufzeit hat auch zur Folge, daß ein zunehmender Anteil der Arbeitslosen Sozialhilfe erhält. Etwa 30 % der Empfänger/innen der Sozialhilfeleistung „Laufende Hilfe zum Lebensunterhalt" (siehe 8. Kapitel) sind Arbeitslose.

● Beides, die anhaltende Massenarbeitslosigkeit und die schwache Wirkung der Förderungsleistungen sowie der Abbau der Arbeitslosenunterstützungen, haben dafür gesorgt, daß die Arbeitslosen in verschiedene, mehr oder weniger abgegrenzte Gruppen mit unterschiedlichen materiellen Standards unterteilt sind. Im individuellen Fall kann jemand diese Gruppen – in Form einer absteigenden Arbeitslosenkarriere – durchlaufen. Wenn die Ansprüche auf eine erste Leistung, zum Beispiel auf Arbeitslosengeld, ausgelaufen sind, kann eventuell die zweite, etwa die Arbeitslosenhilfe, bezogen werden, was Einkommenseinbußen nach sich zieht. Mit Länge der Arbeitslosigkeit nimmt die Wahrscheinlichkeit des sozialen Abstiegs zu, und die Unwahrscheinlichkeit der Reintegration in das Arbeitsleben auf der Basis der Eingangsqualifikation wird größer. So trifft hier nicht einmal das für die Leistungen der Sozialversicherung sonst geltende Merkmal des Statuserhalts (zum Beispiel im Krankheitsfall) oder wenigstens des stabilen Erhalts eines abgesenkten Sozialstatus (zum Beispiel Rentenversicherung) zu (siehe Abbildung 13).

Abbildung 13: Arbeitslose und Empfänger/innen von Arbeitsförderungsleistungen 1970 bis 1999
(Zahlen in 1 000, jeweils im Jahresdurchschnitt)

	1970	1975	1980	1985	1990	1995	1999
Arbeitslose	149	1 074	889	2 304	1 883	3 612	4 099
Empfänger/innen von Arbeitlosengeld	96	707	454	836	799	1 780	1 945
in % der Arbeitslosen	*64,4*	*65,8*	*51,0*	*36,2*	*42,3*	*49,1*	*47,5*
Empfänger/innen von Arbeitslosenhilfe	17	110	122	617	433	982	1 567
in % der Arbeitslosen	*11,4*	*10,2*	*13,7*	*26,7*	*23,0*	*27,1*	*38,2*
Empfänger/innen von Unterhaltsgeld	34	116	99	135	312	447	343
ABM-Stellen	2	16	41	87	83	384	430
in % der Arbeitslosen	*1,3*	*1,4*	*4,6*	*3,7*	*4,4*	*10,6*	*10,4*

Quelle: Statistisches Bundesamt

● Die Zahl der Personen, die in Verbindung mit Maßnahmen zur individuellen Förderung der beruflichen Fortbildung das Unterhaltsgeld beziehen, ist klein und nimmt, relativ gesehen, in der Tendenz
eher ab. Bei rund 30 Mio. Versicherten und 343 000 Unterhaltsgeld-
bezieher/innen erhalten nur ca. 1,1 % der Versicherten diese Leistung. Durch die erwähnten Leistungseinschränkungen der 80er
und 90er Jahre wurde der Zugang zu der Förderung erschwert.
Überdies sind die sogenannten Problemgruppen auf dem Arbeitsmarkt, die Personen ohne Berufsausbildung, die gesundheitlich
Beeinträchtigten, die über Fünfundfünfzigjährigen sowie die Ausländer in der Förderung unterrepräsentiert, so daß insgesamt gesehen ihre präventive und arbeitsmarktintegrative Wirkung als gering
eingeschätzt werden muß.
● Die Leistungseinschränkungen betreffen auch die Mittel für ABM-
Stellen, mit deren Hilfe vor allem in den östlichen Bundesländern
Arbeitslose zumindest zeitweilig in Beschäftigungsverhältnisse
gebracht wurden. Die Zahl der ABM-Stellen wird in den westlichen Bundesländern stark eingeschränkt. Viele soziale Einrichtungen für soziale Dienstleistungen (zum Beispiel Beratungsstellen,
Einrichtungen der Alten- oder Jugendarbeit) haben ihre Tätigkeiten auf diese aus Mitteln der Arbeitsförderung geförderten und

Abbildung 14: Soziale Sicherungsstandards von Arbeitslosen 1999

Inhaber/innen von
ABM-Stellen

     Empfänger/innen
     von
     Arbeitslosengeld Empfänger/innen
                    von
                    Arbeitslosenhilfe Empfänger/innen von
                                          Sozialhilfe

Bis 75 % des individuellen Einkommens*	60–67 % des individuellen Einkommens	53 bzw. 57 % des individuellen Einkommens	Regelsätze ab 532 DM*** plus Kosten für Unterkunft (ø 511 DM)
430 000 Personen 1 Jahr**	1 945 000 Personen Je nach Alter und Anwartschaftszeit 3 bis 32 Monate	1 567 000 Personen Für jeweils ein Jahr, zeitlich unbegrenzt	ca. 800 000 Personen Zeitlich unbegrenzt

*) Bei Ausnahmen bis zu 100 %;   **) Bei Ausnahmen bis 3 Jahre
***) Beträge für Alleinstehende
Zahlen nach Angaben des Statistischen Bundesamtes

mithin für sie kostengünstigen Beschäftigten des sogenannten „Zweiten Arbeitsmarktes" ausgerichtet. Die verbliebenen ABM-Stellen entlasten in der Förderungszeit den übrigen, den nicht bezuschußten „ersten" Arbeitsmarkt bei steigender Arbeitslosigkeit weniger als früher. Die reintegrierende Wirkung in bezug auf den ersten Arbeitsmarkt, die mit einer Anschlußtätigkeitsquote an die ABM-Stelle in einigen Bereichen von immerhin bis zu 50 % angegeben wird, ist dadurch insgesamt schwach.

● Der mit der deutschen Vereinigung entstandene starke Kostendruck bei der Arbeitsförderung beeinträchtigt ebenfalls die Effizienz des Arbeitsförderungssystems. So wurden 1991 die Beitragssätze von 4,3 auf 6,8 heraufgesetzt, um die im Zusammenhang mit der durch den Zusammenbruch der sozialistischen Kommandowirtschaft entstandene hohe Arbeitslosigkeit in Ostdeutschland abzufangen. Von den rund 100 Mrd. DM, die die Bundesanstalt für Arbeit beispielsweise 1992 verausgabte, kamen nur 5 % in Form von Beiträgen aus den östlichen Bundesländern und 95 % aus den westlichen, wo aber nur 51 % der Ausgaben verwendet wurden. De facto finanzieren die westlichen Versicherten zum erheblichen Teil den Risikoausgleich für bislang nicht mitversicherte Arbeitslose.

Die steigenden Aufwendungen hierfür nötigten nicht nur zu Beitragserhöhungen und damit zu höheren Lohnkosten für Unternehmer und Lohnabzügen für die Beschäftigten, sondern bieten den Anlaß zu weiteren Leistungskürzungen, so daß sich für westdeutsche Versicherte das Paradoxon ergibt, bei steigenden Aufwendungen real niedrigere Leistungen zu erhalten.

- Die Folgen der hohen Arbeitslosigkeit decken die strukturellen Schwächen des deutschen Sozialstaats besonders deutlich auf: Als Sozialversicherungs-Sozialstaat ist seine Finanzierung auf Vollbeschäftigung angewiesen. Ist diese nicht gegeben und nimmt bei Arbeitslosigkeit die Nachfrage nach sozialpolitischen Gütern und Diensten zu, erhöhen sich die Beiträge und mithin die Löhne für die Beschäftigten und damit auch der Rationalisierungs- und Entlassungsdruck in den Betrieben. So ist die Arbeitslosigkeit am Ende eine wichtige Ursache für weitere Arbeitslosigkeit – bei abnehmender Effizienz der sozialen Sicherungssysteme (siehe hierzu 4. Kapitel)

- Bei den Abhilfestrategien kann man wieder die beiden großen sozial- und wirtschaftspolitischen Linien erkennen: Vertreter/innen und Parteigänger der Oppositionsparteien im Bundestag und den Vertretern der gewerblichen Wirtschaft setzen auf Kosten- bzw. Leistungseinsparungen. Sie gehen davon aus, daß bei weniger steigenden oder sinkenden Beiträgen bzw. Leistungskürzungen in den Unternehmen wieder mehr investiert und damit neue Arbeitsplätze geschaffen würden. Überdies würden Arbeitslose mit knapperen Leistungen ihre eigenen Anstrengungen vermehren, Arbeit zu finden bzw. anzunehmen. So weist das seit dem Sommer 1993 ins Gespräch gebrachte Thema „Wirtschaftsstandort Deutschland" in diese Richtung. Vertreter/innen der Regierungsmehrheit im Bundestag dagegen fordern eine Finanzierung der ostdeutschen Arbeitsmarktpolitik aus öffentlichen Mitteln bzw. eines sogenannten Solidarbeitrags der Besserverdienenden, um die Bundesanstalt für Arbeit finanziell zu entlasten bzw. die Förderungsmittel aufzustocken oder die Leistungskürzungen rückgängig zu machen. Von diesem Lager wird die Anerkennung der Tatsache gefordert, daß es neben dem ersten auf Dauer einen zweiten Arbeitsmarkt gibt und wohl auch geben muß, der mit öffentlichen Hilfen unterstützt werden müsse. Man müsse die ABM-Maßnahmen gehörig aufstocken und verstetigen. Die politische Umsetzung dieser Forderungen steht aber aus. Der Sozialwissenschaftler Fritz W. Scharpf fordert mit vielen anderen, daß in Form einer sogenannten Negativsteuer Niedriglöhne öffentlich bezuschußt werden sollten, um Anreize für die Schaffung von Arbeitsplätzen zu geben (Scharpf 1993).

5. GESETZLICHE PFLEGEVERSICHERUNG

Nach etwa 25jähriger sozialpolitischer Debatte und Auseinandersetzung ist 1995 mit dem Pflegeversicherungsgesetz ein fünfter Zweig der Sozialversicherung etabliert worden. Daß die Pflegeversicherung als eigenes Leistungssystem errichtet wurde und nicht beispielsweise als Zweig der GKV, hat Gründe, die nicht in der Sache liegen, sondern die politischer Natur sind. Sie hängen mit der Finanzierung zusammen. Die 1990 in die GKV aufgenommenen Leistungen bei Pflegebedürftigkeit (siehe oben) waren ja ursprünglich als Einstieg in eine umfassendere Pflegeregelung innerhalb der Krankenversicherung gedacht.

Die gesetzliche Absicherung des Risikos Pflegebedürftigkeit kann als Reaktion des Gesetzgebers auf zwei gesellschaftliche Tendenzen verstanden werden: Zum einen steigt infolge der Veränderung der Altersstruktur die Zahl der Hochbetagten und/oder chronisch Kranken (siehe Abbildung 11, S. 94). Gleichzeitig nimmt das Vermögen von Angehörigen, Freunden oder Nachbarn ab, die Pflege gewissermaßen in Form von „kleinen Netzen" zu gewährleisten, da sich die in den früheren Jahrzehnten noch konsistenteren sozialen Bezüge in der Tendenz auflösen. So bleibt die heute größere Zahl der Pflegebedürftigen in größerem Ausmaß auf sich selbst oder auf bezahlte und/oder stationäre Hilfe angewiesen, Pflegebedürftigkeit wird zum sozialen Risiko. Zum anderen werden die Pflegeleistungen, wenn sie denn gegen Geld erbracht werden, ähnlich wie die Aufwendungen für Krankheit, immer teurer, gleichgültig, ob sie ambulant oder stationär erbracht werden. Zwischen 1980 und 1993 waren die durchschnittlichen Renten um 32 %, die Kosten für einen Pflegeplatz um 57 % gestiegen, so daß immer mehr pflegebedürftige Rentner/innen Sozialhilfe in Anspruch nahmen.

Risiko Pflegebedürftigkeit

111

Ende der 90er Jahre gab es in Deutschland rund 1,8 Mio. Pflegebedürftige, etwa 400 000 davon lebten in Heimen. Bis zum Jahr 2010 wird mit einer zahlenmäßigen Zunahme von weiteren 350 000 Pflegebedürftigen gerechnet (Zahlen nach Bundesarbeitsministerium). Die Regelungen zur gesetzlichen Pflegeversicherung (GPV) befinden sich im XI. Buch des Sozialgesetzbuches.

Versicherte (1) Analog zur GKV sind Arbeiter/innen und Angestellte bis zur Pflichtversicherungsgrenze (siehe Abbildung 6, S. 70) sowie Arbeitslose und Rentner/innen pflichtversichert; die Familienangehörigen sind kostenlos mitversichert. Beamte und sonst privat krankenversicherte Personen müssen und bei der GKV freiwillig Versicherten können eine private Pflegeversicherung abschließen (§ 23). Erstmals definiert hier ein Zweig der Sozialversicherung den Versicherungszwang außerhalb seiner selbst.

Leistungen (2) Die Pflegeversicherung gibt wie die GKV Versicherten und ihren nicht selbst versicherten Ehepartnern und Kindern Geldleistungen bei ambulanter und stationärer Pflege.
Die Leistungen sind nach dem Grad der Pflegebedürftigkeit gestaffelt (§ 15).
Als Pflegestufe I wird eine „erhebliche" Pflegebedürftigkeit mit einem persönlichen Hilfebedarf von mindestens einmal täglich (bei einem zeitlichen Pflegebedarf von mindestens 90 Minuten, darunter 45 Minuten Grundpflege) und zusätzlichen hauswirtschaftlichen Versorgungsbedarf von mehrmals in der Woche bezeichnet.
Die Pflegestufe II als „Schwerpflegebedürftigkeit" geht von einem Hilfebedarf von dreimal täglich (mindestens 3 Stunden, davon 2 Stunden Grundpflege) und zusätzlichem Bedarf an hauswirtschaftlicher Versorgung aus.
Die Pflegestufe III als „Schwerstpflegebedürftigkeit" setzt erweiterten Hilfebedarf (mind. 5 Stunden, 4 Stunden Grundpflege bzw. rund um die Uhr) und zusätzlichem hauswirtschaftlichen Bedarf voraus.
Bei der ambulanten und teilambulanten Pflege werden für die Stufe I monatlich 400 DM, für die Stufe II 800 DM und die Stufe III 1 300 DM als *Pflegegeld* gezahlt. Werden Pflegeleistungen als soziale Dienste in Anspruch genommen, werden für die Pflegesachleistungen (Grundpflege und hauswirtschaftliche Versorgung) je nach Pflegestufe bis 750 DM, 1 800 bzw. 2 800 DM (in besonderen Härtefällen bis zu 3 750 DM) gezahlt.

Bei Unterkunft in einem *Pflegeheim* für pflegebedingte Aufwendungen wird ein Betrag 2 000 DM (Stufe I), 2 500 DM (Stufe II) und 2 800 DM (Stufe III; in Härtefällen bis zu 3 300) gezahlt. Für Kost und Unterkunft hat der/die Pflegebedürftige aufzukommen. Personen, die nicht professionell häusliche Pflege verrichten, sind gesetzlich unfall- und rentenversichert. Gehen sie in Urlaub oder sind sie verhindert, werden bis zu 2 800 DM für eine Ersatzperson (einmal jährlich für vier Wochen) bezahlt.

(3) Die Pflegeversicherung wird von Pflegekassen, die bei den gesetzlichen Krankenkassen eingerichtet werden, durchgeführt. Sie wird wie die GKV beitragsparitätisch finanziert (zur Höhe der Beiträge siehe Abbildung 7, S. 70). Die Unternehmer haben als Ausgleich für die sonst in der Sozialversicherung übliche Aufteilung der Beitragssätze erwirkt, daß in den einzelnen Bundesländern ein gesetzlicher Feiertag oder Urlaubstag entfallen soll. Investitionskosten für ostdeutsche Pflegeeinrichtungen in Höhe von 6,4 Mrd. DM werden aus Einsparungen der Kriegsopferleistungen anteilig von Bund und Ländern erbracht.

Pflegekassen

(4) Der Gesetzgeber hat aus Kosten- und sozialideologischen Gründen ganz bewußt kein System geschaffen, das die Aufwendungen bei Pflegebedürftigkeit vollständig auffängt.

Grenzen

● Zum einen wird bei der Definition der Pflegebedürftigkeit durch die Medizinischen Dienste der Krankenkassen ein strenger Maßstab angelegt. So wurden bei Inkrafttreten der Pflegeversicherung 1995 31 % der Antragsteller in die Stufe I, 27 % die Stufe II und 13 % in die Stufe III eingruppiert. 29 % der Anträge wurde nicht bewilligt. Ende 1998 gab es 1,7 Mio. Empfänger/innen von Leistungen der gesetzlichen Pflegeversicherung (rund zwei Drittel Frauen, drei Viertel älter als 70 Jahre). Rund 0,8 Mio. erhielten Leistungen in der Pflegestufe I, 0,7 Mio. in der Stufe II und 0,2 Mio. Stufe III. 70 % der Leistungen wurden für ambulante Pflegedienste vergeben (Zahlen: Bundesarbeitsministerium).

● Die Geldleistungen im Pflegefall decken die wirklichen Kosten auch nur annähernd nicht. Bei stationärer Pflege mußte man bereits 1995 für einen Pflegeplatz im Durchschnitt 3 800 DM (Ost 3 050 DM) bezahlen. Die Durchschnittsrenten, vor allem bei Frauen (siehe GRV, S. 90), liegen deutlich unter den Zahlbeträgen der Pflege-

113

versicherung (Zahlen: Bundesarbeitsministerium). Die Kosten für ambulante Pflege liegen ebenfalls erheblich höher als die von der Pflegeversicherung gezahlten Beträge.

Diskussion

- Warum scheinen der Sozialversicherung die Ausgaben davon-zulaufen?
- Wo liegt das Problem, wenn die Höhe der Geldleistungen bei der Sozialversicherung an das individuelle Einkommen gebun-den ist?
- Was müßte im Rentensystem getan werden, um die Folgen der zunehmenden Zahl alter Menschen zu bewältigen?
- Warum kann sich die Sozialpolitik offenbar nur schwer dazu entschließen, das System der Arbeitsförderung so zu ändern, daß es wesentlich stärker Beschäftigungsverhältnisse schafft als bisher?
- Warum wurde den Unternehmen bei der Pflegeversicherung ein Ausgleich für ihre Beitragszahlungen gewährt?
- Warum gibt es für behinderte Menschen kein eigenes Sozial-versicherungssystem?
- Warum sind Frauen bei vielen Sozialversicherungsleistungen benachteiligt?

---

7. Kapitel:
Die Versorgungs- und Ausgleichsleistungen: für jeden etwas aus der Staatsschatulle

Die Sozialleistungen, die man unter den Kategorien der Versorgung und des Ausgleichs zusammenfaßt, beziehen sich nicht primär auf aus dem Status der Lohnabhängigkeit bezogene soziale Risiken, sondern auf als schutzwürdig definierte Lebenslagen, wie etwa

Lebenslagen

● Kriegsopfer
● Eltern
● Mieter/in
● Auszubildender zu sein.

Die im offiziellen Sozialbudget unter dieser Kategorie mit aufgeführten Leistungen für Beamte („Beamtenversorgung"), die immerhin rund 8 % der gesamten öffentlichen Sozialleistungen ausmachen (siehe Dokumentation 7, S. 75 f.), sollen hier außer Betracht bleiben. Sie fallen definitionsgemäß nicht unter die Sozialleistungen, da sie keine Veränderung von Lebenslagen (siehe Definition im 2. Kapitel), sondern die materielle Absicherung eines Berufsstandes bezwecken. Ebenso sollen die als „Versorgung" bezeichneten Systeme „Altershilfe für Landwirte", die „Zusatzversicherungen für den öffentlichen Dienst und spezieller Berufe" sowie der Lastenausgleich und die anderen Entschädigungsleistungen hier der Kürze wegen und auch deshalb außer Betracht bleiben, weil sie für die soziale Arbeit weniger von Belang sind.
Wie im 5. Kapitel schon erwähnt, handelt es sich bei den Versorgungsleistungen um besonders stark politisch geprägte Massenleistungen in häufig geringer Höhe; insofern sind die Worte „Versorgung" und „Ausgleich" irreführend.

1. KRIEGS- UND GEWALTOPFERVERSORGUNG

Die Kriegs- und Gewaltopferversorgung nach Bundesversorgungsgesetz (BVG) von 1950 baut auf Kriegsfolgegesetze nach dem Ersten Weltkrieg und nach dem Krieg 1870/71 auf. Das Gesetz über die Entschädigung für Opfer von Gewalttaten von 1976 (OEG) und das BVG geben Leistungen an Deutsche, die durch militärische Handlungen oder Militärdienst sowie durch Gewalttaten in Deutschland auf deutschen Schiffen oder Flugzeugen zu Schaden gekommen sind. Es gibt zur Zeit knapp 1 Mio. Versorgungsberechtigte, vorwiegend BVG-Leistungsempfänger, darunter knapp 200 000 Schwerbeschädigte mit 50 % Beeinträchtigung und mehr.

Leistungen Die Leistungen nach dem BVG und OEG sind gleich. Sie haben im wesentlichen folgenden Umfang:

(a) Kostenlose *Heilbehandlung* bei Schädigungen; Schwerbeschädigte (über 50 % Erwerbsminderung) mit einem Einkommen unter der jeweiligen Versicherungspflichtgrenze der GKV erhalten auch für alle anderen Erkrankungen zusätzlich kostenlose Gesundheitsleistungen; ebenso Ehepartner und Hinterbliebene;

(b) Versorgungskrankengeld für arbeitsunfähige Beschädigte, Witwen und Waisen in Höhe von 80 % des Lohns beziehungsweise von Vergleichseinkommen;

(c) Leistungen zur beruflichen Rehabilitation, Krankenhilfe, Hilfe in besonderen Lebenslagen, Wohnungshilfe usw. als Kriegsopferfürsorge analog der Sozialhilfe (Einzelfallklausel); grundsätzlich einkommensabhängig (siehe Abbildung 15) plus Familienzuschläge und Mietkosten;

(c) Leistungen zur beruflichen Rehabilitation (Übergangsgeld oder Unterhaltsbeihilfe, etwa in Höhe der entsprechenden Beschädigtenrenten beziehungsweise 70 % des vorher bezogenen Einkommens, bei Hausfrauenehe oder einem unversorgtem Kind 80 %);

(d) Beschädigtenrenten (einkommensunabhängige Grundrente nach Grad der Beschädigung in 8 Stufen von 30 % Erwerbsminderung an bis 100 %) mit Zuschlägen vom 65. Lebensjahr an; Schwerbeschädigtenzulagen in sechs Stufen, zusätzlich Wäsche- und Kleidergeld, Blindenzulage für fremde Führung und Berufsschadensausgleich in Höhe von 42,5 % des durch den Schaden eingetretenen oder anzunehmenden Einkommensverlustes. Außerdem werden Ausgleichsrenten (einkommensabhängig) sowie Zuschläge für Ehepartner und Kinder (wie Kindergeld) gezahlt (zur aktuellen Höhe der Renten und Zuschläge siehe Abbildung 15)

(e) Pflegezulagen je nach Grad der Hilflosigkeit in sechs Stufen (Abbildung 15)

116

(f) Hinterbliebenenrenten für Ehepartner/Kinder von an Schädigungsfolgen oder rentenberechtigte Verstorbene (Minderung der Erwerbsfähigkeit von 30 % an): Grundrenten für Witwen/r (mindestens 45 Jahre alt oder Versorgung mindestens eines Kindes), Halbwaisen- und Waisenrenten sowie (einkommensabhängige) Ausgleichsrenten. Empfängerinnen von Ausgleichsrenten können einen weiteren Schadenausgleich erhalten, wenn ihre Gesamteinkünfte niedriger sind als die Hälfte des Nettoeinkommens des Verstorbenen. Der Schadensausgleich beträgt 42,5 % der Differenz.

Abbildung 15: Renten und andere Geldleistungen nach dem BVG 2000/01*

Grundrente je nach Beschäftigung	Stufen I bis VIII	von 230 bis 1149 DM
Schwerbeschädigtenzulage ab dem 65. Lebensjahr und ab 50 % Erwerbsunf.	Stufen I bis III	von 44 bis 69 DM
Schwerstbeschädigtenzulage (Erwerbsunfähigkeit)	Stufen I bis VI	von 131 bis 817 DM
Ausgleichsrente** ab 50 % Erwerbsminderung	Stufen I bis IV	von 703 bis 1149 DM
Ehegattenzuschlag für Schwerbeschädigte		126 DM
Pflegezulage	Stufen I bis VI	von 485 bis 2413 DM
Witwenrente: Grundrente		688 DM
Ausgleichsrente**	voller Betrag	760 DM
Waisenrente: Grundrente Halbwaise		195 DM
Vollwaise		363 DM
Ausgleichsrente** Halbwaise		339 DM
Vollwaise		474 DM

* Ostdeutsche Bundesländer (seit 1997): jeweils 85,21 % dieser Zahlbeträge
** Bedürftigkeitsprüfung: Einkommen über 697 DM und andere Einkommen über 302 DM werden zu 37 % bzw. 58 % angerechnet

---

Die steuerfinanzierte Kriegs- und Gewaltopferversorgung wird von den Versorgungsämtern (kommunale beziehungsweise Kreisebene) geleistet, die Leistungen der Kriegsopferfürsorge werden von den Fürsorgestellen bei den Sozialämtern erbracht.

2. FAMILIENLEISTUNGEN: KINDER- UND ERZIEHUNGSGELD, ERZIEHUNGSURLAUB, UNTERHALTSVORSCHUSS

Das Kinder- und Erziehungsgeld und -urlaub als Kernbereiche staatlicher Familienpolitik sollen, so eine Broschüre des Bundesarbeitsministers, „den Eltern helfen, den Unterhalt der Kinder zu tragen. So dient es der sozialen Gerechtigkeit und schafft mehr Chancengleichheit für die Kinder" (Bundesminister für Arbeit und Sozialordnung 1993: 3). Sie gelten als Kernstücke des seit Mitte der 90er Jahre gern so bezeichneten *Familienleistungsausgleichs* (zuvor: „Familienlastenausgleich").

Familienleistungsausgleich

Das Kindergeld geht historisch auf die von 1935 an gezahlten Kinderbeihilfen zurück, die an „Kinderreiche" (1935: fünf und mehr Kinder, 1936: vier und mehr, 1938: drei und mehr) in Form von Geld oder/und „Bedarfsdeckungsscheinen" für Anschaffungen gezahlt wurden.

Heute erhalten alle Eltern mit einem und mehr Kindern nach dem Bundeskindergeldgesetz Kindergeld, außer wenn die Eltern als Rentner einen Kinderzuschlag bekommen.

Das *Kindergeld* beträgt zur Zeit 270 DM für das erste und zweite Kind, und 300 DM für das dritte, für die weiteren je 350 DM. Anstelle des Kindergeldes können Kinderfreibeträge in Höhe von 6 264 DM pro Kind in Anspruch genommen werden („Optionsmodell"), wodurch Bezieher höherer Einkommen bevorzugt werden. Das Kindergeld wird von den Arbeitsämtern („Familienkasse") gezahlt; beim öffentlichen Dienst von der Dienststelle.

Das *Erziehungsgeld* (Bundeserziehungsgeldgesetz) wird seit 1986 an Mütter oder Väter gezahlt, wenn einer der Elternteile das Kind selbst betreut und selbst nicht länger als 19 Stunden in der Woche erwerbstätig ist.

Es wird 24 Monate lang gezahlt und beträgt monatlich 600 DM; Bezieher von jährlichen Einkommen über 100 000 DM (verheiratet) bzw. 75 000 (alleinerziehend) erhalten kein Erziehungsgeld. Vom siebten Monat an gelten weitere Einkommensgrenzen (29 400 DM brutto/Jahr/ Verheiratete; Alleinstehende 23 700 DM; Freibetragszuschläge für jedes weitere Kind von 4 200 DM). Bei Überschreitung der Freibeträge wird das Erziehungsgeld um 1/12 von 40 % des überschreitenden Betrages gekürzt. Das Mutterschaftsgeld nach GKV wird bis zu 20 DM pro Kalendertag auf das Erziehungsgeld angerechnet. Etwa 98 % der Berechtigten nehmen das Erziehungsgeld in Anspruch (Bundesminister für Arbeit und Sozialordnung 2000, S. 530).

Erziehungsurlaub stellt ein besonderes soziales Schutzrecht dar und müßte im 10. Kapitel erscheinen. Es wird aber im Bundeserziehungsgeldgesetz geregelt. Erziehungsurlaub können Lohnabhängige mit einem oder mehreren Kindern nach Ende der Mutterschutzfrist für die Zeit bis zum dritten Lebensjahr in Anspruch nehmen, wenn ihr Kind nach dem 31. Dezember 1991 geboren wurde und sie es selbst erziehen. Die betreffenden Elternteile haben während dieser Zeit besonderen Kündigungsschutz. Kündigungen sind nur zum Ende des Erziehungsurlaubs möglich. Eltern können sich den Erziehungsurlaub aufteilen; bis zu dreimaliger Wechsel der Inanspruchnahme ist möglich.

Um den Erziehungsurlaub in Anspruch nehmen zu können, muß der betreffende Elternteil gegenüber dem Einstellungsträger spätestens vier Wochen vor dem Zeitpunkt der Inanspruchnahme erklären, bis zu welchem Lebensmonat er reichen soll.

Etwa 410 000 Elternteile nehmen den Erziehungsurlaub in Anspruch (etwa 17 % der betroffenen Kinderjahrgänge); knapp 60 % der Empfänger/innen von Erziehungsgeld nehmen den Erziehungsurlaub in Anspruch (Bundesministerium für Arbeit und Sozialordnung 2000, S. 533).

Unterhaltsvorschuss: Alleinerziehende Mütter und Väter können nach dem Unterhaltsvorschussgesetz (1994) für Kinder, deren Väter bzw. Mütter ihrer Unterhaltspflicht nicht nachkommen, Unterhaltsleistungen erhalten. Der Bezug dieser Leistungen setzt voraus, dass durch den alleinerziehenden Elternteil angegeben wird, wer der andere Elternteil ist. Der Unterhaltsvorschuss wird für einen Zeitraum von längstens 6 Jahren bis zum Alter des Kindes von 12 Jahren geleistet. Die Höhe der Zahlungen richtet sich nach der Regelunterhalt-Verordnung zur Feststellung der Höhe von Unterhaltsleistungen und beträgt – unter Anrechnung von 50 % des Erstkindergeldes – für Kinder bis zu 6 Jahren 220 DM (Ost: 189 DM) und für ältere Kinder bei 296 DM (Ost: 257 DM).

3. WOHNGELD

Das Wohngeld, das seit 1965 gezahlt wird, wird durch die Berücksichtigung von drei Größen berechnet: der Höhe des Haushaltseinkommens (brutto), der Miethöhe und der Anzahl der Haushaltsmitglieder.

drei Berech-
nungsgrößen
Vom monatlichen Einkommen der Haushaltsmitglieder im Bewilligungszeitraum werden Freibeträge für Kinder in Höhe des Kindergeldes (bei Alleinstehenden für jedes Kind unter 12 Jahren bei Berufstätigkeit zusätzlich 100 DM pro Kind) und andere Familienmitglieder (über 62 Jahre alte Personen) sowie Werbungskosten abgezogen. Behinderte und Opfer politischer Verfolgung haben erhöhte Freibeträge, ebenso Mieter in Ostdeutschland (Heizkosten). Der nach Abzug der Freibeträge verbleibende Betrag wird um einen weiteren pauschalen Freibetrag von bis zu 30 % gekürzt (wenn Sozialversicherungsbeiträge und Steuern entrichtet werden, ansonsten je nach Abgabenbelastung 6 % bis 30 %). Je nach Ausstattungskategorie, Baualter der Wohnung und Preisstufe der Miethöhe nach sechs Ortsklassen werden die Mieten unterschiedlich als zuschußfähig angesehen. So werden 625 DM für eine alleinstehende Person und für einen vierköpfigen Haushalt 1130 DM maximal als zuschußfähig angesehen.

Die Freibeträge und laufenden Zahlungen des Wohngeldes werden nicht wie die wichtigsten Geldleistungen der Sozialversicherung an die allgemeine Einkommensentwicklung angepaßt („dynamisiert") oder an die Versicherungspflichtgrenzen o. ä. angekoppelt, sondern werden von Zeit zu Zeit verändert. Dies hat zur Folge, daß die entsprechenden Beträge im Wohngeldgesetz seit Anfang der 90er Jahrer nicht mehr geändert wurden, bei steigenden Mieten und Bruttoeinkommen die Zahlbeträge sinken. Erst 2001 trat eine weitere Novelle in Kraft. Die Ausstattungs- und Miethöhenklassen sollen individuelle Wohngeldhöhen gewährleisten und sicherstellen, daß eben nur ein Teil und nicht die gesamte Miete mit einem Zuschuß bedacht wird.

Wohngeld-
haushalte
Als Eigenheimbesitzer kann man Wohngeld für seine Zinsaufwendungen und sonstigen Kosten als sogenannten Lastenzuschuß bekommen (weniger als 10 % der Ausgaben).

1999 gab es rund 2,9 Mio. Empfängerhaushalte mit Wohngeld, etwa 7,9 % aller Haushalte. In den östlichen Ländern und den Stadtstaaten war diese Quote mit bis zu 14,1 % (Land Bremen) deutlich höher. Von den Empfängern waren rund 18 % arbeitslos, 46 % Empfänger/innen

120

von Sozialhilfe und Kriegsopferleistungen und 14% Rentner/innen (Zahlen nach Statistischem Bundesamt).

Die Einführung des Wohngeldes (Beihilfen seit 1960, Wohngeldgesetz 1965) erfolgte, nachdem es durch den Abbau von wohnungszwangswirtschaftlichen Maßnahmen (1960) zu starken Mietsteigerungen gekommen war. Das Wohngeld als sogenannte Subjektförderung (der Mieter/innen) ergänzt beziehungsweise ersetzt die sogenannte Objektförderung des sozialen Wohnungsbaus (seit 1950; Rückgang bis zum faktischen Erliegen Ende der 80er Jahre), die in Form von Kapital- und Zinssubventionen aus öffentlichen Mitteln geschieht.

Die für die Wohngeldvergabe zuständigen Stellen werden von den Ländern bestimmt. Gewöhnlich sind dies die Wohngeldstellen der Stadt- und Landkreisverwaltungen. Die Mittel werden je zur Hälfte vom Bund und den Ländern aufgebracht.

4. AUSBILDUNGSFÖRDERUNG

Individuelle Ausbildungsförderung wird nach dem Bundesausbildungsförderungsgesetz von 1971 (BAföG) an Schüler/innen und Studierende sowie nach dem Aufstiegsfortbildungsförderungsgesetz (AFBG) seit 1996 gezahlt. Auch das im Rahmen der Arbeitsförderung gezahlte Unterhaltsgeld (siehe 6. Kapitel) stellt individuelle Ausbildungsförderung dar. Wie in anderen Bereichen der Sozialpolitik, zum Beispiel Behinderung, Familie oder Alter gibt es auch bei der Ausbildungsförderung keine einheitliche Gesetzgebung.

Nach dem BAföG werden neben Studierenden auch Schüler/innen an **BAföG** allgemeinbildenden Schulen von Klasse 10 an sowie an Fach- und Fachoberschulklassen (die keine abgeschlossene Berufsausbildung voraussetzen) nur dann gefördert werden, wenn sie nicht bei den Eltern wohnen. Gefördert werden kann außerdem der Besuch von Berufsfachschulen, Berufsaufbau- und Fachschulen. Abendreal- oder -hauptschüler/innen, Besucher/innen von Kollegs und Abendgymnasien sowie Studenten/innen an Höheren Fachschulen, Akademien und Hochschulen werden gefördert. Gefördert werden nur Deutsche oder EG-Ausländer.

Die Förderung setzt eine Bedürftigkeitsprüfung voraus, und die Höhe der Förderung ist auch durch die Art der Ausbildung, sowie bei den Studierenden durch die Wohnnverhältnisse und die fachliche Eignung bestimmt. Förderung nach BAFöG ist bei Studierenden durch eine

Abbildung 16: Förderungsbeträge und Freibeträge beim BAföG in DM / mtl. 2001 (in Klammern östliche Bundesländer)

	Bei Eltern wohnend	Auswärtig wohnend
Berufsfachschulen, Fachschulklassen u. a. ohne Berufsausbildung	355 (330)	615 (580)
Abendhaupt- und -realschulen, Berufsaufbauschulen, Fachoberschulklassen u. a. mit Berufsausbildung	640 (605)	770 (665)
Weiterführende allgemeinbildende Schulen, Fach- und Fachoberschulen, Berufsfachschulen u. a. ohne Berufsausbildung	–	640 (580)
Fachschulklassen mit Berufsausbildung, Abendgymnasien, Kollegs	650 (605)	815 (655)
Höhere Fachschulen, Akademien, Hochschulen	695 (650)	860 (700)
Zuschläge für Kranken- und Pflegeversicherung	80 (70) 15 (15)	80 (70) 15 (15)

Freibeträge Einkommen:	Auszubildende (je nach Ausbildung)	200–385
	Ehepartner	675
	Ehepartner mit Kind	940
	Kind	600
	Eltern	2270
	Alleinstehender Elternteil	1565
Vermögen:	Auszubildender	6000
	Ehepartner, Kind, jeweils	2000

rechtlich definierte Förderungshöchstdauer (in etwa die Regelstudienzeiten plus Ausnahmen für Kindererziehung oder Mitarbeit in Hochschulgremien) zeitlich begrenzt.

Die Förderung wird Schüler/innen als Zuschuß und Studierenden hälftig als Zuschuß und Darlehen gezahlt.

Die Förderungsbeträge werden „Bedarfssätze" genannt (die aktuelle Höhe der Förderungsbeträge siehe Abbildung 16). Diese werden wie

auch Freibeträge zur Feststellung der Bedürftigkeit nicht regelmäßig, etwa jährlich, an die veränderten Löhne oder Preise angepaßt, sondern unregelmäßig. Ähnlich wie beim Wohngeld hatte dies in den 90er zur Folge, daß die Zahl der Geförderten deutlich zurückging.
Träger der Ausbildungsförderung sind für den Bereich außerhalb der Hochschulen die kommunalen beziehungsweise die Ämter für Ausbildungsförderung auf Kreisebene. Für die Ausbildungsförderung der Studierenden sind die Studentenwerke der Hochschulen zuständig. Sie wird von Bund und Ländern gemeinsam finanziert.
Die als „Meister-BAföG" bezeichneten Leistungen nach dem Aufstiegsfortbildungsgesetz (AFBG) setzen Facharbeiter-, Gesellen- oder Gehilfenprüfungen voraus. Sie werden zur Förderung von Lehrgängen zur Abschlußprüfung im Berufsbildungsbereich gegeben: 24 Monate bei Vollzeitfortbildungen, 48 Monate bei Teilzeitmaßnahmen. Die Unterhaltszahlungen betragen 1085 DM pro Monat (Ledige) bzw. 1505 DM (Verheiratete) oder 1335 (Alleinerziehende) plus Kinderzuschläge (jeweils 250 DM). Hinzu können Darlehen zur Bezahlung von Lehrgangsgebühren bis zu 20 000 DM kommen. Die Darlehen können bis zur Hälfte erlassen werden, wenn die Geförderten nach bestandener Prüfung einen Betrieb übernehmen oder gründen, wo mindestens zwei weitere sozialversicherungspflichtige Mitarbeiter beschäftigt sind.
Ausführende Stellen sind die Landes- oder kommunalen Ämter für Ausbildungsförderung.

„Meister-BAföG"

Diskussion

- Warum herrscht besonders bei den Versorgungsleistungen das Prinzip der „kurzen Decke" vor?
- Wie muß man den Charakter des Wohngeldes aus volkswirtschaftlicher Sicht bestimmen?
- Welche Ziele werden mit dem Erziehungsgeld/Erziehungsurlaub verfolgt?
- Inwiefern stellt die zurückgehende Zahl der BAföG-Geförderten ein Problem dar?

8. Kapitel:
Fürsorgeleistungen: Sozial- und Jugendhilfe als letzte Hilfen im sozialen Netz

Historisch gesehen sind die Fürsorgeleistungen für Arme und andere Hilfebedürftige im Vergleich zu den „klassischen" Arbeitnehmerleistungen nach dem Versicherungsprinzip (siehe 6. Kapitel) und den modernen Massenleistungen nach dem Versorgungsprinzip (siehe 7. Kapitel) die ältesten Sozialleistungen. Ihre Vergangenheit reicht weit in das vorstaatliche mittelalterliche Unterstützungswesen zurück. Die staatliche Fürsorgepolitik nahm auf diese Tradition immer Bezug. So sind auch die heutigen Fürsorgeleistungen hiervon geprägt, wie dies am deutlichsten in der Kombination privater und öffentlicher Fürsorgeträger zum Ausdruck kommt. Daher soll eingangs kurz auf den historischen Hintergrund der heutigen Fürsorgeleistungen eingegangen werden.

historischer Hintergrund
Diverse Formen von mehr oder weniger effizienter nicht privater Armenunterstützung haben sich in Form des Almosenwesens in Mitteleuropa parallel mit der Herausbildung von Elementen einer städtischen Zivilisation zwischen dem 11. und 13. Jahrhundert entwickelt. Sie waren vom christlichen Gebot der Barmherzigkeit getragen, weshalb die Kirche im Almosenwesen auch materiell eine zentrale Bedeutung besaß, etwa in Form von Stiftungen oder Schenkungen von Besitzenden für Bedürftige. „Das grundlegende Modell des mittelalterlichen Christentums ist das der Vermittlung der Kirche zwischen Reichen und Armen" (Geremek 1988: 54). Es sollte den Lehren von Thomas von Aquin (1225–1274) folgen, nach denen das Leben der in Sünde gefallenen Menschen auf Heiligung anzulegen sei, zu der auch das Almosen gehöre. Materiell sollte das Almosenwesen die völlige Verelendung der Armen verhindern – aber im Kern nicht beseitigen – und die Verbindung der als Glieder eines Körpers verstandenen Gesellschaftsgruppen untereinander aufrechterhalten. Empfing ein Armer ein Almosen, so segnete er den Geber.

Verrechtlichung
Die erst später einsetzende Fürsorgepolitik beschränkte sich lange Zeit darauf, die Frage zu regeln, welche Gemeinde für die Unterstützung der Armen, die gehäuft seit dem 13. Jahrhundert als wandernde Bettler auftraten, zuständig für Unterstützung sein sollte. Nach der Reichspolizeiverordnung von 1592 oblag die Armenfürsorge grundsätzlich den Heimatgemeinden. Konnte eine

Gemeinde keine Hilfe leisten, so mußte sie den Armen einen Bettelpaß ausstellen, mit dessen Hilfe sie nun selbst zurechtkommen mußten. Das 1842 für Preußen eingeführte und später im Norddeutschen Bund beziehungsweise im Reich 1870 und 1894 konkretisierte „Unterstützungswohnsitzprinzip" regelte die Unterstützung in den durch hohe Mobilität bedingten Fällen von Wohnortwechseln. Diese Regelungen wurden nicht in erster Linie um der Armen willen, sondern zur Sicherung der öffentlichen Ordnung getroffen. So sah der Gesetzgeber auch dann davon ab, die Leistungen der Armenfürsorge in ihrer Höhe verbindlich zu regeln. Dies geschah erst 1961 durch die Bestimmungen des Bundessozialhilfegesetzes (BSHG), das die Verordnungsregelungen zum Fürsorgewesen (1924) erweiterte und ausbaute.

Ähnlich wie die Armenfürsorge wurde die Jugendfürsorge erst im 20. Jahrhundert sozialstaatlich geregelt. Das Reichsjugendwohlfahrtsgesetz (RJWG) aus dem Jahre 1922 definierte und faßte die außerschulischen, -familialen und -betrieblichen „sozialpädagogischen" Hilfen für Kinder und Jugendliche als Erziehungshilfe, Jugendförderung, Jugendschutz und Jugendgerichtshilfe zusammen und wies den kommunalen Jugendämtern ihre Zuständigkeit zu. Im Jugendwohlfahrtsgesetz aus dem Jahre 1961 wurden diese Hilfen ausgebaut, die Funktion der Jugendämter konkretisiert sowie die Beteiligung privater Träger sichergestellt.

Fürsorgeleistungen werden deshalb gern als die „letzten Hilfen im Sozialstaat" bezeichnet, weil sie nur dann gewährt werden, wenn andere Hilfe nicht möglich oder bereits ausgeschöpft ist. Somit ist immer zu prüfen, ob der Hilfsbedürftige selbst oder andere soziale Einrichtungen nicht doch imstande sind, Hilfe zu gewähren. Das bedeutet zum einen, daß die Hilfsbedürftigkeit und damit auch die Art der Hilfe von der gewährenden Stelle selbst definiert und festgelegt wird, was die Gefahr in sich birgt, daß – etwa aus Sparsamkeitsgründen – die Hilfe unzulänglich bleibt und die Hilfebedürftigkeit nicht behebt. *„letzte Hilfen"*

Zum anderen bedeutet die Konstruktion der letzten Hilfe, die ganz aus dem Nachrang-Gedanken des Subsidiaritätsprinzips abgeleitet ist (siehe 2. Kapitel), daß die Hilfebedürftigen ihre Bedürftigkeit nachweisen müssen. Sie müssen ihre Lebensverhältnisse offenlegen.

Die helfende Einrichtung oder Person hat demgegenüber zu beachten, jedenfalls seit den Reformen der Fürsorgegesetzen Anfang der 60er Jahre, daß Fürsorgeleistungen den Hilfesuchenden als einzelnen und „ganzen Menschen" (Scherpner 1962) Rechnung tragen sollen. Sie sollen folgenden Geboten folgen: *Fürsorgeleistungen*

Fürsorge-
Grundsätze

● Nachrangigkeit,
● Individualisierung (Einzelfallhilfe),
● Erziehung zur Selbsthilfe (um den Grund oder/und Anlaß für den Erhalt der Fürsorgeleistungen künftig hin obsolet zu machen).

Ferner besteht heute ein Rechtsanspruch auf Fürsorgeleistungen.

Die wichtigsten und für die soziale Arbeit zentralen Fürsorgeleistungen werden nach dem Bundessozialhilfegesetz (BSHG) und dem Kinder- und Jugendhilfegesetz (KJHG/SGB VIII) gewährt. Leistungen der öffentlichen Gesundheits- und Kriegsopfer- oder Arbeitslosenfürsorge (siehe 6. und 7. Kapitel) sollen hier außer Betracht bleiben. Bei der nachfolgenden Darstellung sollen die jeweilige gesetzlich induzierte Grundkonstruktion als Hilfesystem, also die wichtigsten Hilfearten, Träger, Finanzierung und Probleme berücksichtigt werden. Dabei werden auch die per Gesetz festgelegten sozialen Dienstleistungen mit aufgeführt, da sich im Bereich der Fürsorgeleistungen eine systematische Trennung von Geld-/Sach- und Dienstleistungen kaum noch vollziehen läßt. Im 10. Kapitel soll dann noch einmal auf einige qualitative Aspekte der sozialen Dienstleistungen eingegangen werden.

1. SOZIALHILFE UND LEISTUNGEN FÜR ASYLBEWERBER

Die Sozialhilfe nach dem BSHG ist als Hilfesystem in zwei Kategorien gestuft:

zwei
Leistungs-
kategorien

Die in Form von „Regelsätzen" standardisierte „Hilfe zum Lebensunterhalt" (HLU) hat die Funktion der Hilfe bei Mittellosigkeit und entspricht den traditionellen Armenfürsorgeleistungen. Die Regelsätze sind für die einzelnen Haushaltsangehörigen verschieden hoch. Sie sind als unterschiedliche Prozentanteile am sogenannten Eckregelsatz für den Haushaltsvorstand bzw. einer alleinlebenden Person orientiert. Die DM-Beträge der Regelsätze werden durch Landesrecht bestimmt, variieren also zwischen den einzelnen Bundesländern (die aktuellen Regelsätze siehe Dokumentation 8, S. 137). Die Höhe der Regelsätze wird meist jährlich durch Rechtsverordnung neu festgelegt, eine automatische Anpassung etwa an Löhne oder Preise gibt es nicht.
Die nichtstandardisierten Leistungen der „Hilfe in besonderen Lebenslagen" (HBL) in Form von Geld-, Sach- oder Dienstleistungen sollen sowohl besonderen Problemen von speziellen Gruppen der Mit-

tellosen (zum Beispiel Blinden oder Pflegebedürftigen) Rechnung tragen, werden aber auch denjenigen gewährt, die (noch) nicht den untersten Armutsstatus erreicht haben. Durch die Kombination von standardisierten und nichtstandardisierten Leistungen soll der vom Gesetzgeber als individuell geprägt verstandenen Armut je spezifisch individuell begegnet werden können, die Armut tendenziell beseitigt und dem Grundsatz der (formalen) Gerechtigkeit Rechnung getragen werden können. Der Gesamtkatalog der Hilfen nach dem BSHG, die Bedingungen zu ihrem Erhalt sowie die Ziele der Sozialhilfe sind in der Dokumentation 8, S. 134 ff., zusammengestellt.

Über die Höhe der Regelsätze für die Hilfe zum Lebensunterhalt gibt es schon immer Auseinandersetzungen zwischen Vertretern von Politik, sozialer Arbeit und Wissenschaft. Während die Mehrheit der Politiker stets dafür plädierte, daß die Unterstützungssätze niedrig sein sollten und dies quasi-pädagogisch damit begründete, daß andererseits die Empfänger/innen der Hilfe sich an sie gewöhnen und ihre eigenen Bestrebungen in Richtung auf Abhilfe nachlassen würden, plädierten die Praktiker und Wissenschaftler für eine Höhe, die „echte Teilhabe" (W. Schellhorn 1989) der Leistungsempfänger am gesellschaftlichen Leben ermöglichen. Durch entsprechende Gesetzesänderungen Anfang der 90er Jahre wurde zur Bemessung der Regelsätze festgelegt, daß sie sich an den „statistisch ermittelten Verbrauchsausgaben von Haushalten in unteren Einkommensgruppen" (§ 22, Abs. 3 BSHG) orientieren müssen. Ferner ist bestimmt, daß die Sozialhilfeleistungen für Familien mit drei Kindern unter den Nettoeinkommen (plus Kinder- und Wohngeld) von Familien mit Alleinverdienern der unteren Lohngruppen liegen muß (§ 22, Abs. 4 BSHG). Dieses gesetzliche Unterschreitungsgebot wird in der sozialpolitischen Rhetorik gewöhnlich als „Lohnabstandsgebot" bezeichnet, nach der die Regelsätze um mindestens 15 % unter den Vergleichslöhnen liegen sollten. Die im Gefolge steigender Empfängerzahlen der Sozialhilfe zunehmende Kritik am angeblichen Mißbrach der Leistungen durch Unberechtigte, an sogenannten Trittbrettfahrern, läßt auch für die absehbare Zukunft nicht erwarten, daß die Hilfesätze, die von den meisten Fachleuten als zu niedrig angesehen werden, deutlich angehoben werden.

Bemessung der Regelsätze

Seit Ende 1993 werden Asylbewerber nicht mehr über das BSHG, sondern nach dem eigens geschaffenen Asylbewerberleistungsgesetz unterstützt, um Ausgaben zu sparen. Erstmalig wurde so ein „Lower-poor"-System geschaffen, das nochmals abgesenkte Leistungen

Asylbewerberleistungsgesetz

127

Abbildung 17: Leistungsempfänger/innen und Höhe des Eckregelsatzes nach BSHG, Leistungsempfänger/innen nach dem Asylbewerberleistungsgesetz 1970 bis 1998 (Personen in Mio)

	1970	1975	1980	1985	1990	1995	1998
Hilfe zum Lebensunterhalt	0,5	0,8	0,8	1,4	1,7	2,5	2,8
Hilfe in besonderen Lebenslagen	0,9	1,1	1,1	1,1	1,5	1,3	1,3
Durchschnittlicher Eckregelsatz in DM mtl.	147	254	310	370	436	518	531
*in % der durchschnittlichen Facharbeiternettoeinkommen**	*16,7*	*20,3*	*18,9*	*20,0*	*18,8*	*20,4*	*20,2*
Empfänger/innen Asylbewerberleistungsgesetz	–	–	–	–	–	0,5	0,5

Hilfe zum Lebensunterhalt und Asylbewerberleistungen: jeweils zum 31. 12.; Hilfe in besonderen Lebenslagen: während eines Jahres

1970 bis 1990 westliche Bundesländer mit Berlin West, 1995 und 1997 Deutschland

* ledig, westliche Bundesländer

Nach: Bundesministerium für Arbeit und Sozialordnung, Statistisches Taschenbuch '99, Bonn 2000

gewährt. Asylbewerber in Aufnahme- oder sonstigen Sammeleinrichtungen sollen Sachleistungen oder Wertgutscheine für den täglichen Bedarf erhalten, ansonsten ein Taschengeld von 80 DM für über 14jährige Asylbewerber (jüngere: 40 DM). Leben die Betroffenen außerhalb von Einrichtungen, so können anstelle der Wertgutscheine auch 360 DM (Haushaltsvorstand) bzw. 220 DM (Angehörige unter 7 Jahren) und 310 DM (Angehörige über 7 Jahre) zusätzlich zu den Wohnkosten gezahlt werden.

Nach Schätzungen liegen die Leistungen um 20–30 % niedriger als nach dem Sozialhilfeystem, was jährlich einen Einspareffekt von bis zu 1,6 Mrd. DM haben könnte. Auf potentielle Flüchtlinge sollen die geringen Leistungen einen Abschreckungseffekt haben.

2. JUGENDHILFE

Ähnlich wie die Armenfürsorge wurden auch die Leistungen für Jugendliche erst in den 20er Jahren sozialstaatlich umfassender geregelt (Reichsjugendwohlfahrtsgesetz [RJWG] 1922). Es definierte die außerschulischen, -familialen und -betrieblichen Hilfen für Kinder und Jugendliche als Erziehungshilfen, Jugendförderung, Jugendschutz und Jugendgerichtshilfe. Es faßte die Leistungen der Jugendförderung und Erziehungshilfe zusammen und wies den nun obligatorisch einzurichtenden Jugendämtern auf kommunaler Ebene ihre Zuständigkeiten zu. Im Jugendwohlfahrtsgesetz (JWG, 1961) wurden diese Hilfen ausgebaut, die Funktionen der Jugendämter konkretisiert und die Beteiligung privater Träger an der Jugendhilfe – gemäß dem Subsidiaritätsprinzip (siehe 2. Kapitel) – als vorrangig sichergestellt. Wenn man heute von Jugendhilfe spricht, meint man die Leistungen nach dem 1991 in Kraft getretenen Kinder- und Jugendhilfegesetz (KJHG), die seit 1996 als „Kinder- und Jugendhilfe" im VIII. Buch des SGB aufgeführt werden.

Das JWG war schon seit langem kritisiert worden. Seine Charakteristika waren: Orientierung am Leitbild einer „kompletten", funktionierenden Familie; die Festlegung der doppelten Nachrangigkeit öffentlicher Jugendhilfe gegenüber Hilfen privater Träger und dem Erziehungsrecht der Eltern; die weitgehende Beschränkung auf Regelungen des Ablaufs und Zuständigkeiten eines gestuften Intervenierens in das Elternrecht und auf die Festlegung von Aufbau und Zuständigkeiten der Jugendämter.

Die Aufgaben des Jugendamtes standen seit seinem Bestehen im Mittelpunkt einer kritischen Diskussion unter Sozialpolitikern, Juristen und Verbänden, die vor allem auf Konkretisierung der Leistungsangaben, Verankerung von Kinderrechten und Kompetenzerweiterung der Jugendämter drängte. So schlug die Arbeiterwohlfahrt 1967 eine neue Konzeption für ein Jugendhilferecht vor, nach der die Leistungen nach qualitativen Gesichtspunkten definiert und quantitativ (vor allem im Bereich ambulanter sozialer Dienste) ausgebaut werden sollten. Die Trennung von Jugendhilfe und Jugendstrafrecht sollte aufgehoben werden. Reformanstöße in der sozialliberalen Zeit nach 1970, die diese Vorschläge aufgriffen und die auch die Stellung der Kinder und Jugendlichen rechtlich stärken wollten, scheiterten letztlich im gesetzgeberischen Verfahren (Ablehnung des Gesetzentwurfs durch den unionsmajorisierten Bundesrat).

Die 1982 ins Amt gekommene christlich-liberale Bundesregierung, die in ihrer Sozialpolitik einen Akzent auf die Förderung der Familie legen wollte (siehe 7. Kapitel), nahm sich ihrerseits die Reform der Jugendhilfe vor.

Reformversuche

129

zwei
Leistungs-
kategorien

Das KJHG bzw. SGB VIII unterscheidet nicht mehr wie das JWG zwischen „Jugendfürsorge" und „Jugendpflege", sondern kategorisiert zwischen Funktionen, die als „Leistungen" bezeichnet und in Form von Angeboten erbracht werden sollen, und solchen, die als „andere Aufgaben" bezeichnet und durchweg als Pflichtaufgaben wahrgenommen werden (siehe im einzelnen hierzu Dokumentation 9, S. 141).

Als Leistungen werden die früher als jugendpflegerisch verstandenen Angebote zur außerschulischen Bildung, der sportlichen und geselligen Tätigkeiten sowie die Förderung von Jugendverbänden aufgeführt. Ebenso werden Angebote zum Ausgleich sozialer Benachteiligungen von Kindern und Jugendlichen („Jugendsozialarbeit") sowie Beratungshilfen, Freizeiten usw. zur Förderung der Erziehungskompetenz der Familien als Leistungen der Kinder- und Jugendhilfe ausgewiesen. Hinzu kommen als Förderungsangebote bezeichnete Leistungen für junge Menschen in Erziehungssituationen neben oder anstelle der familialen Erziehung (beispielsweise Erziehungsbeistandsschaft, Tagespflege, Heimerziehung). Zu den „anderen Aufgaben" der Jugendhilfe zählen die „Inobhutnahme" von Kindern und Jugendlichen bei Gefahr für ihr Wohl, das Genehmigen von Einrichtungen der Jugendhilfe, die Mitwirkung bei gerichtlichen Verfahren sowie bei Pflegschaft und Vormundschaft.

Die Kinder- und Jugendhilfe nach SGB VIII regelt nicht im einzelnen und nicht konkret, wann welche die häusliche Erziehung ergänzenden oder ersetzenden Leistungen zu erbringen sind oder wann nicht. Es faßt vielmehr im wesentlichen die in der heute praktizierten Jugendhilfe vorhandenen – meist sozialpädagogischen – Hilfeformen wie in einem Katalog zusammen und stellt sie dem Träger von Maßnahmen als Möglichkeiten zur Verfügung, von denen er nach Lage des Einzelfalles (Grad der vom Träger selbst festgestellten Bedürftigkeit außerfamilialer oder familienstützender sozialpädagogischer Leistungen) oder/und seinen finanziellen Möglichkeiten (etwa auch bei Bildungs- und Freizeitangeboten) Gebrauch machen soll. Damit wurde gegenüber dem JWG im Hinblick auf die Verbindlichkeit von Leistungen

Offenheit
der Stan-
dards

kein Fortschritt erzielt. Das SGB VIII setzt auch keine konkreten Standards für Qualität der Leistungen (beispielsweise für Bildungsangebote), von Einrichtungen oder Qualifikationen von Fachkräften.

Bei den Trägerverhältnissen wurde – dem Nachrangverständnis des Subsidiaritätsprinzips abgeleitet – die bisherige Grundkonstruktion beibehalten: Bei den Leistungen der Kinder- und Jugendhilfe sollen die öffentlichen und die sogenannten freien Träger Maßnahmen anbieten dürfen. Grundsätzlich sollen öffentliche Träger den Vorrang von Maßnahmen freier Träger anerkennen und im übrigen die freie Jugendhilfe fördern beziehungsweise „partnerschaftlich" zusammenarbeiten (§ 4). Die als „andere Aufgaben" bezeichneten Leistungen übernimmt das Jugendamt.

Auch hat sich die innere Orientierung der Jugendhilfe am Bild einer mehr oder weniger funktionierenden oder doch funktionieren sollenden Familie nicht geändert. Allerdings ist beim SGB VIII die Blickrichtung des Gesetzgebers anders als beim JWG: War diese dem Charakter nach eine Regelung der Intervention in das Elternrecht auf „Pflege und Erziehung der Kinder" (Artikel 6 GG, siehe Dokumentation 1, S. 15), so geht die heutige Kinder- und Jugendhilfe von der Hypothese aus, daß die Erziehungsberechtigten zur Erziehung motiviert oder kompetent sind, sein sollten oder gemacht werden können. Es legt daher den Charakter seiner Hilfen zunächst wesentlich als pädagogische Einwirkungen auf die Erziehungs- beziehungsweise Personensorgeberechtigten aus.

Das SGB VIII ist in weiten Teilen ein Familien- oder Erziehungsberechtigtenhilfegesetz, das auch präventiv wirken will. Es berücksichtigt auch die wachsende Zahl von Alleinerziehenden, indem es für diese Gruppe besondere Angebote zur Verfügung stellen will. Schließlich ist die deutliche und im Vergleich zu anderen sozialpolitischen Gesetzen geradezu auffällige explizite Ausrichtung an pädagogischen Zielvorstellungen eine Eigenart des Gesetzes. Die Fixierung von diversen Erziehungszielen anhand der anzubietenden Maßnahmen im Bereich der Kategorie „Leistungen" steht im Kontrast zur quantitativen und qualitativen Unverbindlichkeit der Maßnahmen selbst. *(Orientierung an den Erziehenden)*

Obwohl die meisten Experten beim neuen Kinder- und Jugendhilfegesetz eine weitergehende Stärkung der Kinderrechte im Blick auf Schutz vor Übergriffen auf ihre körperliche und psychische Integrität oder auch die Übernahme der 1990 beschlossenen UN-Kinderrechtskonvention (der Deutschland 1992 beigetreten ist) gefordert haben, wurden die Kinder- und Jugendlichenrechte nur schwach ausgebaut. Erweiterungen liegen in folgenden Bereichen:

● Kinder und Jugendliche müssen „entsprechend ihrem Entwicklungsstand" an allen Entscheidungen der öffentlichen Jugendhilfe beteiligt werden (§ 8). *(Rechte von Kindern und Jugendlichen)*

● Sie haben in einer „Not- und Konfliktlage" das Recht, auch ohne Wissen der Personensorgeberechtigten Beratungsdienste in Anspruch zu nehmen (§ 8).
● Bei allen geplanten Hilfemaßnahmen müssen die Betroffenen über die möglichen Folgen beraten werden (§ 36).
● Wird ein Hilfeplan erstellt, muß das Kind oder der Jugendliche beteiligt werden (§ 36).
● Die Jugendhilfeplanung (§ 80) soll den Interessen und Bedürfnissen der Kinder und Jugendlichen und ihrer Familien Rechnung tragen.

Die Träger der Fürsorgeleistungen sind die Sozial- und Jugendämter auf örtlicher und überörtlicher Ebene sowie die Verbände und andere Organisationen (zum Beispiel kleine Vereine) der freien Wohlfahrtspflege.

Öffentliche und freie Träger Nach dem BSHG (§ 10) und VIII SGB (§ 4) müssen die öffentlichen Träger mit den freien Wohlfahrtsverbänden zusammenarbeiten, ihre Selbständigkeit achten und sie finanziell angemessen unterstützen. Diese Bestimmungen schreiben die historisch überbrachten Funktionen von privaten Initiativen und Organisationen im Fürsorgewesen fest und weisen ihnen in diesem Hilfesystem als vorrangig fungierende Hilfen eine strukturell starke Rolle zu. Neben traditionellen und sozialdogmatischen (Subsidiaritätsverständnis) Erwägungen dürften bei diesem Ordnungsprinzip auch politische und finanzielle Erwägungen ein Grund für die starke Stellung der freien Träger sein:

● Freie Träger helfen öffentliche Kosten sparen, obwohl die Mehrzahl der Verbände je nach Tätigkeitsfeld unterschiedlich, insgesamt aber überwiegend aus öffentlichen Mitteln bezuschußt wird.
● Zwischen nicht wenigen Verbänden der freien Wohlfahrtspflege und den politischen Parteien gibt es politische Allianzen. Durch das Prinzip des Vorrangs freier Träger können beide Seiten profitieren. Die entsprechende Partei findet so Zugang und Einfluß in einem wichtigen gesllschaftlichen Teilbereich und der Verband festigt seine Stellung. Auf lokaler Ebene kann man auf diese Weise häufig personelle und sachliche Verflechtungen von CDU und katholischen Verbänden, von SPD und der Arbeiterwohlfahrt oder von Bündnis 90/GRÜNE und Verbänden der Frauen-, Ausländer- oder Jugendpolitik finden. Diese Allianzen werden öfter mit vordemokratischen Strukturen („Klientelismus") verglichen.

Die Finanzierung der Sozial- und Jugendhilfe erfolgt über Steuern, die rechtlich gesehen von den Ländern, de facto aber ganz überwiegend von den Gemeinden aufzubringen sind. Wenn bei den zentralen Sozialversicherungseinrichtungen Leistungen gekürzt werden, wie dies ja vor allem bei der Arbeitsförderung geschehen ist, so hat das für nicht wenige Arbeitslose zur Folge, daß sie der Sozialhilfe anheimfallen. Die Gemeinden müssen einen immer größeren Teil ihrer finanziellen Mittel für diese Leistungen bereitstellen, ohne daß sie etwa über eine Umstrukturierung des Steuersystems mehr Mittel zur Verfügung gestellt bekommen. In wirtschaftlichen Krisenzeiten mit einer großen Anzahl von Arbeitslosen steigen die Sozialhilfeausgaben der Gemeinden gerade dann, wenn die Steuereinnahmen – die wichtigste Gemeindesteuer ist die konjunkturabhängige Gewerbesteuer – zurückgehen. Die in den Gemeinden aus diesem Dilemma heraus vorgenommenen Kürzungspolitiken haben dann wieder den Bereich der nicht obligatorischen „Leistungen" der Jugendhilfe zum Schwerpunkt. Sozialpolitisch wirken diese Veränderungen als Verschiebung der Finanzierung von Sozialleistungen von Sozialversicherungsbeiträgen auf steuerfinanzierte Leistungen auf Länder- bzw. Gemeindeebene unter gleichzeitigem – wenig spektakulärem und lokal begrenzt scheinendem – Rückbau sozialer Leistungen.

Da die Verbände ihre Aufgaben im Rahmen der Jugend- und Sozialhilfe hauptsächlich über öffentliche Mittel finanzieren – weitere Quellen: Spenden, Sammlungen, Zuwendungen aus Lotterien, Eigenmittel – sind sie von den beschriebenen Entwicklungen grundsätzlich genauso betroffen wie die öffentlichen Träger.

Diskussion

- Warum ist es notwendig, die Verfahren zur Ermittlung der Sozialhilfe-Regelsätze von Zeit zu Zeit zu überarbeiten?
- Warum ist es besonders schwierig, eine Reform der Jugendhilfe politisch durchzusetzen?
- Worin besteht die Zweischneidigkeit der Tatsache, daß nicht wenige Jugend- und Sozialhilfeleistungen nicht als genormte Pflichtleistungen vorgeschrieben sind?
- Warum werden die Sozialhilfe-Regelsätze nicht wie die Renten dynamisiert?

Dokumentation 8

ÜBERSICHT ÜBER DAS BUNDESSOZIALHILFEGESETZ (BSHG)

1. Allgemeines und Bedingungen für den Erhalt der Hilfen

(a) Gewährende Klauseln

● Sozialhilfe soll die Führung eines **menschenwürdigen Lebens** ermöglichen (§ 1, Abs. 2).

● Es soll das **Selbsthilfestreben** der Hilfeempfänger gestärkt und der Versuch gemacht werden, ihnen unabhängig von öffentlicher Hilfe eine Lebenschance zu geben (§ 1 Abs. 2); besonders die **Kräfte der Familie** sollen zur Selbsthilfe angeregt werden (§ 7): Hilfe zur Selbsthilfe.

● Bei der Fallbearbeitung muß die Besonderheit des **Einzelfalles** gewürdigt werden (§ 3).

● Auf Leistungen nach dem BSHG besteht ein **Rechtsanspruch** (§ 4).

● Sozialhilfe hat einzusetzen, wenn dem Träger die Notlage bekannt wird. Ein Antrag ist nicht notwendig. Der Hilfeempfänger muß aber sein Einverständnis geben (**Amtsprinzip**) (§ 5).

● Sozialhilfe soll **vorbeugend** gewährt werden, wenn dadurch eine drohende Notlage im Ansatz abgewendet werden kann (§ 6 Abs. 2).

● Aus Gründen der Wirksamkeit soll die Hilfe im Bedarfsfall auch nach Beseitigung der Notsituation als **nachgehende** Hilfe gewährt werden (§ 6 Abs. 2).

● Die Hilfe soll **familiengerecht** sein (§ 7).

● Die Träger der Sozialhilfe sind **beratungspflichtig** (§ 8 Abs. 2).

(b) Abverlangende Bedingungen

● Die Hilfeempfänger sind verpflichtet, das in ihren Kräften stehende zu tun, um **möglichst bald wieder ohne Hilfe** aus öffentlichen Mitteln leben zu können (§ 1 Abs. 2).

● Die Hilfesuchenden sind verpflichtet, den Sozialhilfeträgern **Einblicke** in ihre persönlichen und finanziellen Verhältnisse **zu gewähren** und bei der Prüfung der Notlage mitzuhelfen: Wer dieser Mitwirkungspflicht nicht nachkommt, kann unter Umständen die Leistung versagt werden (§§ 60–67 Sozialgesetzbuch Teil I).

● Sozialhilfe ist **nachrangig** gegenüber Hilfe aus anderen öffentlichen Mitteln oder von Privatpersonen (§ 2).

● Besondere Wünsche für die Gestaltung der Sozialhilfe werden nur dann akzeptiert, wenn sie nach dem Gesetz angemessen sind und keine unvertretbaren Mehrkosten erfordern (§ 3 Absatz 2).

● Hilfesuchende müssen sich **um Arbeit bemühen** (§ 18); gegebenenfalls soll ihnen Arbeit gegeben werden, notfalls als gemeinnützige oder zusätzliche Arbeit (§ 19 Abs. 2). „Zumutbare" Arbeit muß angenommen werden. Nicht zumutbar sind: Tätigkeiten, die geistig oder körperlich überfordern oder die Ausübung der bisherigen Tätigkeit behindern würden; wenn Kindererziehung oder andere häusliche Pflichten leiden würden (§ 18 Abs. 3).

● **Bedürftigkeitsprüfung** (§§ 76–88): Bei Hilfe zum Lebensunterhalt: Vollanrechnung von Einkommen sowie Teilanrechnung von Vermögen; bei Hilfe in besonderen Lebenslagen Teilanrechnung von Einkommen und Vermögen (aktueller Stand der Freibeträge siehe unten unter 3.).

● **Wirtschaftlichkeit**: Bei „unwirtschaftlichem Verhalten" kann – ebenso wie bei Arbeitsverweigerung – die Hilfe bis auf das „zum Lebensunterhalt Unerläßliche" eingeschränkt werden (§ 25).

2. Arten der Leistungen

(a) Hilfe zum Lebensunterhalt (HLU)

Laufende Leistungen in Form von **Regelsätzen** (§ 21 Abs. 1) für:
● Ernährung, Strom, Wäsche und „kleiner Hausrat", Instandhaltung von Kleidung; Reinigung und Körperpflege sowie andere Bedürfnisse des täglichen Lebens (1. VO zu § 22).
● Der **Eckregelsatz** (EckRS) wird einer alleinstehenden Person bzw. dem Haushaltsvorstand zugestanden (aktuelle Höhe siehe unter 3.). Für Haushaltsangehörige gibt es folgende Regelsätze:
50 % EckRS Kinder bis 7 Jahren (55 % bei alleinerziehendem Elternteil)
65 % EckRS bis zum 14. Lebensjahr
90 % EckRS bis zum 18. Lebensjahr
80 % EckRS vom 19. Lebensjahr an.

Sog. **Mehrbedarf** wird folgenden Personen zugestanden (§§ 23, 24):
20 % über 65 Jahre alten Menschen, Erwerbsunfähigen, Schwerbehinderten (mindestens 50 % Beeinträchtigung) und Schwangeren vom 4. Monat an,
40 % Alleinerziehenden mit einem Kind unter 7 Jahren oder zwei bis drei unter 16 Jahren, Behinderten während einer Maßnahme zur Rehabilitation,
60 % Alleinerziehenden mit vier und mehr Kindern.

● Ferner werden Kosten für **Wohnen** und Beiträge zur Krankenversicherung (Pflichtleistungen) sowie Rentenversicherung (Kannleistung) ...

● **Beihilfen** (einmalig oder in bestimmten Abständen) für: Wäsche, Hausrat, Brennstoff, Renovierung, Schulausgaben, Mietschulen, Renovierung/Umbau, Umzug u. a. (vgl. §§ 21, Abs.1, 15a).

Unterstützung von Personen, die „einzelne für den Lebensunterhalt **erforderliche Tätigkeiten**", z. B. Kochen, Putzen, nicht verrichten können (§ 11, Abs. 3; Verwaltungsvorschriften der Gemeinden).

● **Hilfe zur Arbeit** (§§ 18 ff.): Wenn durch die Hilfeempfänger keine Arbeit gefunden werden kann, „sollen Arbeitsgelegenheiten geschaffen werden", für deren Einrichtungen die Kosten übernommen werden können. Die Löhne aus diesen „zusätzlichen und gemeinnützigen Arbeiten" können die Regelsatzzahlungen ersetzen oder sie als Mehraufwandsentschädigungen aufstocken. Es können auch Arbeitsgelegenheiten geschaffen werden, um die Hilfeempfänger an berufliche Arbeit zu gewöhnen oder ihre „Bereitschaft zur Arbeit zu prüfen" (§ 20).

(b) Hilfe in besonderen Lebenslagen (HBL)

Hilfe zum Ausbau oder zur Sicherung einer **Lebensgrundlage** (§ 30): Beihilfen oder Darlehen (Kannleistungen).

● **Vorbeugende Gesundheitshilfe** und **Krankenhilfe** (§§ 36, 37): Sachleistungen auf GKV-Standard (Kann- bzw. Pflichtleistungen).

● Hilfe bei **Sterilisation** (§ 37a): Sachleistungen (Pflicht).

● Hilfe zur **Familienplanung** (§ 37b): Sachleistungen (Pflicht).

● Hilfe für **Schwangere und Mütter** (§ 38): Sachleistungen auf GKV-Standard (Pflicht).

● **Eingliederungshilfe für Behinderte** (§§ 39–47): Kosten für ambulante und stationäre Behandlung, Hilfs- und Heilmittel, Kosten für Aus-, Fort- und Weiterbildung, Kosten bei Beschäftigung in einer Werkstatt für Behinderte oder Heim (bis zum 21. Lebensjahr besteht für die Eltern die Pflicht, für die Unterhaltskosten aufzukommen – Freibetragsgrenzen für Einkommen siehe unter 3.) (Pflichtleistung).

● **Blindenhilfe** (§ 67): Blindenhilfe (aktuelle Höhe siehe unter 3.), die sich dann um bis zu 50 % verringert, wenn die Person in einem Heim lebt. Personen, die sich weigern, eine „zumutbare" Arbeit zu verrichten oder sich einer Ausbildung zu unterziehen, bekommen keine Blindenhilfe (Pflichtleistung).

● **Hilfe zur Pflege** (§§ 68–69c): Häusliche, teil- und vollstationäre Pflege für Personen, die in der Regel mindestens 6 Monate der Hilfe bedürfen. Gemäß den Kategorisierungen der Pflegeversicherung (siehe 6. Kapitel) drei Pflegestufen („erheblich", „schwer" und „schwerstpflegebedürftig"). **Pflegegeld** in drei Stufen (aktueller Stand: siehe unten) (Pflichtleistung).

● **Hilfen** zur Weiterführung des **Haushalt**s (§ 70): Wenn kein Haushaltsangehöriger zur Verfügung steht und ein Heimaufenthalt vermieden werden kann (Sollbestimmung).

● **Personen mit besonderen Schwierigkeiten** (§ 72): Beratung, Betreuung, Hilfen zur Ausbildung, Erlangung von Erwerbstätigkeit oder Wohnung (Hilfe kann ohne Bedürftigkeitsprüfung gegeben werden): Hilfen für Wohnungslose, Haftentlassene oder sog. Landfahrer (Pflichtleistung).

● **Altenhilfe** (§ 75): Beratung, Wohnungssuche, Hilfe bei Inanspruchnahme von Diensten und Angeboten (Sollbestimmung).

3. Höhe der Geldleistungen und Freibeträge (2000/01)

(a) Geldleistungen

Eckregelsatz HLU gemäß § 22 (Durchschnitt westl. Länder): 546 DM (Ostdt. Länder: 527 DM)

Pflegegeld gemäß § 69a
bei Pflegebedürftigkeit

	„Erheblich"	400 DM
	„Schwer"	800 DM
	„Schwerst"	1 300 DM

Blindenhilfe*
gemäß § 67:

	unter 18 Jahre	542 DM
	über 18 Jahre	1 088 DM

(b) Freibeträge bei der Anrechnung von Einkommen und Vermögen (§§ 76–89)

Freibetrag Einkommen (HBL)	Grundbetrag 1 056 DM
Familienzuschläge in Höhe von 80 % des Regelsatzes Haushaltsvorstand für jedes Haushaltsmitglied.	
Freibetrag Einkommen Eingliederungshilfe für Behinderte und Pflegeleistungen	1 582 DM
Vermögen zum Erhalt von HLU unter 60-jährige	2 500 DM
über 60-jährige u. Erwerbsunfähige	4 500 DM
Vermögen zum Erhalt von HBL allgemeiner Freibetrag	4 500 DM
Freibetrag Blinde und Pflegebedürftige	8 000 DM

* Jährlich Anpassung der Einkommen-Freibeträge wie aktueller Rentenwert (siehe 6. Kapitel)

Dokumentation 9

ÜBERSICHT ÜBER DIE KINDER- UND JUGENDHILFE (VIII. BUCH DES SOZIALGESETZBUCHES)

1. Grundsätzliches

(a) Ziele der Jugendhilfe, pädagogische Grundausrichtung

● Recht jedes jungen Menschen „auf Förderung seiner Entwicklung und auf die Erziehung zu einer eigenverantwortlichen und gemeinschaftsfähigen Persönlichkeit" (§ 1 Abs. 1).

● „Staatliche Gemeinschaft ... wacht" über die Betätigung von Erziehungsrecht und -pflicht der Eltern (§ 1 Abs. 2).

● Jugendhilfe soll junge Menschen „in ihrer individuellen und sozialen Entwicklung fördern und dazu beitragen, Benachteiligungen zu vermeiden oder abzubauen", sie soll Erziehungsberechtigte bei der Erziehung unterstützen, junge Menschen vor Gefahren schützen und dazu „beitragen, positive Lebensbedingungen für junge Menschen und ihre Familien sowie eine kinder- und familienfreundliche Umwelt zu erhalten oder zu schaffen" (§ 1 Abs. 3).

● **Pädagogische Grundausrichtung** der Jugendhilfe
Die Leistungen der Jugendhilfe müssen die Grundrichtung der häuslichen Erziehung bei der „Bestimmung der religiösen Erziehung" und „... die wachsende Fähigkeit und das wachsende Bedürfnis des Kindes oder des Jugendlichen zu selbständigem, verantwortungsbewußtem Handeln ... und (die) kulturellen Bedürfnisse und Eigenarten junger Menschen und ihrer Familien ... beachten". Ferner müssen die geschlechtsspezifischen Lebenslagen berücksichtigt, entsprechende Benachteiligungen abgebaut und die Gleichberechtigung der Geschlechter gefördert werden (§ 9).

(b) Grundsätze

Die **öffentliche** soll mit der **freien** Jugendhilfe „**partnerschaftlich** zusammenarbeiten" (§ 4 Abs. 1).

● Die öffentliche Jugendhilfe muß die Selbständigkeit der freien Jugendhilfe „achten", soll sie fördern, sie soll nachrangig gegenüber Angeboten der freien Jugendhilfe sein (§§ 4 Abs. 2 und 3; 12 Abs, 1; 74).

● Als freier Träger wird anerkannt, wer einschlägige Jugendarbeit leistet, gemeinnützige Ziele verfolgt, fachliche Kompetenzen einsetzt, „die Gewähr für eine den Zielen des Grundgesetzes förderliche Arbeit bietet" und mindestens drei Jahre in der Jugendhilfe tätig ist. Kirchen und die in der Bundesarbeitsgemeinschaft der Freien

Wohlfahrtspflege zusammengeschlossenen Verbände (siehe 11. Kapitel) sind anerkannte Träger (§ 75).

● **Begriffe:** Kinder: Junge Menschen unter 14 Jahren; Jugendliche: Junge Menschen von 14 Jahren an bis unter 18 Jahre; junge Volljährige: Junge Menschen über 18 Jahren bis unter 27 Jahren; junge Menschen: Personen unter 27 Jahren (§ 7).

● **Beteiligung von Kindern und Jugendlichen:** Kinder und Jugendliche müssen an allen sie betreffenden Entscheidungen der öffentlichen Jugendhilfe „entsprechend ihrem Entwicklungsstand" beteiligt werden. Sie müssen in Verfahren bei Vormundschafts- und Verwaltungsgerichten über ihre Rechte informiert werden. Sie haben das Recht, sich in allen Erziehungsfragen an das Jugendamt zu wenden, auch ohne Kenntnis der Erziehungsberechtigten (§ 8).

2. Leistungen der Jugendhilfe

Generell: Öffentliche und freie Träger, sämtliche Leistungen als Soll-Leistungen in Form von Angeboten. Wird den betroffenen Eltern(teilen) oder Kindern bzw. Jugendlichen ein Anspruch auf Erhalt der Leistungen eingeräumt (§§ 17, 18, 24, 28–35a), ist dieser nicht genau festgelegt.

(a) Hilfen für Kinder und Jugendliche

● **Jugendarbeit**: Außerschulische Bildung, Sport, Geselligkeitsangebote, arbeitswelt-, schul- und familienbezogene sowie internationale Jugendarbeit; Kinder- und Jugenderholung sowie -beratung (§ 11), Förderung von Jugendgruppen und Verbänden (§ 12).

● **Jugendsozialarbeit**: Sozialpädagogische Hilfen zur „Eingliederung in die Arbeitswelt" oder Ausbildung, gegebenenfalls unterstützt durch „sozialpädagogisch begleitete Wohnformen" (§ 13).

● **Erzieherischer Kinder- und Jugendschutz**: Pädagogische Angebote an junge Menschen und Erziehungsberechtigte zur kritischen Auseinandersetzung mit „gefährdenden Einflüssen" und zur besseren diesbezüglichen pädagogischen Befähigung der Erziehungsberechtigten (§ 14).

(b) Förderung der Erziehung in der Familie

Familienbildung, **Beratung** zu Entwicklung und Erziehung junger Menschen, Familienfreizeiten und -erholung (§ 16).

● **Partnerschaftsberatung**, Hilfe bei der Entwicklung eines Konzepts der elterlichen Sorge im Falle der Trennung und Scheidung (§ 17).

● Unterstützung bei der **Personensorge**: Beratung, Hilfe bei der Geltendmachung von Unterhaltsleistungen und bei der Feststellung der Vaterschaft; Beratung und andere Unterstützung für diejenigen, denen die elterliche Sorge nicht zusteht (§ 18).

● Unterkunft und **Betreuung für Mütter oder Väter** mit einem Kind unter 6 Jahren, „wenn und solange sie auf Grund ihrer Persönlichkeitsentwicklung" dieser Hilfe bedürfen (§ 19).

● **Unterstützung** im Falle, daß der erziehende Elternteil durch **Krankheit** oder sonstige zwingende Gründe ausfällt (§ 20).

● **Wohnangebote** für Kinder und Jugendliche, deren Eltern aufgrund ihrer Berufstätigkeit (häufiger Ortswechsel) die Erfüllung der Schulpflicht nicht sicherstellen können (§ 21).

(c) Förderung von Kindern in Tageseinrichtungen und Tagespflege

Allgemeine pädagogische Grundsätze zur Erziehung von Kindern in Kindergärten, Horten und anderen Einrichtungen (§ 22).

● Vermittlung von **Pflegepersonen** (Kann-Leistung), die Anspruch auf fachliche Beratung haben. Bei vermittelten Pflegepersonen sollen die Kosten für die Tagespflege ersetzt werden (§ 23).

● Verpflichtung für die Bundesländer, „für einen bedarfsgerechten Ausbau" von Tageseinrichtungen zu sorgen (§ 24).

● „Erziehungsberechtigte, die die Förderung von Kindern selbst organisieren wollen, sollen beraten und unterstützt werden (§ 25).

(d) Hilfen zur Erziehung

Rahmenbedingungen: Mitwirkung und Beratung der Erziehungsberechtigten und jungen Menschen bei anstehenden Entscheidungen bzw. der Erstellung und Überprüfung des Hilfeplans (§ 36); Regelungen zum Inhalt der Personensorge (§ 38); generelle Bestimmung zum Unterhalt bei Fremdunterbringung (§ 39), Hilfe für junge Volljährige und zur Nachbetreuung (§ 41).

● **Erziehungsberatung** (§ 28).

● **Soziale Gruppenarbeit** für ältere Kinder und Jugendliche (§ 29).

● **Erziehungsbeistandschaft** oder „Betreuungshelfer" (§ 30).

● **Sozialpädagogische Familienhilfe** (§ 31).

● Erziehung in einer **Tagesgruppe** (um möglichst eine Heimeinweisung zu verhindern) (§ 32).

● **Vollzeitpflege** in einer anderen Familie (§ 33).

● **Heimerziehung** (§ 34).

● **Intensive sozialpädagogische Einzelbetreuung** (§ 35); Eingliederungshilfen (ambulante, teilstationäre oder stationäre) für seelisch behinderte Kinder und Jugendliche (§ 35a).

3. Andere Aufgaben der Jugendhilfe

Generell: Wahrnehmung durch öffentliche Träger.

(a) Inobhutnahme und Herausnahme

des jungen Menschen aus der Familie oder einer Einrichtung ohne Zustimmung des Personensorgeberechtigten „bei Gefahr für das Wohl des Kindes" oder bei Vernachlässigung oder Mißhandlung. Die Inobhutnahme muß vorgenommen werden, wenn das Kind/der Jugendliche darum bittet. Widersprechen die Erziehungs- bzw. Personensorgeberechtigten einer – ihnen unverzüglich zu meldenden – Inobhutnahme, muß das Kind/der Jugendliche zurückgegeben oder eine Entscheidung des Familiengerichts herbeigeführt werden. Eine Inobhutnahme muß von Amts wegen erfolgen, wenn dies „eine dringende Gefahr für das Wohl des Kindes oder des Jugendlichen erfordert" (§§ 42, 43).

(b) Kontrolle der außerfamilialen Einrichtungen

„Schutz von Kindern und Jugendlichen in Familienpflege und in Einrichtungen": Pflegeerlaubnis und Festlegung der erlaubnisfreien Betreuungen (zum Beispiel als Pfleger, Vormund oder Verwandter) (§ 44); Erlaubnis für den Betrieb einer Betreuungseinrichtung und Fixierung allgemeiner Gründe, die Erlaubnis zu versagen („Wohl der Kinder ... nicht gewährleistet") (§ 45); Meldepflichten für Einrichtungen (zum Beispiel Platzzahl, Qualifikation der Fachkräfte (§ 47).

(c) Mitwirkung in gerichtlichen Verfahren

● Unterstützungsgebot für das Jugendamt bei **Vormundschafts- und Familiengerichtsangelegenheiten** (zum Beispiel Informationen über mögliche Leistungen des Jugendamtes) und Anrufungspflicht des Jugendamtes bei Gericht zur Abwendung einer Gefahr des Kindes oder des Jugendlichen (§ 50).
● **Beratungs- und Belehrungspflicht** des Jugendamtes gegenüber Eltern bei Adoptionsverfahren, wenn die Einwilligung zur Adoption durch Gerichtsbeschluß ersetzt werden soll (§ 51).
● Mitwirkungspflicht und Betreuungsgebot (auch für freie Träger) bei Verfahren nach dem **Jugendgerichtsgesetz** (§ 52).

(d) Beistands-, Pflegschafts- und Vormundschaftsregelungen

● Bei nichtehelichen Kindern Unterstützung bei Vaterschaftsfeststellung und Unterhaltsangelegenheiten (§ 52a).
● Vorschlagsrecht des Jugendamtes von geeigneten Personen oder Vereinen gegenüber dem Vormundschaftsgericht; Kontrolle der Pflegepraxis durch das Jugendamt;

Beratungs- und andere Unterstützungspflicht des Jugendamtes gegenüber den Pflegern und Vormündern (§§ 53, 54).

● Funktionen des Jugendamtes als bestellte oder als Amtsvormundschaft (nichteheliche Kinder); Anwendung der Bestimmungen der §§ 1773ff. des Bürgerlichen Gesetzbuches (BGB) (§§ 56–58).

4. Datenschutzbestimmungen

Daten dürfen nur erhoben, weitergegeben oder gespeichert werden, insoweit der Verwendungszweck dies unmittelbar rechtfertigt; für Planungszwecke müssen die Daten anonymisiert werden (§§ 61–68).

5. Jugendämter

● Pflicht zur Errichtung von Jugendämtern auf örtlicher und Landesjugendämtern auf überörtlicher Ebene (§ 69).

● Organisation: (Landes-)**Jugendhilfeausschuß und Verwaltung** des (Landes-) Jugendamtes nehmen die Aufgaben des (Landes-)Jugendamtes wahr. Die Geschäfte werden vom/von der Amtsleiter/in geführt (§ 70).

● Zusammensetzung der (Landes-) Jugendhilfeausschüsse: 3/5 müssen Mitglied des entsprechenden Parlaments oder von ihm gewählte fachkompetente Personen sein, 2/5 werden vom entsprechenden Parlament als Vertreter/innen der freien Jugendhilfe (Vorschläge der Jugend- und Wohlfahrtsverbände müssen „angemessen" berücksichtigt werden) (§ 71 Absätze 1 und 4).

● Funktion der (Landes-)Jugendausschüsse: Empfehlungen zur Weiterentwicklung der Jugendhilfe, „Befassung" mit Jugendhilfeplanung und Förderung der freien Jugendhilfe; Beschlußrecht über Mittelverteilung, Wahrnehmung des Anhörungsgebotes bei Jugendhilfeangelegenheiten für das Parlament und bei Einstellung eines/r Amtsleiters/in (§ 71 Absätze 2 und 3).

● Gebot zur **Einstellung von Fachkräften**, Sicherstellungspflicht von Fortbildung und Praxisberatung (§ 72).

6. Heranziehung zu den Kosten

Gebühren für einzelne Leistungen der Jugendhilfe sind möglich (zum Beispiel bei Tageseinrichtungen), ansonsten können die Eltern oder Kinder beziehungsweise Jugendlichen bei Leistungen und anderen Aufgaben der Jugendhilfe zu den Kosten herangezogen werden, wenn sie nicht unter die im BSHG (§§ 76–88; siehe Dokumentation 9, S. 133) fixierte Bedürftigkeitsgrenze fallen (§§ 90–93).

9. Kapitel
Soziale Dienstleistungen:
das Feld für die sozialen Berufe

Das finanzielle Gewicht der sozialen Dienstleistungen im gesamten Sozialbudget ist mit rund 1/10 der Ausgaben verhältnismäßig gering. Aber immerhin hat sich der Umfang der Dienste, gemessen am dafür verausgabten Geld, in den letzten 15 Jahren schätzungsweise verdoppelt.

Die immense Bedeutung dieser Leistungen liegt gleichwohl nicht so sehr in ihrer quantitativ-geldlichen, sondern in qualitativer Hinsicht, nämlich darin, daß sie, weil sie am Menschen direkt erbracht werden, eine große Wirksamkeit im Hinblick auf die Veränderungen von Lebenslagen haben können.

Soziale Dienstleistungen stellen kein System der sozialen Sicherung für sich dar, sondern sie sind als Leistungskategorie sowohl in den geld- und sachleistenden Systemen wie auch in den rechtverteilenden Systemen enthalten. Die konkrete Tätigkeit des Verteilens von „sozialem Geld", beispielsweise Ausrechnen der Rente, stellt ja selbst eine Dienstleistung dar, die sozialen Fachkräfte sind per definitionem Dienstleistungsgeber. Aber bestimmte Systeme der sozialen Sicherung sind besonders dienstleistungsrelevant: die Krankenversicherung und ihre gesundheitlichen Dienstleistungen, die Jugend- und Sozialhilfe mit ihren Fürsorgeleistungen und die Arbeitsförderung mit ihrer Arbeitsmarktintegration.

Die im Rahmen der Jugend- und Sozialhilfe sowie der Arbeitsförderung häufig von freien Trägern und/oder Selbsthilfegruppen angebotenen sozialen Dienste richten sich auch besonders an als *sozial schwach angesehene Zielgruppen:*

● Kinder und Jugendliche (zum Beispiel Kindergärten, Jugendfreizeitstätten);
● Familien und Alleinerziehende (zum Beispiel Ehe-, Schwangerschafts-, Familienberatung oder -hilfe);
● ältere Menschen (zum Beispiel Beratungsstellen);
● Mieter- oder Verbraucherberatung;

143

- Dienste zur (Re-)Integration in den Lohnabhängigkeitsstatus (zum Beispiel für Behinderte, Jugendliche, Dauerarbeitslose, Haftentlassene);
- Dienste für Personen in besonderen sozialen Schwierigkeiten (zum Beispiel Obdachlose, siehe § 72 BSHG / 8. Kapitel);
- Dienste für Aus- und Übersiedler, Asylbewerber, Flüchtlinge (siehe hierzu: Bäcker u. a., Bd. 2, 2000, S. 332 ff.).

Als soziale Dienstleistungen sollen hier aber auch soziale Leistungen verstanden werden, die, wie etwa die Gesundheits- oder Fortbildungsleistungen nach GKV beziehungsweise im Rahmen der Arbeitsförderung, sich *nicht unbedingt an „sozial Schwache"* richten.

Vom Inhalt her werden soziale Dienstleistungen gewöhnlich als „beraten", „behandeln", „informieren", „kontrollieren", „pflegen" und „organisieren" beschrieben. Es handelt sich um personenbezogene Dienste, wo – im Gegensatz etwa zu den planenden oder verwaltenden Diensten – die gleichzeitige Präsenz von Produzenten und Konsumenten erforderlich ist. Diese persönlichen Dienstleistungen werden im gleichen Vorgang, wie sie produziert werden, auch konsumiert („uno-actu-Prinzip"). Sie sind als unkörperliche Leistungen schwer technisch rationalisierbar, das heißt: sie sind personal- und damit kostenintensiv.

personen-bezogene Dienstleistungen

Ökonomisch gesehen, können personenbezogene Dienste grundsätzlich auf kommerzieller Basis, also wie beim Warenkauf gegen Entgelt, auf der Basis öffentlicher Leistungsgewährung, also kostenlos oder gegen Gebühren, oder auch im Rahmen privatverbandlicher Organisationen durch Verbände, gegen Mitgliedergebühr, Entgelte oder kostenlos bezogen werden.

Als „soziale Dienstleistungen" werden sie dann bezeichnet, wenn die Anbieter nicht nach gewinnwirtschaftlichen Prinzipien arbeiten (wie zum Beispiel ein Friseur, eine chemische Reinigung oder ein kommerzieller Altenheimbetreiber), sondern von Einrichtungen angeboten werden, die gewinnunabhängig sind: Öffentliche Träger der sozialen Leistungen wie z. B. das Jugendamt, Verbände der freien Wohlfahrtspflege, Stiftungen und andere „Nonprofit-Organisationen" (NPO). Eine personenbezogene Dienstleistung ist somit dann eine „soziale" Dienstleistung, wenn beziehungsweise insoweit sie

„soziale" Dienstleistungen

- von umverteiltem Geld finanziert wird, gleichgültig in welcher Form das geschieht (Sozialversicherungsbeiträge, Steuern, Spenden)

144

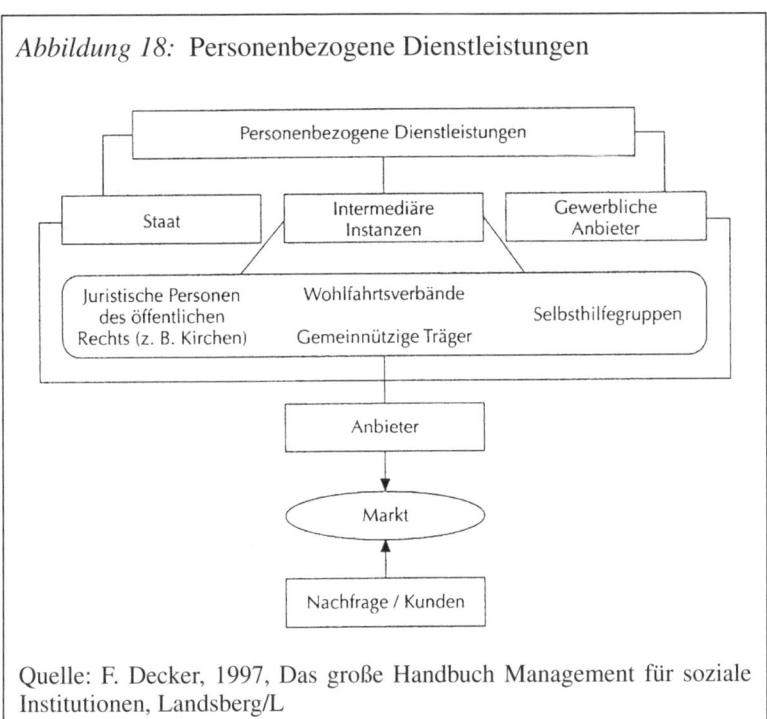

Abbildung 18: Personenbezogene Dienstleistungen

Quelle: F. Decker, 1997, Das große Handbuch Management für soziale Institutionen, Landsberg/L

oder sich darauf gründet, daß die Dienstleistungserbringer auf der Basis freiwilliger bzw. ehrenamtlicher – damit weitgehend kostenfreier – Arbeit tätig werden, und

● die Verbesserung, den Erhalt oder den Schutz von Lebenslagen zum Zweck und Inhalt hat.

Anders als die Geldleistungen, deren Höhe in den meisten Fällen an das individuelle Erwerbseinkommen der Empfänger gekoppelt (Renten, Arbeitslosengeld) oder an Minimalstandards (Sozialhilfe, Wohngeld) orientiert ist, deren Umverteilungsqualität mithin gering ist, gelten die sozialen Dienstleistungen als stark *umverteilungsrelevant,* da

● einige soziale Dienste, wie zum Beispiel die ärztliche Behandlung im Rahmen der GKV, für alle Versicherten und ihre Familienangehörigen gleich und frei sind, obwohl die Konsumenten nicht alle und auch nicht gleiche Beiträge zahlen;

145

- einige Dienste, wie zum Beispiel im Ausbildungssektor, zum Teil ganz bewußt ungleich verstärkt für sozial „Schwache" angeboten werden, um soziale Unterschiede zu mildern (etwa Ausbildungsangebote an arbeitslose Jugendliche);
- einige Dienste aber auch umgekehrt soziale Ungleichheiten schaffen oder vergrößern können, wie etwa durch die Benachteiligung von Frauen oder älteren Arbeitern bei der Umschulungsmaßnahme nach dem SGB III, das aber von allen (nichtbeamteten) Lohnabhängigen durch Beiträge aufgebracht wird.

Gründe für die Ausweitung sozialer Dienstleistungen Angesichts der strategischen Bedeutung der sozialen Dienstleistungen für das Gelingen aller sozialpolitischen Vorhaben und Programme ist es erstaunlich, daß es in der sozialpolitischen Literatur nur wenig über die Gründe ihrer Ausweitung in den letzten Jahren zu erfahen gibt. Grob gesagt kann man hier *drei Argumentationsstränge* feststellen:

- Im Umkreis der Debatte um die „Neue soziale Frage" beziehungsweise der „Trendwende" 1974/75 und schließlich der „politischen Wende" 1982 (Regierungsantritt Helmut Kohl) wurde die Ausweitung der sozialen Dienste als Teiltendenz in der (politisch nicht gebilligten) Gesamttendenz zu mehr Versorgung, Betreuung und Wegnahme von Selbständigkeit gesehen, – aus Gründen des Verbändeegoismus beziehungsweise des (sozialistischen) staatlichen Allmachtstrebens. Dies wurde um so gravierender angesehen, als die „eigentlich Bedürftigen" von der Ausweitung der sozialen Dienste kaum wirklich profitieren und sich so eine „Neue Soziale Frage" (Kinderreiche, Alte, Sozialhilfeempfänger u. a.) herausbilden würde.
- Im Zusammenhang mit der Forderung nach mehr Lebensqualität der frühen 70er Jahre wird die Zunahme der sozialen Dienstleistungen dagegen als Erfolg angesehen. So wird hier darauf hingewiesen, daß die Sozialpolitik seit Mitte der 60er Jahre verstärkt Tendenzen von einer reagierenden hin zu einer präventiven Funktion hervorgebracht hätte (AFG 1969, Jugendhilfereform[versuch], Vorsorgemaßnahmen im Rahmen der GKV). Diese prophylaktischen Leistungen seien nolens volens stark dienstleistungsbetont.
- In beiden Argumentationssträngen spielen in unterschiedlichen Bewertungen als Hintergrundüberlegungen die Thesen von der postindustriellen beziehungsweise Dienstleistungsgesellschaft

146

eine Rolle, die aber auch als eigene Erklärungslinie fungiert. Diese Thesen lehnen sich an die Arbeiten von Jean Fourastié (1954/69) und Daniel Bell (1975) an, die im Kern besagen, daß der – „tertiäre" – Dienstleistungssektor in den hoch entwickelten Volkswirtschaften ein immer stärkeres Gewicht erhalten, daß dies geradezu Merkmal und Bedingung des hohen Entwicklungsstandes der dortigen Güterproduktion sei.

In der Sozialforschung ist immer noch nicht geklärt, ob die *Zunahme der sozialen Dienstleistungen* als Folge der Abnahme privater Dienstleistungen oder umgekehrt die Abnahme privater Dienste als Folge der Zunahme sozialer Dienste zu sehen ist. Die Mehrheit der Autoren tendiert zu der Auffassung, daß die Zunahme aufgrund komplexerer und komplizierterer Lebensverhältnisse erfolge, wodurch sich ein erweiterter Bedarf nach Beratung, Behandlung, Betreuung usw. ergebe. Parallel zu den Veränderungen der modernen Lebensverhältnisse in Richtung auf immer mehr „Parzellierung des Alltags" (Lefèbvre 1947) und „Enttraditionalisierung industriegesellschaftlicher Lebensformen" (Beck 1986) erlitten die traditionalen Verwandtschafts- und/oder Familiensysteme Funktionsverluste im Hinblick auf diese Dienste, so daß die sozialen Dienstleistungen diesen Verlust kompensierten (zum Beispiel in der Altenpflege) und gleichzeitig neuen Bedarfen (etwa nach spezielleren Heilmethoden oder Beratungsdiensten) entsprächen. Durch die Erweiterung der sozialen Dienstleistungen werde aber die Tendenz der Abnahme privater Dienste gefördert.

Verhältnis von privaten zu sozialen Diensten

Bei einer intensiveren Beschäftigung mit den sozialen Dienstleistungen müßte man sich mit *drei Problemkomplexen* auseinandersetzen: mit der (räumlichen) Verteilung von Diensten, mit ihrer Qualität und mit ihren Wirkungen.

(a) Wenn soziale Dienste stark umverteilend wirken, wirkt sich eine ungleiche räumliche Verteilung benachteiligend aus. Fehlen beispielsweise in einem Stadtquartier Kindergärten und kann man diese Möglichkeit für seine Kinder nicht nutzen, dann kann sich benachteiligend auswirken, daß die einem so nicht zur Verfügung stehenden Sozialisationsgehalte (beispielsweise Sozialverhalten in Gruppen, vorschulische Lern- und Erfahrungsangebote) nicht erreichbar sind.

Verteilung sozialer Dienste

Um eine gleichmäßige Verteilung sicherzustellen, hat man in den 70er Jahren umfangreiche Planungs- und Forschungsanstrengungen in Richtung auf „Sozialplanung" unternommen. Hier faßt man die Ein-

richtungen, die soziale Dienstleistungen anbieten, unter dem Begriff „soziale Infrastruktur" zusammen.
So wurden in den Bundesländern Richtwerte zur Versorgung mit Sozialstationen aufgestellt. „Im Durchschnitt geht man für den ländlichen Raum von etwa 15 000 bis 25 000 Einwohnern aus, im städtischen Gebiet variiert die Größenordnung dagegen zwischen 20 000 und 50 000 Einwohnern je Sozialstation (Hinze/Olle/Hilbert 1988: 163).

Oder nach dem Schwangerschaftskonfliktgesetz (1992) müssen die Länder dafür Sorge tragen, daß pro 40 000 Einwohner/innen mindestens eine hauptamtliche Beraterin zur Verfügung steht.

Zum Verteilungs-Ist-Stand hat die einschlägige Forschung folgende Befunde erbracht: Es besteht ein großes Stadt-Land-Gefälle; ein Gefälle besteht auch zwischen Städten oder Stadtteilen mit Arbeiter- und Beamten- beziehungsweise Selbständigenbevölkerung: Arbeiterstädte sind vor allem in den Bereichen Altenheime, Jugend-/Freizeiteinrichtungen, Kindergärten und Bildungsstätten relativ unterversorgt; vor allem bei „sozial schwachen" Bevölkerungsteilen ist entscheidend, daß die Einrichtungen wohnungsnah sind, damit sie angenommen werden.

Qualität (b) Auch bei gleicher beziehungsweise situationsgerechter Verteilung von sozialen Diensten müssen die sozialen Probleme, um derentwillen sie eingerichtet werden, nicht verschwinden oder geringer werden. Ob oder inwieweit dies der Fall ist, hängt davon ab, von welcher Qualität die Dienstleistungen sind. Über Erfolg und damit über die Qualität sozialer Dienstleistungen ist immer noch so gut wie nichts bekannt; die soziologische Wirkungsforschung der Sozialpolitik steckt noch in den Anfängen. In der wissenschaftlichen Beschäftigung mit diesem Thema ist aber unstreitig, daß der Erfolg einer sozialen Dienstleistung davon abhängig ist, daß mehrere der nachfolgenden Voraussetzungen erfüllt sind:
Zunächst muß der „Bedürftige" in der Regel die sozialen Dienste selbst nachfragen (Ausnahme: Beratungzwang beim Arbeitsamt und bei Schwangerschafts-/Konfliktberatung nach § 219 StGB). Man muß sich also nicht nur selbst zur dienstleistungsgebenden Stelle hinbemühen, die „Konsumenten" der Dienstleistungen müssen „selbst zur Bewältigung ihrer Probleme beitragen" (Badura/Gross 1976: 365 f.), indem sie rechtzeitig und weitsichtig ihre Probleme/Bedürfnisse defi-

nieren (zum Beispiel im Krankheitsfall, in der Freizeit). „Sie müssen motiviert und geschickt sein bei der Inanspruchnahme vorhandener Dienstleistungen ... und müssen sich therapiegerecht verhalten." (ebd.) Damit hängt die Effizienz sozialer Dienstleistungen in hohem Maße vom sozialen Handeln der „Konsumenten" ab. Da die genannten sozialen Fähigkeiten bei „sozial Schwachen" weniger ausgeprägt sind, muß man annehmen, daß auch bei bester quantitativer Versorgung mit Diensten ihre Qualität so lange gering ist, wie die sozialen Kompetenzen der Klienten den Voraussetzungen nicht entsprechen. Das Problem besteht also darin, daß sich die Produzenten oder die Produktionsstätten sozialer Dienste zu wenig an den „Konsumenten" der Dienste orientieren beziehungsweise die Klienten zu häufig sich an die Strukturen und Bedingungen der Dienste anpassen (beispielsweise im Hinblick auf Sprache, Test- oder Beratungsrituale). Diese Anpassung wird um so größer sein, je mehr sich die sozialen Dienste vom „Konsumenten" entfernen, je größer also die soziale Distanz zwischen beiden ist und je allgemeiner die Tendenz zur Verrechtlichung, Ökonomisierung, Bürokratisierung, Schematisierung, Zentralisierung und Expertokratisierung der Sozialpolitik ist.

(c) Über Wirkungen sozialer Dienstleistungen gibt es seit Mitte/Ende   Wirkungen
der 70er Jahre, als der sozialpolitische Reformschwung zum Ende kam, eine breite Diskussion. Diskutiert werden hier weniger die Wirkungen von Leistungen im Hinblick auf die vorgegebenen Ressourcen beziehungsweise Ziele („impacts"), sondern Wirkungen im Sinne von „Auswirkungen" auf die allgemeinen Lebenslagen der Betroffenen. Konservative (Schelsky 1978) wie linke Diskutanten (Illich 1979) scheinen sich darin einig, daß das Mehr an sozialen Diensten die Fähigkeit zur Selbstwahrnehmung und eigenen Abhilfe von sozialen Problemen gemindert sowie die Tendenzen zur Entmündigung verstärkt habe.

Diese Entmündigungsthese hat der Amerikaner John McKnight (1979) wohl am drastischsten formuliert. Danach ist der Dienstleistungskunde nur ein „unverzichtbarer Rohstoff" der Dienstleistungsbetriebe, die in erster Linie daran interessiert seien, die Bedürfnisse der Dienstleistenden (etwa Ärzte, Lehrer, soziale Arbeiter) zu befriedigen. Diese (er)fänden auch stets neue soziale Bedürfnisse, die dann wieder durch ein Mehr an sozialen Dienstleistungen befriedigt werden müßten. So werde ein Zustand der „bedienten Gesellschaft" immer manifester.

149

Diese Mehr- beziehungsweise Überproduktion von sozialen Diensten habe auch zur Folge, daß sie selbst neue soziale Probleme beziehungsweise Risiken (beispielsweise Hospitalismus, Anstaltswahnsinn) produzierten oder daß sie „kontraproduktiv" (Illich) seien (zum Beispiel Verkrankung durch das Medizinsystem). Diese so hergestellten sozialen Probleme würden dann vom sozialen Dienstleistungssystem unter den gleichen Auspizien „bearbeitet"; so würden Meta-Probleme produziert.

Die Entmündigung der Dienstleistungskonsumenten werde systematisch dadurch geschaffen, daß die Produzenten sie

(a) in eine Problemrolle drängten („Bedürfnis wird Mangel") und sie sich die exklusive Kompetenz zur Abhilfe anmaßten;
(b) durch Codierung des betreffenden Problems von der Defintion des Problems ausschlössen (Undurchschaubarkeit); und
(c) sie von der Abhilfe- beziehungsweise Erfolgsdefinition eines Problems ausschlössen.

In dieser Kritik der sozialen Dienstleistungen, die auch im Umkreis der Alternativ- beziehungsweise der neuen sozialen Bewegungen vorgetragen wird (siehe Huber 1979), kommt zum Ausdruck, daß wohl bei sehr vielen Dienstleistungen die Kommunikation zwischen Produzenten und Konsumenten gänzlich einseitig praktiziert wird, so daß die „Konsumenten" eben eher „Betroffene" als „Teilnehmer" sind.

Abhilfe-
Strategien

Die *Problemeinsicht der Politiker* in diese Zusammenhänge ist immer noch sehr begrenzt. Es werden allenfalls sehr allgemeine Strategien angeboten, die im übrigen in das jeweilige Gesamt-Sozialpolitikkonzept passen:

(a) Konkret kommen aus dem konservative Sozialpolitik-Lager Vorschläge und mittlerweile auch Vorstöße zur „Entstaatlichung" von Diensten, auch sozialer Dienstleistungen, und zur Reindividualisierung sozialer Leistungen (beispielsweise Vorschläge der Ärzteverbände zur Selbstbeteiligung).
(b) Liberale Positionen fordern „mehr Markt", das heißt Privatisierung und Koppelung der Dienstleistungen an das Einkommen der Empfänger und „Dezentralisierung (Bürgernähe)".
(c) Sozialdemokraten sehen die wichtigsten Aufgaben in der Herstellung von besserer Verteilung, mehr Bürgernähe und mehr Bürgerfreundlichkeit; auch gelte es, den Tatbestand der Nichtinanspruchnahme sozialer Dienstleistungen nicht aus dem Auge zu verlieren.
(d) Der radikalste Vorschlag kommt aus der Alternativbewegung: Man solle durch eine Art „Systembegrenzung" den Zuwachs der vom Staat

verteilten Geldmassen des Sozialprodukts unterbinden und für mehr Primärverteilung kämpfen (Gewerkschaften). Gleichzeitig sollten die Selbsthilfe-Einrichtungen als alternative, das heißt als aktivierende statt entmündigende soziale Dienstleistungen ausgebaut werden.

Bedingt durch die sozialpolitischen Restriktionen seit den 80er Jahren und den Aufschwung der Selbsthilfebewegung ist die wissenschaftliche und erst recht die sozialpolitische Auseinandersetzung mit qualitativen Aspekten (Inhalt, Wirkungen) der sozialen Dienstleistungen in den Hintergrund getreten. Nur die Aktionen von Krankenhaus- und Heimpersonal zum „Pflegenotstand" nach 1988 haben außer auf den Personalmangel auf Probleme bei Pflegebedürftigen hingewiesen, wenn die Dienste nicht oder qualitativ unzureichend erbracht werden. In der Berufs- und Fachdiskussion der sozialen Arbeit spielen diese qualitativen Aspekte der sozialen Dienste im Blick auf das professionelle Profil der sozialen Arbeiter/innen allerdings nach wie vor eine zentrale Rolle. Um wirksame Hilfe leisten zu können, komme es nicht nur darauf an, Theorie- und Handlungswissen anzuwenden, sondern auch darauf, die selbstreflexiven Kompetenzen (Selbstkontrolle) und das methodische Fremdverstehen auszubilden (siehe zum Beispiel Müller 1985).

Diskussion

- Soziale Dienstleistungen sind personalintensiv und werden besonders von freien Trägern der Wohlfahrtspflege angeboten. Welche Gründe hat dies?
- Welchen Nutzen und Nachteile haben Richtwerte zur Ausstattung der sozialen Infrastruktur?
- Warum besteht bei sozialen Arbeiter/innen die Gefahr, daß ihre Dienstleistungen entmündigend wirken?

10. Kapitel
Soziale Rechte: Schutz und Mitbestimmung für die Schwachen?

Die sozialpolitischen Schutzrechte sind älter als die Mitbestimmungsrechte (siehe 3. Kapitel).

Historischer Hintergrund Als Regelung des Normalarbeitstags (Englische Fabrikgesetzgebung 1822 bis 1833: 12-Stunden-Arbeitstag für Jugendliche bis 18 Jahren, 8-Stunden-Tag für Kinder von 9 bis 13 Jahren u. a.) und Verbot der Kinderarbeit (Moral and Health Act, England 1802; Preußisches Regulativ von 1839) wird ihre Gewährung heute als Beginn der sozialpolitischen Tätigkeit der Staaten der Neuzeit angesehen.

Die Schutzrechte gelten inzwischen als voll ausgebaut und für jede Lebenslage angemessen. So gibt es als „Schutz des Schwächeren" (von Hippel 1982) heute Arbeitsrechtsbestimmungen, Schutzrechte für Mieter, Kinder, Jugendliche, Frauen, alte Menschen, Behinderte, Arme oder Verbraucher.

In der sozialpolitischen Diskussion und Literatur werden Schutzrechte von Kindern gegenüber ihren Eltern (zum Beispiel Mißhandlungsverbot nach § 1631 Abs. 2 BGB), Verbraucherschutz oder Rechte von Frauen gegenüber ihren Ehemännern nicht als „soziale" Schutzrechte angesehen.

soziale Schutzrechte Als „soziale" Schutzrechte fungieren lediglich die Schutzrechte für:

● Kinder und Jugendliche (Arbeitsschutz und Schutz in der Öffentlichkeit);
● Lohnabhängige (Arbeits-, Gesundheits- und Kündigungsschutz); Mieter/innen;
● Frauen und Mütter;
● Behinderte und psychisch Kranke (Arbeitsschutz, Betreuungsrecht);
● Erwachsene Heimbewohner/innen.

Es handelt sich in den meisten Fällen um Schutzmaßnahmen für „Schwache" in ihrer Funktion als lohnabhängig Beschäftigte. Das „Soziale" wird demnach de facto definiert als „Ungeschütztsein als

Lohnabhängiger". Als soziale Schutzrechte werden sie auch deshalb definiert, weil die Ausführung und Kontrolle dieser Normen durch soziale Dienste erfolgt. Vergleichsweise ebenso schutzwürdige Tatbestände wie etwa Kinderrechte gegenüber Lehrern oder Eltern werden (deshalb) nicht als „soziale", sondern als „bürgerliche Rechte" definiert und – wenn überhaupt – gewährt.

1. KINDER- UND JUGENDARBEITSSCHUTZ

Der soziale Kinder- und Jugendarbeitsschutz umfaßt – laut Jugendarbeitsschutzgesetz (1960) 1976 (BGBl I, S. 965) – im wesentlichen:

(a) Das Verbot von Kinderarbeit, außer in besonderen Ausnahmefällen (zum Beispiel Theater oder in der Landwirtschaft) bis zum vollendeten 14. Lebensjahr; *Beschäftigungsverbote*

(b) die Beschränkung der Beschäftigung auf 40 Stunden pro Woche beziehungsweise 8 Stunden pro Tag (Ausnahmeregelungen für Landwirtschaft in der Erntezeit); 5-Tage-Woche;

(c) das Arbeitsverbot von Jugendlichen zwischen 20.00 und 6.00 Uhr sowie an Samstagen und Sonntagen (Ausnahmen sind möglich);

(d) besondere Arbeitspausen (bei mehr als 4 1/2 Stunden Arbeitszeit eine Pause von 30, bei mehr als sechs Stunden eine Pause von 60 Minuten) und Urlaub (30 Werktage unter 16 Jahren, 27 Werktage unter 17 Jahren und 25 Werktage unter 18 Jahren);

(e) die Pflicht zur ärztlichen Untersuchung von Jugendlichen;

(f) die Pflicht zur Freistellung von Arbeit an den Berufsschultagen.

2. JUGENDSCHUTZ

Der Jugendschutz (Gesetz zum Schutze der Jugend in der Öffentlichkeit [1951] 1985 – BGBl I, S. 425) als Vorsorge vor außerbetrieblichen und außerfamilialen Gefahren enthält folgende Bestimmungen:

(a) Jugendliche dürfen abends erst vom 16. Lebensjahr an in Gaststätten bis 24 Uhr (ohne Begleitung von Erziehungsberechtigten) verweilen. *Gaststättenbesuche und Alkoholverbot*

(b) Alkoholische Getränke dürfen von Personen unter 16 Jahren in der Öffentlichkeit nicht konsumiert werden, Branntwein darf an Personen unter 18 Jahren nicht verkauft werden.

(c) Der Aufenthalt in Spielhallen oder ähnlichen Einrichtungen ist für Kinder unter 18 Jahren nicht gestattet.

(d) Das Rauchen in der Öffentlichkeit ist für Jugendliche unter 16 Jahren verboten.

Indizierung (e) Bestimmte, als jugendgefährdend angesehene Produkte können durch ein Indizierungsverfahren (Antragsteller: Landesjugendbehörden, Jugendämter, Bundesarbeitsminister) von jugendlichen Käufern/ Benutzern ferngehalten werden (Gesetz über die Verbreitung jugendgefährdender Schriften [1953] 1985 – BGBl I, S. 1502).

Beide Gesetze zum Jugendschutz, das Gesetz zum Schutz der Jugend in der Öffentlichkeit und das Gesetz über die Verbreitung jugendgefährdender Schriften verstehen sich als Erziehungsgesetze. Sie sollen Jugendliche von als Gefahren definierten Umständen (zum Beispiel pornographische Literatur) weghalten („positiver Jugendschutz") und es möglich machen, Personen zu bestrafen, die etwa als Buchhändler oder Gastwirte diese gesetzlichen Bestimmungen mißachten („negativer Jugendschutz").

3. Frauen- und Mutterschutz

Der Frauen- und Mutterschutz bezieht sich ausschließlich auf die erwerbstätigen Frauen:

Schwer- (a) Die weiblichen Beschäftigten sind gemäß § 16 Arbeitszeitordnung arbeitsverbot (1938) vor Tätigkeit im Bergbau, in Kokerien und Stahlwerken sowie vor Schwerarbeit im Baugewerbe und vor Nachtarbeit (20.00 bis 6.00 Uhr) geschützt; ihnen werden zudem besondere Pausen zugestanden (mindestens 20 Minuten bei einer Arbeitszeit von mehr als 4 1/2 Stunden).

Mutter- (b) Der Mutterschutz (Mutterschutzgesetz [1952] 1974 – BGBl I, schaftsrege- S. 469) umfaßt ein Beschäftigungsverbot (6 Wochen vor bis 8 Wochen lungen nach der Entbindung) bei gleichzeitigem Kündigungsschutz (während der Schwangerschaft und bis 4 Monate nach der Entbindung) sowie das Recht auf die Einräumung von Stillzeiten (Mutterschaftsgeld siehe 6. Kapitel, Gesetzliche Krankenversicherung; Erziehungsgeld und -urlaub siehe 7. Kapitel, Familienleistungen).

4. SCHUTZBESTIMMUNGEN FÜR ARBEITER UND ANGESTELLTE

Am umfangreichsten sind die schutzrechtlichen Bestimmungen für Arbeiter und Angestellte. Sie betreffen den Arbeits-, Lohn- und Kündigungsschutz sowie den Schutz tariflicher Abmachungen. Der Kündigungsschutz für Arbeiter und Angestellte gemäß § 622 BGB ist seit 1993 nicht mehr verschieden (Kündigungsfristengesetz). Für beide Gruppen ist die Stärke des Kündigungsschutzes an das Lebensalter und die Länge der Betriebszugehörigkeit gekoppelt, was insgesamt wohl eher die Beschäftigten in Großbetrieben begünstigt, deren Beschäftigungsrisiken eher kleiner sind als bei Beschäftigten in Kleinbetrieben:

(a) Die Grundkündigungszeit beträgt außerhalb von Probezeiten und Aushilfstätigkeiten vier Wochen zum 15. oder zum Ende eines Kalendermonats. In Betrieben mit weniger als 20 Beschäftigten können 4wöchige Fristen ohne festen Termin vereinbart werden. Nach einer Betriebszugehörigkeit (gezählt vom 25. Lebensjahr[!] an) von zwei Jahren gibt es eine Kündigungsfrist von einem Monat zum Monatsende, nach 5jähriger Betriebszugehörigkeit zwei Monate, nach 8jähriger Betriebszugehörigkeit drei Monate, nach 10jähriger vier Monate, nach 12jähriger fünf Monate, nach 15jähriger sechs Monate und nach 20jähriger Betriebszugehörigkeit sieben Monate Kündigungsfrist zum Monatsende. *Kündigungsfristen*

(b) Die Betriebsräte sind zur Kündigung zu hören; sie selber unterliegen besonderen Schutzbestimmungen.

(c) Der Lohnschutz, der zu den ältesten Schutzrechten für Lohnabhängige zählt, umfaßt den Schutz zur bargeldlosen Auszahlung (Truckverbot – § 115 Gewerbeordnung 1869 ff.; siehe unten, Ziffer (5) und in Gaststätten, den Schutz vor Pfändung (Freigrenzen etwa in Höhe des Sozialhilfeniveaus plus durchschnittliche Miete; siehe § 850 Zivilprozeßordnung) und im Konkursfalle (Konkursausfallgeld seit 1974; siehe 6. Kapitel). *Lohnschutz*

(d) Die Betriebs- beziehungsweise Arbeitsplatzsicherheitsmaßnahmen (§ 120 Gewerbeordnung 1869 ff. in der Fassung von 1987 – BGBl I, S. 425) enthält Vorschriften für Unternehmer, Arbeitsräume und Geräte in solchem Zustand zur Verfügung zu stellen, daß die Beschäftigten, soweit wie möglich, vor Gefahren an Gesundheit und Leben geschützt sind. Dazu gehören ausreichendes Licht, Beseitigung von *Arbeitsplatzsicherheit*

Staub, Dünsten, Gasen oder Abfällen, Luftaustausch usw. Hinzu kommen die 1974 erlassenen Lärmschutzrichtlinien. Ferner müssen als „Einrichtungen zur Aufrechterhaltung von Sitte und Anstand" nach Möglichkeit geschlechtsgetrennte Arbeits-, Umkleide-, Wasch- und Toilettenräume zur Verfügung gestellt werden. Das Arbeitsschutzgesetz (1996) faßt die Arbeitsschutzgebote zusammen. Außerdem gewähren spezielle Betriebsschutzmaßnahmen Jugendlichen und Frauen Arbeitsschutz im Winter im Freien, für Arbeiten mit gesundheitsschädlichen Stoffen, oder bestimmte Regelungen, wie etwa die Verordnung über gefährliche Stoffe (1986), legen für Arbeiten mit explosionsgefährlichen beziehungsweise brennbaren oder giftigätzenden Stoffen besondere Schutzmaßnahmen fest. Maßnahmen, wie das Arbeitssicherheitsgesetz (1973 – BGBl I, S. 1885) oder die Arbeitsstättenverordnung (1975 – BGBl I, S. 729), legen die personellen Zuständigkeiten für Betriebssicherheit (Unternehmer, Betriebsräte, Betriebsärzte, Fachkräfte) fest und formulieren die sicherheitsrelevanten Standards für Gebäude, Räume und Wege innerhalb der Betriebe, Beschaffenheit der Arbeitspausen, Anforderungen an Bereitschafts- und Sanitätsräume). Ferner umfassen die nach dem Unfallversicherungsgesetz (§ 708 RVO) zu erlassenden Unfallverhütungsvorschriften der Berufsgenossenschaft (siehe 6. Kapitel) weitere Schutzmaßnahmen.

Heimarbeiter (e) Der Heimarbeiterschutz (1951 – BGBl I, S. 191) geht von einer besonderen sozialen Schwäche der ingesamt rund 150 000 Betroffenen, zu 90 % Frauen, aus (Isolierung). Er umfaßt neben der Anzeigepflicht für die Vergabe von Heimarbeit (Landesarbeitsminister oder Beauftragter) im wesentlichen den Schutz zur unkontrollierten Beschäftigung von Familienmitgliedern, vor Beeinträchtigung des Wohnraums durch die Arbeit mit Lärm oder Gerüchen, vor Umgehen der allgemeinen Arbeitsschutz- beziehungsweise Unfallschutzbestimmungen.

Schwer-behinderte (f) Der Schwerbehindertenschutz (1923/1953/1974, in der Fassung von 1986 – BGBl I, S. 1421) soll einerseits eine Integration von Schwerbehinderten (mindestens 50 % in ihrer Erwerbsfähigkeit geminderte Personen – rund 1 Mio Beschäftigte) in das Erwerbsleben sichern und andererseits ihnen dort besonderen Schutz zuteil werden lassen: Verpflichtungen für Betriebe mit mehr als 20 Beschäftigten, mindestens 5 % ihrer Arbeitsplätze mit Schwerbehinderten zu beset-

zen oder eine „Ausgleichszahlung" für jeden nichtbesetzten Arbeitsplatz – je nach Grad der Untererfüllung der 5 %-Quote – zwischen 200
und 500 DM monatlich zu zahlen (soll zur Finanzierung von Rehabili-
tationsaufgaben verwendet werden); von den rund 1,2 Mio zu beset-
zenden Arbeitsplätzen sind zur Zeit etwa 0,2 Mio nicht besetzt;
Zusatzurlaub von 5 Arbeitstagen pro Jahr; Kündigung nur mit Zustimmung der entsprechenden Hauptfürsorgestelle (Widerspruch dort mit
aufschiebender Wirkung); Kündigungsfrist: mindestens vier Wochen;
„Vertrauensmann" bei mindestens fünf Schwerbehinderten im
Betrieb.

5. KÜNDIGUNGSSCHUTZ

Für *Mieter* (rund 2/3 aller Haushalte) gibt es folgenden Kündigungsschutz:

Kündigungs-
fristen für
Mieter

(a) Die Kündigungsfrist beträgt (§ 565 Absatz 2 BGB) bei einer Mietdauer bis fünf Jahre drei Monate, bei einer Mietdauer bis acht Jahre
vier Monate, bei einer Mietdauer bis zehn Jahre neun Monate und
einer Mietdauer von über zehn Jahren zwölf Monate.
(b) Die Vermieter müssen im Kündigungsfall ein berechtigtes Interesse an der Kündigung nachweisen (Vertragsverletzung des Mieters,
Eigenbedarf oder Eigenverwertung). Gegen diese Kündigungen kann
die sogenannte Härteklausel (§ 556 a BGB) in Anspruch genommen
werden (wenn keine zumutbare Ersatzwohnung gefunden werden
kann, bei hohem Alter, Schwangerschaft, Gebrechlichkeit, große Kin-
derzahl u. ä.), so daß die Kündigung unwirksam wird.

Der Mieterschutz gilt als extrem stark, was zu Klagen der Hausbesit-
zer über sinkende Rendite von Mietwohnungen führte (lange Verweil-
dauer von Mietern, begrenzte Mieterhöhungen aufgrund des Gesetzes
zur Regelung der Miethöhe 1974). Dies wiederum veranlaßte den
Gesetzgeber, von 1983 an, die Härteklauseln bei befristeten Mietver-
trägen (bis fünf Jahre) zu lockern (§ 564 c BGB) und Mieterhöhungen
für länger als fünf Jahre benutzte Wohnungen leichter durchsetzbar zu
machen (siehe § 2 des Gesetzes zur Regelung der Miethöhe).

6. SCHUTZ FÜR BEWOHNER/INNEN IN ALTEN- UND PFLEGEHEIMEN UND ÄHNLICHEN EINRICHTUNGEN

Das Heimgesetz (1974 – BGBl I, S. 1873) stellt einen Schutz für Bewohner/innen in Altenheimen, Altenwohnheimen, Pflegeheimen oder ähnlichen Einrichtungen dar. Es bestimmt im wesentlichen, daß Kontrolle Träger dieser Einrichtungen bei den zuständigen Behörden eine Betriebserlaubnis beantragen und bei Einrichtung und Unterhalt eines Heimes bestimmte bauliche und Ausstattungsmindestanforderungen einhalten müssen:

Vertrags- (a) mit den Bewohner/innen ein Heimvertrag abgeschlossen werden zwang muß (Stärkung der Position der Heimbewohner/innen durch eine Gesetzesnovelle 1990); sich der Träger bei Heimbewohner/innen keinen Vermögensvorteil (zum Beispiel aus möglichen Erbschaften) verschaffen dürfen;

Beiräte (b) die Bewohner/innen das Recht haben, einen Heimbeirat zu wählen, der an der Gestaltung der Heimabläufe (zum Beispiel Erstellung der Hausordnung) mitwirken darf.

7. BETREUUNGSRECHT

Das *Betreuungsrecht* (1992) soll die Rechte der rund 250 000 erwachsenen Personen (westliche Bundesländer) schützen, die aufgrund einer psychischen Krankheit oder einer Behinderung nicht oder nur bedingt imstande sind, ihre Angelegenheiten zu besorgen und die nach altem Recht unter die zwangsweise Vormundschaft oder die Gebrechlichkeitspflegschaft fielen.

Es gibt keine Entmündigung mehr. An ihre Stelle tritt die Betreuung, deren Notwendigkeit und Umfang vom Vormundschaftsgericht auf Antrag der betreffenden Person oder von Amts wegen festgestellt wird (siehe § 1896 BGB). Ebenso wird die Betreuungsperson vom Gericht bestellt, vorrangig sollen natürlich Personen mit dieser Aufgabe betraut werden, nachrangig Betreuungsvereine. Aber immer muß eine personale Betreuung sichergestellt werden.

8. MITBESTIMMUNGSRECHTE

Anders als bei den Schutzrechten sind die Mitbestimmungsrechte –
historisch gesehen – den Arbeitern nicht als den Schwachen, sondern
als den von der Beteiligung in Politik und Gesellschaft weitgehend
Ausgeschlossenen gewährt worden.

Die Möglichkeit zur fakultativen Bildung von Arbeiterausschüssen nach der **Historischer**
Novelle der Gewerbeordnung 1891 wurde in einem entsprechenden Erlaß **Hintergrund**
Wilhelm II. damit begründet, daß dies der „Pflege des Friedens zwischen
Arbeitgebern und Arbeitnehmern" dienen könnte. Das 1916 erlassene Gesetz
über den Vaterländischen Hilfsdienst (Verpflichtung von nicht wehrdienst-
pflichtigen Männern zur kriegsrelevanten Produktion und Versorgung), das
für kriegs- und versorgungswichtige Betriebe mit mehr als 50 Beschäftigen
die obligatorische Einrichtung von Arbeiterausschüssen vorsah, kann man als
Preis für die kriegsloyale Haltung der Arbeiterorganisationen ansehen.

Das 1920 verabschiedete Betriebsrätegesetz baute diese Rechte, eine betriebliche Vertretung der Lohnabhängigen wählen zu können, aus (Betriebsräte in
allen Unternehmen mit mindestens 20 Beschäftigten, Betriebsobmann in
Betrieben mit mehr als fünf Beschäftigten). Die Betriebsräte hatten im
wesentlichen Beratungs- und Informationsrechte, zum Beispiel im Falle von
Entlassungen. Durch ein Ergänzungsgesetz (1922) war es möglich, ein oder
zwei Betriebsratsmitglieder in den Aufsichtsrat des Unternehmens zu entsenden. Das Betriebsrätegesetz von 1920 war sicher nicht so sehr eine Maßnahme
zum Schutz der Schwachen, sondern – politisch – zunächst ein Zugeständnis
oder „Abfangunternehmen" gegenüber radikalen Forderungen in Teilen der
Arbeiterbewegung nach einer Rätedemokratie. Gemäßigtere Teile sahen hier-
in den ersten Schritt zur Verwirklichung der „Wirtschaftsdemokratie", die
nach sozialdemokratischer und gewerkschaftlicher Ansicht neben der Verwirklichung der politischen Demokratie zur Erreichung des demokratischen
Sozialismus realisiert werden müßte.

Daß es hierzu, infolge des Widerstandes im bürgerlichen Lager sowie Unein-
heitlichkeit der Arbeiterbewegung nicht gekommen ist und die in der Weimarer Republik erreichte Mitbestimmung 1934 durch das Gesetz zur Ordnung
der Arbeit zugunsten des Führungsprinzips (Beschäftigte als „Gefolgschaft",
„Vertrauensrat" statt Betriebsrat) beseitigt wurde, hat vor allem die SPD nach
1949 mit dazu angespornt, sich jetzt für eine erweiterte Mitbestimmung einzusetzen.

Das 1952 verabschiedete *Betriebsverfassungsgesetz* (BGBl I, S. 681) **Mitbestim-**
wurde von SPD und Gewerkschaften abgelehnt, weil es zum einen den **mung nach**
öffentlichen Dienst ausklammerte – die Mitwirkung der Beschäftigten **Betriebsver-**
im öffentlichen Dienst sind im Bundespersonalvertretungsgesetz und **fassungs-
gesetz**

159

nachfolgend entsprechende Gesetze auf Länderebene, 1955 geregelt –
und zum anderen die Rechte der Betriebsräte ihnen nicht weit genug
gingen. Die Novellierung des Gesetzes 1972 (BGBl I, S. 13) brachte
zwar keine Vereinheitlichung von öffentlichem Dienst und gewerblicher Wirtschaft (Novelle des Bundespersonalvertretungsgesetzes
1974), aber doch erweiterte Mitbestimmungsrechte:

In Betrieben mit mindestens 5 Beschäftigten kann ein Betriebsrat
gewählt werden, dessen Mitglieder besonderem Kündigungsschutz
unterliegen. Bei einer Zahl von Beschäftigten zwischen fünf und 20
Wahlberechtigten besteht der Betriebsrat aus einer Person; bei 21 bis
50 Wahlberechtigten gehören dem Betriebsrat drei, bei bis zu 150
Wahlberechtigten fünf Personen an. In größeren Betrieben steigt die
Zahl der Betriebsratsmitglieder entsprechend (Angestellte und Arbeiter müssen in Betriebsräten proportional vertreten sein). Der Betriebsrat (öffentlicher Dienst: Personalrat) unterliegt der Kooperations-
(„vertrauensvolle Zusammenarbeit") und Friedenspflicht (Verbot,
sich am Arbeitskampf zu beteiligen) gegenüber dem Unternehmen.

Die kontrollierte Mitbestimmung bezieht sich auf soziale, personelle
und wirtschaftliche Angelegenheiten. Als Grundregel gilt: Je weniger
die Angelegenheit mit der unternehmerischen Dispositionsfreiheit zu
tun hat, desto ausgebauter die Mitbestimmungsrechte und umgekehrt.
In sozialen Angelegenheiten ist demnach das Mitwirkungsrecht des
Betriebsrates am größten (zum Beispiel bei Festlegung der täglichen
Arbeitszeit, Pausen, Verwaltung der sozialen Betriebseinrichtungen,
Entlohnungsgrundsätze). In Personalangelegenheiten hat der Betriebsrat (in Betrieben mit mehr als 20 Beschäftigten) Anhörungsrecht
und – beispielsweise bei Kündigungen – Zustimmungsrecht. In wirtschaftlichen Angelegenheiten kann er (in Betrieben mit mehr als 1 000
Beschäftigten) einen Wirtschaftsausschuß einsetzen, dem ein Informationsrecht zusteht. Ferner besteht Unterrichtungspflicht gegenüber
dem Betriebsrat bei Produktionsänderung, -stillegungen u. ä. und Ko-
operationspflicht bei der Ausarbeitung von Sozialplänen. In Betrieben
mit zwischen 500 und 2 000 Beschäftigten können die Beschäftigten
1/3 des Aufsichtsrates besetzen.

Unterneh-
mensmitbe-
stimmung
Es gibt in Deutschland rund 200 000 Betriebsräte, die etwa 40 % der
Beschäftigten vertreten (NZZ 6./7. 1. 01).

Neben dieser betrieblichen Mitbestimmung gibt es seit dem Krieg in
der Bundesrepublik Deutschland die sogenannte „Mitbestimmung in
Unternehmen", die eine Beteiligung von Beschäftigten in Kapitalge-

160

sellschaften in den für die Politik der Unternehmen wichtigen Aufsichtsräte und Vorstände gewährleisten sollen. Diese Mitbestimmungsrechte greifen also in das Dispositionsrecht der Unternehmer ein. Ihre Verwirklichung war hauptsächlich von gewerkschaftlicher Seite seit den 20er Jahren gefordert worden („Wirtschaftsdemokratie").
Auch in der *Unternehmensmitbestimmung* gibt es keine Politik aus einem Guß, da hier zwei Modelle nebeneinander bestehen: die sogenannte „Montanmitbestimmung" (1951) und die Regelung nach dem „Mitbestimmungsgesetz" von 1976.

Die Montanmitbestimmung wurde erstmals 1947 – vor allem in der britischen Besatzungszone – durch alliiertes Gesetz sichergestellt, um auch hierdurch einen Beitrag zur Entmachtung der in das NS-System integrierten Schwerindustriellen zu leisten. Sie wurde 1951, nachdem die Adenauer-Regierung diese Regelung zunächst abbauen wollte und die Gewerkschaften sehr massiv mit Kampfaktionen gedroht hatten, in ein Bundesgesetz umgewandelt (BGBl I, S. 347).   *Montanmitbestimmung*

Die *Montanmitbestimmung* kennzeichnen folgende Merkmale:

● Sie gilt für alle Betriebe mit mehr als 1 000 Beschäftigten, die überwiegend im Montanbereich tätig sind (heute nur noch ein größeres Unternehmen: Salzgitter AG), oder für Betriebe mit 2 000 Beschäftigten und 20 % Umsatz im Montanbereich/Mitbestimmungsgesetz 1956, das aber weniger Gewerkschaftseinfluß bei der Besetzung der Arbeitnehmerposten im Aufsichtsrat vorsieht);
● sie kennt die volle Parität von Beschäftigten und Unternehmervertretern im Aufsichtsrat (plus ein neutrales Mitglied, auf das sich beide Seiten einigen müssen);
● sie ist durch das Vorschlagsrecht der Gewerkschaften und des Betriebsrates für die Wahl der Arbeitnehmervertreter sehr gewerkschaftsorientiert (siehe Dokumentation 12, S. 158 f.).

Dagegen ist die *Mitbestimmungsregelung von 1976* (BGBl I, S. 1153) nicht so weitgehend. Die in der SPD und den Gewerkschaften seit langem erhobene Forderung nach paritätischer Mitbestimmung in den anderen Wirtschaftsbereichen konnte aufgrund des Widerstandes der FDP innerhalb der sozialliberalen Koalition nicht realisiert werden. Die 1976er Mitbestimmung kennzeichnen folgende „Eckdaten":   *Mitbestimmung nach den Regelungen von 1976*

● Sie gilt für alle Betriebe, die in der Regel mehr als 2 000 Beschäftigte haben;

- sie kennt zwar optisch die volle Parität, schafft aber durch die bindende Vorschrift, daß mindestens ein leitender Angestellter der Arbeitnehmerseite angehören muß, faktisch ein Ungleichgewicht zugunsten der Unternehmerseite;
- sie drängt den Einfluß der Gewerkschaften auf die Wahl der Arbeitnehmervertreter dadurch zurück, daß die Gewerkschaften nur noch 1/3 dieser Vertreter entsenden dürfen; den Rest wählt ein Wahlmännergremium, das von der Belegschaft gewählt wird (siehe Dokumentation 10, S. 163 f.).

Zweifellos wird durch die Mitbestimmung der Einfluß der Beschäftigten gestärkt. Aber eine gleichberechtigte Vertretung wird nicht erreicht, da sich die Unternehmensleitung in einer Kampfabstimmung im Aufsichtsrat durchsetzen kann. Die Beurteilung der erreichten Mitbestimmung ist daher in Literatur und Politik sehr kontrovers. Sie reicht von scharfer Ablehnung im Unternehmerlager über Zustimmung bei den Regierungsparteien und Gewerkschaften bis zur ebenso scharfen Ablehnung am äußersten linken Rand. Eine Gesetzesinitiative der Bundesregierung aus dem Jahr 2000 stieß bei den Unternehmern auf empörte Kritik und auf Wohlwollen der Gewerkschaften.

Diskussion

- Warum werden nicht alle Schwachen (zum Beispiel Kinder, Alte, Kranke) durch entsprechende sozialpolitische Gesetze geschützt?
- Beoachten Sie bitte die Anlässe zur Verabschiedung von Mitbestimmungsgesetzen und versuchen Sie, eine durchgehende Linie festzustellen.
- Was ist Mitbestimmung für Sie? Könnten Sie einem amerikanischen Kollegen das „Modell Deutschland" empfehlen?

MITBESTIMMUNG – ZWEI MODELLE

Die Montan-Mitbestimmung 1951 (vereinfachte Darstellung)

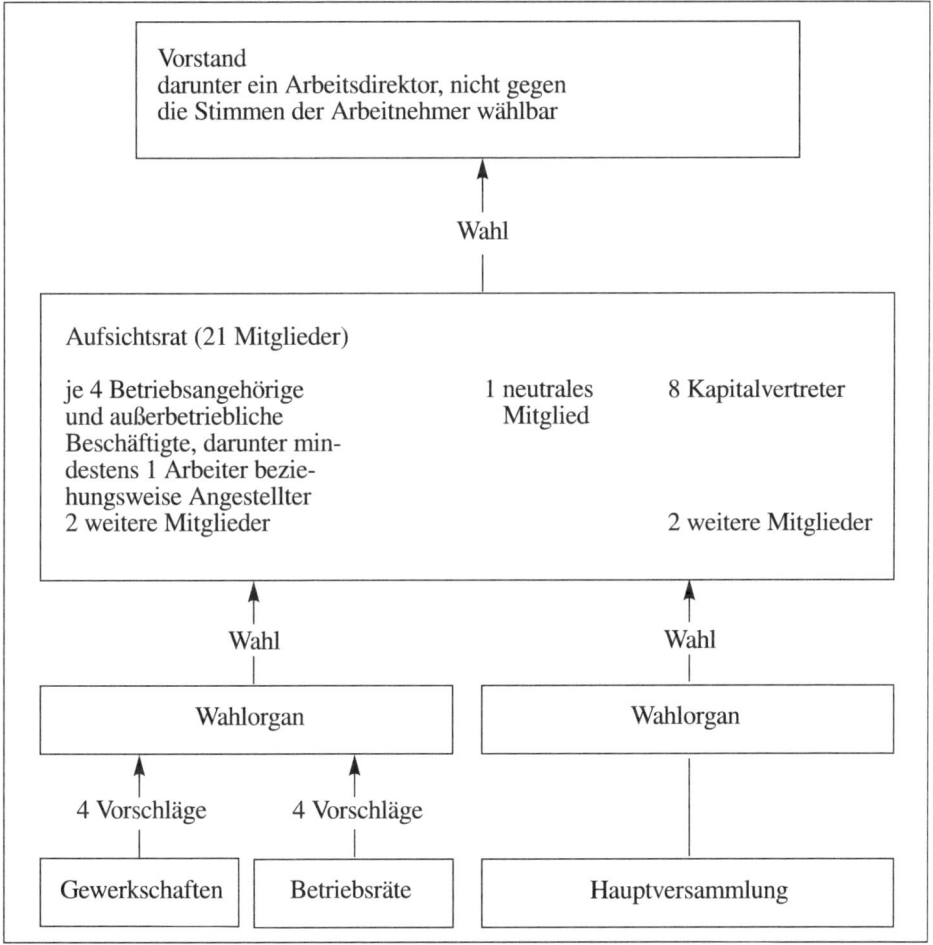

Mitbestimmung nach dem Mitbestimmungsgesetz 1976
(Unternehmen mit mehr als 20 000 Beschäftigten)

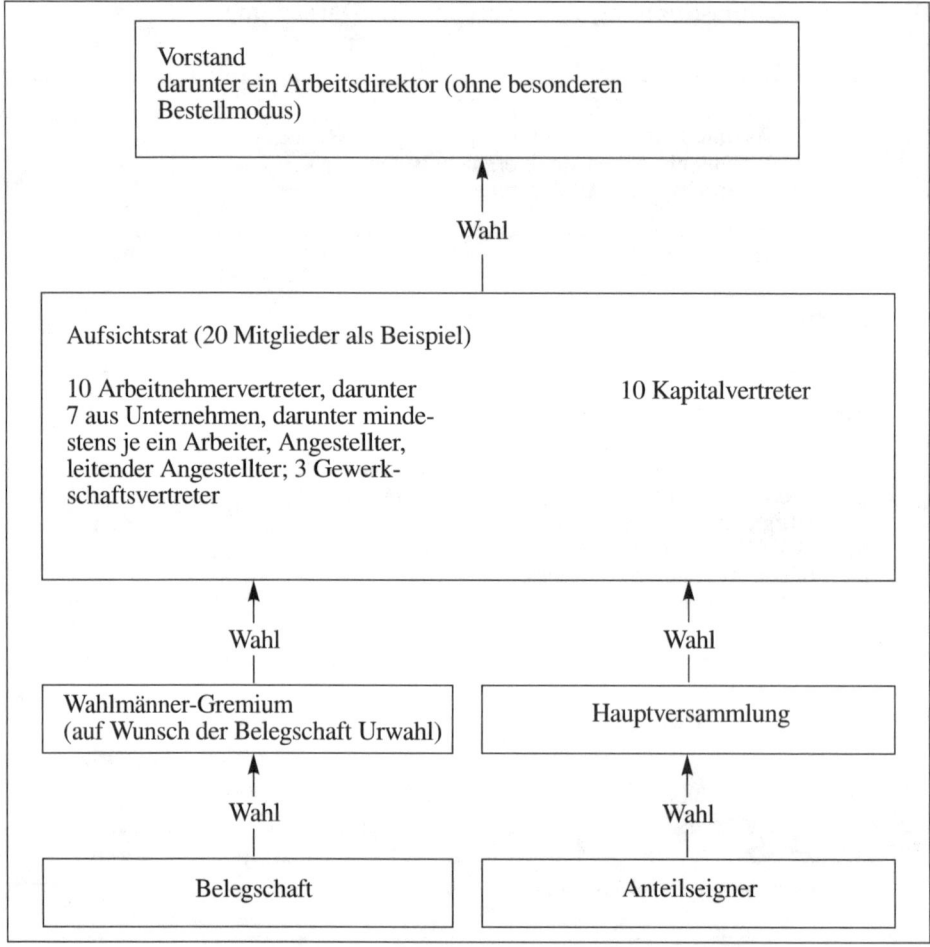

11. Kapitel
Staat, Körperschaften, Verbände: die sozial-politische Träger- und Verbändelandschaft

So vielseitig und unterschiedlich die Formen der sozialen Leistungen sind, so unterschiedlich sind die Formen der Trägerorganisationen, die diese Leistungen erbringen. Diese sind außerdem auch die Anstellungsträger für die sozialen Berufe. Es gibt bundesweit agierende Träger sozialer Dienste wie die Wohlfahrtsverbände in Gliederungen auf lokaler, regionaler, Landes- und Bundesebene (zum Beispiel die Caritas oder die Arbeiterwohlfahrt); es gibt die gesetzliche Krankenkasse in verschiedenen Varianten, auf Orts- oder auf Bundesebene; es gibt die Gesundheitsämter, die kommunalen Jugend- und Sozialämter; die Selbsthilfeorganisationen/-gruppen; die staatlichen Versorgungsämter für die Kriegsopfer und die Berufsgenossenschaften für die Gesetzliche Unfallversicherung (GUV).

Weil es in Deutschland keine planvolle, von einem stabilen und breiten Konsens getragene Sozialpolitik gab, weil nicht wenige ihrer Leistungen das Resultat von kompromißhaften Formeln des kleinsten gemeinsamen Nenners waren, hat man auch bei der Trägerkonstruktion entweder immer wieder neue Formen gesucht, die politisch akzeptiert wurden, ohne daß sie sozialpolitisch zweckmäßig sein mußten, oder an alten Formen festgehalten, wenn neue Trägerformen entwickelt wurden. So wurde zum Beispiel 1911 bei der gesetzlichen Rentenversicherung (GUV) mit Einführung der Angestelltenrentenversicherung ein zentraler Träger (heute die Bundesversicherungsanstalt für Angestellte) neben den nach Ländern bzw. Provinzen gegliederten Landesversicherungsanstalten für die Rentenversicherung der Arbeiter geschaffen. Auf diese Weise wurden nach 1954 die Arbeitsämter mit der Auszahlung des Kindergeldes und die Krankenkassen mit dem Muttergeld betraut. In der Jugendhilfe gibt es ein Neben- und Miteinander von öffentlichen und verbandlich-privaten Trägern, in der Gesetzlichen Krankenversicherung (GKV) existieren bis heute fünf verschiedene Kassentypen.

Grundsätzlich kann man zunächst zwischen staatlichen bzw. kommunalen Trägern, öffentlich-rechtlichen und privaten Trägern unterscheiden:

- Die *staatlichen bzw. kommunalen Träger* sind ein Teil der öffentlichen Verwaltung, zum Beispiel das Wohngeldamt einer Stadt;
- Die *öffentlich-rechtlichen Träger* sind eigene rechtlich induzierte und aufgrund öffentlichen Rechts kontrollierte Träger, zum Beispiel die gesetzlichen Krankenkassen oder die Rentenversicherungsanstalten;
- Die *privaten Träger* sind Vereine, Verbände oder formalschwache Selbsthilfegruppen.
- Daneben gibt es als private Träger *Privatbetriebe*, z. B. GmbHs oder Einzelunternehmungen, die Kindergärten, Pflegedienste oder Jugendfreizeitmaßnahmen anbieten.

Betrachtet man die Trägerstruktur aus der Perspektive der Finanzierung der sozialen Leistungen, so wird deutlich, daß die steuerfinanzierten Sozialleistungen in der Regel staatliche bzw. kommunale Träger haben, wohingegen die Träger der wesentlich beitragsfinanzierten Leistungen öffentlich-rechtlichen Charakter haben, ohne staatlich zu sein. Im Fürsorgebereich, der im wesentlichen steuerfinanziert wird, gibt es ein Nebeneinander von staatlich-kommunalen und privaten Trägern. Will man die Unterscheidung der Leistungen in Versicherungs-, Versorgungs-/Ausgleichs-und Fürsorgeleistungen hier anwenden und eine zunächst grobe Trägertypisierung vornehmen, so ergibt sich die in Abbildung 19 (S. 167) wiedergegebene Klassifizierung.
Die oben drei erstgenannten Träger machen das Gros der Organisationen aus.

Staatliche und kommunale Träger (1) Die *staatlichen und kommunalen Träger der Leistungen nach dem Versorgungs- und Ausgleichsprinzip sowie der Fürsorgeleistungen* finden sich als Sozial- und Jugendämter, als Wohngeldstellen und Ämter für Ausbildungsförderung innerhalb der kommunalen Verwaltungen wieder (siehe zu diesem Themenbereich Kulbach/Wohlfahrt 1994). Die meisten dieser Stellen und Ämter gehören in der Regel – der kommunale Verwaltungsaufbau differiert von Bundesland zu Bundesland – zum Dezernatsbereich „Sozial- und Gesundheitsverwaltung", die Wohngeldstelle ist meist aber dem Dezernatsbereich „Bauverwaltung" unterstellt und gehört dort dem Amt für Wohnungswesen an. Neben dieser horizontalen Einbindung in die kommunale Gemeinde-, Stadt- oder Kreis-Verwaltung sind sie auch vertikal eingebunden. Die Landesämter für Ausbildungsförderung oder die Landesjugend- und -sozialämter sowie die obersten Landesbehörden haben

Abbildung 19: Systeme der sozialen Sicherung und ihre Träger

	staatliche/kommunale Träger	öffentlich-rechtliche Träger	privat-verbandliche Träger
Gesetzliche Rentenversicherung		27 Rentenversicherungsanstalten, darunter 1 BfA (Angestellte), 23 LVA (Arbeiter), 3 weitere zentrale Kassen	
Gesetzliche Krankenversicherung		420 Krankenkassen	
Gesetzliche Unfallversicherung		93 Berufsgenossenschaften, darunter 35 gewerbliche, 20 landwirtschaftliche 9 gemeindliche öffentliche	
Arbeitsförderung		184 Arbeitsämter 11 Landesarbeitsämter 1 Bundesanstalt für Arbeit	
Kindergeld Erziehungsgeld	nach Ländern verschieden: Versorgungs-, Jugend-, Einwohnermeldeämter u. a.	184 Kindergeldkassen Arbeitsämter	
Entschädigung für Kriegsopfer Lastenausgleich	52 Versorgungsämter regional 8 Landesversorgungsämter Ausgleichsämter kommunal Landesausgleichsämter 1 Bundesausgleichsamt		
Ausbildungsförderung Wohngeld	Ämter für Ausbildungsförderung kommunal Landesämter für Ausbildungsförderung Wohngeldämter für 9 000 kommunale Verwaltungseinheiten (Gemeinden/Kreise)	65 Studentenwerke an staatlichen Hochschulen	
Sozialhilfe	Sozialämter für 9 000 kommunale Verwaltungseinheiten 21 Landesbehörden		
Jugendhilfe	über 1 000 Jugendämter 19 Landesjugendämter		6 Verbände der Freien Wohlfahrtspflege mit 123 Regionalstellen bzw. -verbänden sowie mit zahlreichen Ortsstellen/ -vereinen; Selbsthilfegruppen und -organisationen; Initiativen 22 Jugendverbände
Öffentlicher Gesundheitsdienst	Gesundheitsämter für 9 000 Gemeinden/Kreise		

167

im wesentlichen Kontroll- und Weisungsbefugnisse oder sind Widerspruchsinstanzen (zum Beispiel Landesämter für Ausbildungsförderung, Landesausgleichsämter) oder sie haben im wesentlichen eigene gesetzliche Aufgaben der Koordination, des Service, der Mitarbeiterfortbildung u. a. (zum Beispiel die Landesjugendämter). Im Sozial- und Jugendhilfebereich gibt es in den großen Bundesländern noch als überörtliche Träger zwischen Landes- und kommunaler Ebene Landschafts- oder Landeswohlfahrtsverbände (Nordrhein-Westfalen, Baden-Württemberg), bezirklich Sozialhilfeverwaltungen oder Landessozialämter (Bayern, Niedersachsen) oder Landesjugendämter. Mehrere Gemeinden oder Kreise können nach Landesrecht gemeinsam Ämter haben.

Neben diesen kommunalen und kreisangehörigen Ämtern, die nach landesrechtlichen Vorschriften arbeiten, finden sich auf kommunaler Ebene Ämter als Träger sozialer Leistungen, die, wie etwa das Ausgleichsamt, die unterste Verwaltungsebene einer dreizügigen Verwaltung von Bund, Ländern und Gemeinden darstellen. Sie sind nicht Teil der kommunalen Verwaltungen. Gemeinsam ist den kommunalen sozialen Ämtern der behördliche Aufbau. In der Regel sind sie hierarchisch nach dem Prinzip der Einlinienverwaltung strukturiert: In einem Sozialamt gibt es zum Beispiel auf der unteren Ebene die Sachbearbeiter, deren Aufgaben und Zuständigkeit nach Sachgebiet (zum Beispiel Leistungsart) oder/und Klientengruppen (zum Beispiel Anfangsbuchstaben der Namen oder Wohngebiet der Leistungsempfänger/innen) genau bestimmt ist. Die nächsthöhere Ebene, die Vorgesetztenebene mit Weisungsbefugnis und Informationsrecht, die auch für eventuelle Beschwerden gegenüber den Sachbearbeitern/innen zuständig ist, kann zum Beispiel der Sachgebietsleiter sein, dann folgt der Abteilungsleiter und schließlich die Amtsleiterebene, die wiederum dem Dezernenten unterstellt ist. Die politische bzw. parlamentarische Kontrolle, zum Beispiel über die Stadtverordneten oder den Rat, setzt erst auf dieser Ebene ein (siehe Puch 1994).
Direkte Mitwirkung der Betroffenen gibt es nur bei den Ausgleichsämtern nach dem Lastenausgleichsgesetz, wo zwei Betroffene im Ausgleichsausschuß als Beisitzer mitwirken. In den Bereichen der Jugend- und Sozialhilfe gibt es eine indirekte Form der Mitwirkung. In den Jugendhilfe- und Sozialausschüssen der Stadtverordnetenversammlungen oder Räte können neben Verbandsvertretern auch als

sachkundig angesehene Bürger/innen mit Sitz und Stimme mitwirken (siehe Dokumentation 11, S. 132).

(2) Die *öffentlich-rechtlichen Träger der Sozialversicherungseinheiten* sind grob nach zwei verschiedenen Gesichtspunkten aufgebaut, dem Regional- oder dem Berufs- bzw. Branchenprinzip oder der Firmenzugehörigkeit. Die Landesversicherungsanstalten (LVA) als Träger der Arbeiterrentenversicherung sind ebenso wie die Arbeitsämter mit Landesarbeitsämtern und der Bundesanstalt für Arbeit als Träger der Arbeitslosenversicherung bzw. Arbeitsförderung nach regionalen Gesichtspunkten geordnet. Allerdings hält sich die regionale Einteilung der LVA an Länder- bzw. ehemalige preußische Provinzgrenzen oder an Verwaltungsbezirke, wohingegen der Sitz und die Zuständigkeit der Arbeitsämter Bezirkseinteilungen folgen, die nur für die Arbeitsverwaltung Gültigkeit haben und in etwa jeweils einen oder mehrere Landkreise inklusive kreisfreier Städte oder auch nur Städte betreffen.

öffentlich-rechtliche Träger

Gegenüber diesen regional angeordneten Trägern sind die nach dem Berufs-und Branchenprinzip oder nach der Firmenzugehörigkeit angeordneten Träger nicht nolens volens zentral; es gibt also nicht für einen Beruf, Status oder Branche bundesweit je einen Träger. Die Rentenversicherungen der Angestellten, der Bergleute (Knappschaft) oder Seeleute und anderer Berufe sind zentral, ebenso die Ersatz- oder Innungskassen der GKV und einige Berufsgenossenschaften als Träger der GUV (zum Beispiel die Berufsgenossenschaft für Gesundheitsdienst und Wohlfahrtspflege in Hamburg). Aber bei der GUV gibt es innerhalb der Branchen noch regionale Aufteilungen, zum Beispiel sieben Bauberufsgenossenschaften oder 20 landwirtschaftliche Berufsgenossenschaften in den westlichen Bundesländern. Bei den gesetzlichen Krankenkassen gibt es als zentrale oder auch lokale Kassen die Betriebskrankenkassen und – gewissermaßen als Restkasse für diejenigen, die weder qua Berufs- oder Firmenangehörigkeit Mitglied einer Krankenkasse werden – die Allgemeine Ortskrankenkasse (AOK). Wie erwähnt, wurde der Beitritt zu den Kassen 1992 so geregelt, daß allgemeine Beitrittsfreiheit eintreten soll. Bei der GKV spielen die Kassenärztlichen Vereinigungen, öffentlich-rechtliche Körperschaften mit Beitrittspflicht für die niedergelassenen Ärzte/innen, als Vertrags- und Abrechnungsorganisationen für die Vergütung der ärztlichen Leistungen eine wichtige Rolle. Die Studentenwerke als Träger der BAföG-Förderung an Hochschulen sind in der Mehrzahl lokal an eine Hochschule gebunden, in der Minderzahl, wie zum Beispiel in Berlin, umfassen sie mehrere Hochschulen eines Landes.

„Selbstverwaltung" bei Sozialversicherungsträgern

Die Mitwirkung der Betroffenen wird bei den Sozialversicherungsträgern „Selbstverwaltung" genannt. Bei GRV, GKV und GUV sind die Organe, die Vertreterversammlungen und Vorstände, jeweils zur Hälfte mit Vertretern der Unternehmen und der Versicherten besetzt (bei den landwirtschaftlichen Berufsgenossenschaften je 1/3 Selbständige ohne Beschäftigte, Selbständige mit Beschäftigten und Versicherte). Bei der Bundesanstalt für Arbeit und den Arbeitsämtern sind die Verwaltungsausschüsse je zu einem Drittel mit Vertretern der Versicherten, der Unternehmen und der öffentlichen Körperschaften besetzt. Die Gremien haben beschließende bzw. beratende Funktion im Hinblick auf die von den Gesetzen eingeräumten Handlungsspielräume (zum Beispiel freiwillige Leistungen der Krankenkassen), Satzungsrechte oder personalpolitische Kompetenzen. Die Vertreter/innen der Unternehmen werden von den entsprechenden Verbänden delegiert, bei den Versichertenvertretern/innen gibt es Wahlen, die sogenannten Sozialwahlen. Diese finden alle sechs Jahre statt. Es können Gewerkschaften oder freie Gruppen von Versicherten Wahllisten aufstellen. Gibt es nur eine Liste oder werden auf mehreren Listen nur so viele Kandidaten/innen vorgeschlagen wie es in den entsprechenden Gremien Plätze gibt, findet die Wahl nicht statt, und die Vorgeschlagenen sind gewählt („Friedenswahl"). Bei den Sozialwahlen 1993 gab es bei insgesamt mehr als 1 300 Trägern der Sozialversicherungssysteme nur 27 (!), wo tatsächlich gewählt wurde (zum Vergleich: 1986: 35, 1980: 49, 1974: 38, 1968: 52). Die Wahlbeteiligung lag 1993 etwas über 40 %. De facto einigen sich also die Gewerkschaften und freie Gruppen auf die Vertreter- und damit Vorstandsplätze; die Wahl ist also eine Farce. Bei den Studentenwerken gibt es einen Förderungsausschuß, der Härte- und Auslegungsfälle behandelt und dem die Studierenden durch eine/n Vertreter/in angehören müssen.

Verbände der Freien Wohlfahrtspflege

(3) Die sechs großen *Verbände der Freien Wohlfahrtspflege* sind die bekanntesten und gewichtigsten privaten *Träger von Sozialleistungen:* die Arbeiterwohlfahrt mit 38 Landes- und Bezirksstellen sowie mit zahlreichen lokalen (Orts-, Kreis- u. a.) Verbänden, die Diakonie mit 24 gliedkirchlichen Regionalverbänden sowie mit zahlreichen lokalen (Orts-, Kreis- u. a.) Verbänden, die Caritas mit 27 Diözesanverbänden

sowie mit zahlreichen lokalen (Orts-, Kreis- u. a.) Verbänden, der Pari-
tätische Wohlfahrtsverband mit 15 Landesverbänden und 7000 Mit-
gliederorganisationen, das Deutsche Rote Kreuz mit 19 Landesverbänden sowie zahlreichen lokalen (Orts-, Kreis- u. a.) Verbänden und
die Zentralwohlfahrtsstelle der Juden in Deutschland haben als Träger
von Jugendhilfeeinrichtungen (zum Beispiel Kindertagesstätten oder
Beratungsstellen), Sozialhilfeleistungen (zum Beispiel Nichtseßhaftenhilfe), von Leistungen für alte Menschen (zum Beispiel Tageseinrichtungen oder Alten- oder Pflegeheime), Frauen (Frauenhäuser),
Kranke (Krankenhäuser) oder Familien (Familienbildungsstätten)
gerade im Bereich der sozialen Dienstleistungen eine wichtige Funktion. Die Verbände sind auf Bundesebene in der Bundesarbeitsgemeinschaft der Freien Wohlfahrtspflege (BAG) und auf Landesebene
in Landesarbeitsgemeinschaften (LAG) zusammengeschlossen. Die
Spitzenverbände gliedern sich zumeist bis auf die Ortsebene herunter,
so daß sie einen ähnlichen vertikalen Aufbau wie die öffentliche
Sozialadministration haben und auf allen Ebenen der sozialpolitischen
Willensbildung und Verteilung öffentlichen Geldes präsent sind.

Die Wohlfahrtsverbände sind neben den Sozial- und Jugendverbänden
mit etwa 1 Mio Voll- und Teilzeitbeschäftigten, darunter etwa 250 000
Sozialarbeiter/innen und -pädagogen/innen, die wichtigsten Anstellungsträger für soziale Arbeiter/innen; etwa 4/5 davon sind bei den
Caritasverbänden und den Diakonischen Werken beschäftigt. Die Verbände haben in einigen Bereichen der sozialen Sicherung eine
nahezu monopolartige Stellung. So stellen sie in den westlichen Bundesländern etwa 70 % der Plätze in der stationären Jugendhilfe (Hei-
me), 80 % der Kindergarten-, 40 % der Krankenhaus- und 60 % der
Plätze der stationären Altenhilfe. Die großen Wohlfahrtsverbände sind
im Sozialstaat regelmäßig dort stark vertreten, wo Sozialleistungen in
Form personaler Dienstleistungen erbracht und – außer im Krankenhaus – als Fürsorgeleistung vergeben werden. Die Gründe für diese
Aufgabenzuteilung sind mehrschichtig: Zum einen liegen sie in der
Geschichte der sozialen Hilfen. Die Alten-, Kranken-, Armen- oder
Siechenhilfen waren traditionell zuerst Aufgaben der Kirchen oder
kirchlicher Einrichtungen, bevor sie dann zum Teil, etwa in der
Armenhilfe, den Gemeinden zugeschrieben wurden (siehe 3. Kapitel).
Rechtlich gesehen sollen die Dienste der freien Träger sowohl nach
dem Bundessozialhilfegesetz (§ 10 BSHG) wie auch nach dem Kinder-

Bedeutung der Ver-bände im So-zialstaat

171

und Jugendhilfegesetz (§ 4 KJHG) Vorrang vor denen der öffentlichen Träger haben. Mit dieser rechtlichen Konstruktion wird das *Subsidiaritätsprinzip* als Prinzip des Nachrangs der staatlichen nach den privaten, der großen vor den kleinen Trägern (siehe 2. Kapitel) bei gleichzeitigem Unterstützungsangebot für die öffentlichen Träger gegenüber den freien sozialpolitisch umgesetzt. Da es sich bei vielen dieser Dienste, zum Beispiel in der Alten- oder Nichtseßhaftenhilfe, um Tätigkeiten handelt, die für Helfer/innen in psychischer und auch moralischer Hinsicht äußerst belastend sein können, scheint es angemessen zu sein, daß gerade kirchliche und auch andere Träger, die eine explizite Werteorientierung vermitteln können, mit diesen Aufgaben betraut werden. Hinzu kommt, daß die Verbände über ein nicht unbeträchtliches Repertoire an ehrenamtlichen Helfern/innen verfügen (insgesamt rund 1,5 Mio mit abnehmender Tendenz), so daß die Hilfearbeit, finanziell gesehen, außerdem kostengünstiger geleistet wird, als wenn sie ausschließlich von vollbezahlten Arbeitkräften übernommen würde. Schließlich dürfte ein Grund für die Stellung der Wohlfahrtsverbände auch darin liegen, daß diese Leistungen eine Klientel betreffen, die von der im wesentlichen um die abhängige Erwerbsarbeit zentrierte öffentliche Sozialpolitik kaum erreicht wird, daß sie also auch die Funktion haben, die Lücken im sozialen Sicherungssystem zu schließen.

Struktur und Finanzierung Die (Träger-)Verbände auf den verschiedenen Ebenen haben zumeist die Form von Vereinen mit Mitgliederversammlungen, Vorständen und anderen Gremien. Mitglieder können Einzelpersonen und Verbände bzw. andere Organisationen sein. Im Arbeitsalltag der sozialen Fachkräfte ist weniger diese Vereinsseite von Belang als vielmehr die innere Struktur, die, entsprechend den sachlichen Aufgaben, der Behörden- oder Ämterstruktur der staatlichen Träger ähnelt oder gleich ist (siehe Dokumentation 11, S. 179 f.).

Die großen Verbände arbeiten ganz überwiegend mit öffentlichem Geld, das in Form von Personal- oder Sachzuwendungen für bestimmte Aufgaben oder in Form von Erstattungen beziehungsweise Zweckzuschüssen („Pflegesätze") gewährt wird. Zuwendungen erhalten die Verbände zum Beispiel für die Auslandsarbeit (Hilfsaktionen bei Katastrophen), für die Arbeit mit ausländischen Arbeitnehmern/innen, Asylbewerbern oder Flüchtlingen, also dort, wo öffentliche Geldgeber soziales Geld ausgeben, wenn ein (neues) soziales Problem angegangen werden soll. Die Verbände handeln hier quasi im Auftrag der staatlichen und kommunalen Stellen. Und nicht selten werden die Mittel unter den Verbänden kartellmäßig verteilt, wie zum Beispiel bei der Arbeit mit ausländischen Arbeitnehmern/innen. Die Zweckbindung der Mittel (zum Beispiel bei Programmen zur Drogenberatung) bindet die Verbände sozialpolitisch ein und schafft ein Element der Starrheit: Wenn die Verbände und ihre Mitarbeiter/innen die Entstehung neuer sozialer Probleme sehen, aber wegen des festgelegten Handlungsspielraums durch die Mittelbindung nicht ohne weiteres darauf eingehen können (beispielsweise Schuldenprobleme bei Übersiedlern), werden diese Grenzen deutlich. Im günstigsten Fall wird auf Drängen der Verbände mit einer gewissen zeitlichen Verzögerung ein weiteres Hilfsprogramm (zum Beispiel Schuldnerberatung) entwikkelt und öffentlich finanziert. Die andere Finanzierungsart, die Erstattung, die vor allem in den Bereichen „Gesundheitswesen", wo Beitragsmittel über die gesetzlichen Krankenkassen (Krankenhäuser), oder stationäre Jugend- oder Altenhilfe, wo Steuermittel verwendet werden, können ebenfalls dazu führen, daß die Wohlfahrtsverbände zwar sozial präsent bleiben, aber tendenziell eher die finanziell besser abgesicherten Aufgaben wahrnehmen („Pflegesatz-Wohlfahrt") und dabei vielleicht die aktuellen Probleme (zum Beispiel neue Formen der Armut von alleinerziehenden Müttern oder Wohnungslosigkeit) aus dem Blick- und Handlungshorizont verlieren. Neben den öffentlichen verfügen die Verbände auch über eigene Mittel aus Spenden, Sammlungen, Zuwendungen aus Lotterien, Beiträgen oder Vermögen. Die sogenannten „reichen Träger", der Caritasverband und das Diakonische Werk, wenden – so wird geschätzt – bis zu 20 % Eigenmittel auf, die „armen Träger", vor allem die im Deutschen Paritätischen Wohlfahrtsverband zusammengeschlossenen Verbände und die Arbeiterwohlfahrt, nach Schätzungen nur 5 % Eigenmittel und weniger.

(4) Man kann die großen Wohlfahrtsverbände mit einiger Berechtigung als riesige *Selbsthilfeorganisationen* bezeichnen, wurden sie doch, wie die kirchlichen Verbände oder die Arbeiterwohlfahrt, im Zusammenhang mit sozialen Bewegungen im 19. oder Anfang des 20. Jahrhunderts (Innere Mission 1848, Caritasverband 1897, Arbeiterwohlfahrt 1919) von sozial und politisch engagierten Bürgern/innen gegründet. Sie werden aber heute wegen der inzwischen enormen Aufgabenfülle und vor allem der sehr komplexen finanziellen und

Kleinere Verbände und Selbsthilfeorganisationen

173

rechtlichen Verflechtung mit der staatlichen Sozialpolitik nicht mehr als Selbsthilfeeinrichtungen bezeichnet.

Das ist bei anderen, kleineren Organisationen anders, die sich um eine eingegrenztere Aufgabe herum gebildet haben (siehe zu diesem Themenbereich Wohlfahrt/Breitkopf 1995). Verbände, wie die in den 60er und 70er Jahre gegründete Lebenshilfe für geistig Behinderte, die Rheuma-Liga, der Deutsche Kinderschutzbund oder die Deutsche Krebshilfe sind häufig Organisationen von Betroffenen, die mit Hilfe von Experten sich für moderne Arbeitsformen oder Therapien einsetzen und Öffentlichkeitsarbeit machen. Sie arbeiten betroffenenbezogen und professionalistisch. Diese Verbände weisen eine Verbandsstruktur auf und sind über Sach- und Personalzuwendungen in der Regel – wenngleich weniger stark als die Wohlfahrtsverbände – an öffentliche Mittel gebunden. Ähnlich wie die Wohlfahrtsverbände haben sie meist eine Bundesstelle und sind – je nach Größe – in Landes- und Ortsverbände gegliedert. Von diesen *Organisationen der „alten Selbsthilfe"* muß man wiederum die vielzitierte *„neue Selbsthilfe"* der 80er und 90er Jahre unterscheiden. Es handelt sich hierbei um Selbsthilfegruppen und Selbsthilfeorganisationen (Vereine), die in vielen Bereichen der sozialen Arbeit entstanden und tätig sind: Gesundheitsselbsthilfegruppen oder -initiativen, Frauen- und Kindergruppen oder -vereine, Initiativen von alten Menschen, Arbeitslosen, Behinderten und Jugendlichen in selbstverwalteten Einrichtungen (Jugendhäuser, alternative Wirtschaftsbetriebe u. ä.). Man schätzt die Zahl dieser neuen Selbsthilfegruppen und -Organisationen auf rund 40 000 und die Mitwirkenden auf rund 500 000 bis 1 Mio Menschen (Vilmar/Runge 1986). Diese Initiativen versuchen, die Grundsätze der Autonomie, Solidarität und Selbstgestaltung bei gleicher Betroffenheit zu verwirklichen. Es sind Laienorganisationen, die sich allerdings Expertenwissen zunutze machen (zum Beispiel in einem Zentrum für mißbrauchte Kinder). Typisch ist, daß die zunächst meist formalschwachen und selbstbestimmten Selbsthilfegruppen, die eher eine informelle bzw. Netzwerkstruktur von Gleichen unter Gleichen haben, immer dann eine Vereinsstruktur annehmen, wenn sie öffentliche Mittel oder auch Mittel eines Wohlfahrtsverbandes in Anspruch nehmen, um etwa professionelles Berater- oder sonstiges Helfer/innenpersonal einzustellen. Über die Personen- und Sachmittelförderung kann die öffentliche Hand so durchaus Einfluß auf die (häufig gegenüber den etablierten Sozialeinrichtungen zunächst kritisch eingestellten) Initiativen nehmen. Umgekehrt, wie zum Beispiel beim Arbeitsfeld „Kinderschutz", können die neuen Initiativen die etablierten Institutionen beeinflussen und dort Innovationen induzieren.

(5) Neben diesen Trägern sozialer Leistungen gibt es noch *sozialpolitische Verbände und Vereinigungen,* die im Sinne ihrer Verbandszwecke allgemeine Öffentlichkeitsarbeit machen und Fortbildung anbieten oder auf den Gesetz- bzw. die öffentlichen Geldgeber einwirken. Sie sind nicht Träger als Ausführende sozialer Leistungen, aber wichtige sozialpolitische Akteure. Die personelle Verflechtung von Sozialverbänden und öffentlicher Sozialverwaltung ist hier ebenso vorhanden wie bei den Wohlfahrtsverbänden. Die gesetzlichen Krankenkassen haben Bundesverbände, zum Beispiel den AOK-Bundesverband mit Sitz in Bonn. Die Träger der GRV haben einen Zentralverband mit Sitz in Frankfurt, die gewerblichen und landwirtschaftlichen Berufsgenossenschaften haben je einen Haupt- bzw. Bundesverband. Auch die Renten-und Unfallversicherungträger haben eigene zentrale Verbände. Neben diesen Verbänden, die Träger von Leistungen in sich vereinigen, gibt es bei den Versorgungsleistungen Verbände der Betroffenen. Hier sind allein vier Bundesverbände für Kriegs-, Wehrdienstoder Zivildienstopfer und Behinderte tätig; die beiden bekanntesten sind der Verband der Kriegs- und Wehrdienstopfer, Behinderten und Sozialrentner (VdK) und der Reichsbund der Kriegs- und Wehrdienstopfer, Behinderten, Sozialrentner und Hinterbliebenen, beide mit Sitz in Bonn. Im Bereich der Fürsorge gibt es zahlreiche verbandliche Zusammenschlüsse von Sozial- und Jugendhilfeträgern. Die wichtigsten sind: Der Deutsche Verein für öffentliche und private Fürsorge (Frankfurt) oder die Bundesarbeitsgemeinschaft der überörtlichen Träger der Sozialhilfe (Karlsruhe) und die Arbeitsgemeinschaft der Deutschen Hauptfürsorgestellen (Münster).

Verbände von Trägern

(6) Die *Gewerkschaften* und *Arbeitgeberverbände* sind ebenso wie die sozialpolitischen Verbände keine unmittelbaren Träger von sozialen Sicherungssystemen. Sie haben aber in den Vertretergremien der Sozialversicherung starken Einfluß. So stellen die Gewerkschaften, durch Wahl oder Friedenswahl, immer noch den größten Teil der Versichertenvertreter/innen. Dies gilt auch für die Arbeitgeberverbände. Ferner sind sie über die gesetzliche Mitbestimmung (siehe 10. Kapitel) institutionell mit dem Sozialstaat verflochten. In den Mitbestimmungs-

Sozial- und Tarifparteien: Unternehmer und Gewerkschaften

175

gremien gibt es rund 280 000 Betriebsräte, gut 84 000 sind von ihren sonstigen Arbeitsaufgaben auf Kosten der Unternehmen völlig freigestellt. Hinzu kommen einige Tausend Personalräte im öffentlichen Dienst. Die wichtigste sozialpolitische Funktion fällt diesen Organisationen, die sich auf die Vereinigungsfreiheit nach Artikel 9 Grundgesetz berufen, als Tarifparteien bei dem Recht zu, kollektive Tarifverträge abschließen zu können und diese für alle – auch die nichtorganisierten Beschäftigten und Unternehmer – verbindlich erklären zu lassen. Diese Rechte sind im Tarifvertragsgesetz (1949) formuliert, das den Gewerkschaften im übrigen auf der Seite der Beschäftigten allein das Recht einräumt, Tarifpartei zu sein. Da die beiden Sozialparteien, die man gern die „Sozialpartner" nennt, durch die im Tarifvertragsgesetz gewährte Tarifautonomie die Höhe der Löhne bestimmen können und diese wiederum die Höhe der wichtigsten sozialen Geldleistungen (zum Beispiel Renten, Arbeitslosenunterstützungen) determinieren, haben sie eine *Schlüsselfunktion* im Sozialstaat.

Die Unternehmer sind als Sozialpartei in ihrem Dachverband, der Bundesvereinigung der Deutschen Arbeitgeberverbände (Sitz Köln), und in 15 Landes- sowie in 46 Fach- bzw. Branchenverbänden organisiert. Als Wirtschaftsverbände im Sinne von Interessenvertretungsverbänden und Fachverbänden gibt es den Deutschen Industrie- und Handelstag (DIHT) in Bonn mit 11 Landesverbänden für die Industrie- und Handelskammern und den Bundesverband der Deutschen Industrie (BDI) in Köln mit 14 Landesverbänden und 34 Fach- bzw. Branchenverbänden als Mitglieder. Ebenso haben Handel, Handwerk, Banken und andere Wirtschaftsbereiche Verbände, die auf die Gestaltung der Sozialpolitik Einfluß nehmen, die sich wie die Wohlfahrtsverbände zu sozialen Fragen oder bei Gesetzesvorhaben entweder selbst zu Wort melden oder bei öffentlichen Anhörungen ihre Positionen vortragen.

Die Lohnabhängigen sind in Gewerkschaften und Berufsverbänden organisiert. Die wichtigsten Gewerkschaften sind im Deutschen Gewerkschaftsbund (DGB, Sitz: Düsseldorf) vereinigt. Diese „freien", als Einheitsgewerkschaften und als ideologisch ungebundene Vereinigungen konzipierten Zusammenschlüsse organisieren etwa 10 Mio Beschäftigte. Die beiden wichtigsten der 16 Einzelgewerkschaften, die Industriegewerkschaft Metall (IG Metall, Sitz: Frankfurt) und die – auch für die sozialen Fachkräfte tätige – Gewerkschaft

Öffentliche Dienste, Transport und Verkehr (ÖTV, Sitz: Stuttgart) stellen mit knapp 3,0 bzw. 2,0 Mio Mitglieder den Hauptanteil der gewerkschaftlich organisierten Lohnabhängigen. DGB und Einzelgewerkschaften haben Landesbezirke; die Einzelgewerkschaften sind je nach Mitgliederstärke bis zur Orts- und Betriebsebene durchorganisiert. Neben dem DGB gibt es die Deutsche Angestelltengewerkschaft (DAG, Sitz: Hamburg), die in gewisser Weise mit den DGB-Gewerkschaften konkurriert. Die DAG hat rund 0,5 Mio Mitglieder, hat 11 Landesverbände und ist zum Teil bis zur Orts- und Betriebsebene durchstrukturiert. Die im Christlichen Gewerkschaftsbund zusammengeschlossenen 18 Einzelgewerkschaften werden als Richtungsgewerkschaften bezeichnet. Sie haben insgesamt 0,3 Mio Mitglieder. Insgesamt sind in Deutschland rund 37 % der Beschäftigten gewerkschaftlich organisiert; die Mitgliederzahlen gehen zur Zeit insgesamt zurück, allein zwischen 1991 und 1993 um rund 10 %. Deutschland nimmt mit diesem Organisierungsgrad international gesehen einen mittleren Platz ein (zum Vergleich: Frankreich: 10 %, USA: 16 %, Japan: 27 %, Großbritannien: 43 %, Schweden: 85 %). Als wichtigster Berufsverband gilt der Deutsche Beamtenbund mit 1 Mio Mitgliedern, 16 Landes- und 11 Fachverbänden. Daneben gibt es zahlreiche andere Berufsverbände, darunter auch Verbände für soziale Fachkräfte, die aber nicht Tarifpartei im Sinne des Tarifvertragsgesetzes sind.

Die Tarifparteien sind institutionell mit dem öffentlichen Sozialleistungssystem verflochten. Darüber hinaus haben sie wie die anderen sozialen Verbände einen nicht unbeträchtlichen Einfluß auf die Gestaltung der staatlichen Sozialpolitik. Zwischen der staatlichen Sozialbürokratie, von den Ministerien bis zu den örtlichen Sozialverwaltungen, und den diversen Verbänden gibt es enge (auch personelle) Verflechtungen. Die Einflußnahme der Verbände auf den Gesetzgebungsprozeß und die Normensetzung bei der Gesetzesausführung ist intensiv, wie man zum Beispiel bei der Arbeit am Gesundheitsstrukturgesetz oder der Pflegeversicherung sehen konnte. Man spricht in diesem Zusammenhang häufig von einem „Verbändesozialstaat", dessen prekäre Seite darin gesehen wird, daß die staatliche Sozialpolitik tendenziell entweder diffus oder entscheidungsschwach ist; denn sie will möglichst keine Verbandsinteressen verletzen und damit potentielle Wählerklientele verprellen und macht sich zum Spielball oder

Verbände, Sozialstaat/ Korporatismus

177

Handlanger eines oder mehrerer Verbände. Die Konstruktion der Sozialparteien, ihr formeller Einbezug und ihre informelle Bedeutung im Sozialstaat wird als „*Korporatismus*" bezeichnet.
Die verschiedenen Formen, Strukturen und Funktionen von Trägern, Verbänden und Selbsthilfegruppen sind noch einmal in der Abbildung 17 zusammengefaßt.

Abbildung 20: Sozialpolitische Träger und Organisationen

	Grundformen	Strukturen	Funktionen
Staatlich/ kommunale/ öffentlich-recht- liche Träger	behördlich	bürokratisch	Leistungsträger
private Träger	verbandlich	Vereinsstruktur, großenteils zusätzlich bürokratisch	Leistungsträger strukturelle Einbindung personelle Verflechtung Lobby-/Öffentlichkeits-/ Fortbildungsarbeit
	informell	Gruppen-/ Netzstruktur	Lobby-/Öffentlichkeits-/ Fortbildungsarbeit Selbsthilfe

Diskussion

● Welche strukturellen Stärken und Schwächen haben die Verbände der Freien Wohlfahrtspflege im deutschen Sozialstaat?
● Welche Argumente sprechen dafür, die bürokratische Struktur beispielsweise der Sozialämter etwa in Richtung auf teamförmiges Arbeiten zu ändern?
● Sind die neuen Selbsthilfegruppen und -initiativen und -organisationen von heute die kleinen Wohlfahrtsverbände der Zukunft?

178

STANDARDAUFBAU EINER STÄDTISCHEN VERWALTUNG

1 Allgemeine Verwaltung	2 Finanzverwaltung	3 Rechts-, Sicherheits und Ordnungsverwaltung	4 Schul- und Kulturverwaltung	5 Sozial- und Gesundheitsverwaltung	6 Bauverwaltung	7 Verwaltung für öffentliche Einrichtungen	8 Verwaltung für Wirtschaft und Verkehr
10 Hauptamt	20 Stadtkämmerei	30 Rechtsamt	40 Schulverwaltungsamt	50 Sozialamt	60 Bauverwaltungsamt	70 Stadtreinigungsamt	80 Amt für Wirtschafts- und Verkehrsförderung
11 Personalamt	21 Stadtkasse	31 Polizei	41 Kulturamt	51 Jugendamt	61 Stadtplanungsamt	71 Schlacht- und Viehhof	81 Eigenbetriebe
12 Statistisches Amt	22 Stadtsteueramt	32 Amt für öffentl. Ordnung		52 Sportamt	62 Vermessungs- und Katasteramt	72 Marktamt	82 Forstamt
13 Presseamt	23 Liegenschaftsamt	33 Einwohnermeldeamt		53 Gesundheitsamt	63 Bauordnungsamt	73 Leihamt	
14 Rechnungsprüfungsamt	24 Amt für Verteidigungslasten	34 Standesamt		54 Amt für Krankenanstalten	64 Amt für Wohnungswesen	74 Bäderamt	
		35 Versicherungsamt		55 Ausgleichsamt	65 Hochbauamt		
		36			66 Tiefbauamt		
		37 Feuerwehr			67 Garten- und Friedhofsamt		
		38 Amt für Zivilschutz					

ORGANISATIONSPLAN EINES DIAKONISCHEN WERKES AUF KIRCHENKREISEBENE

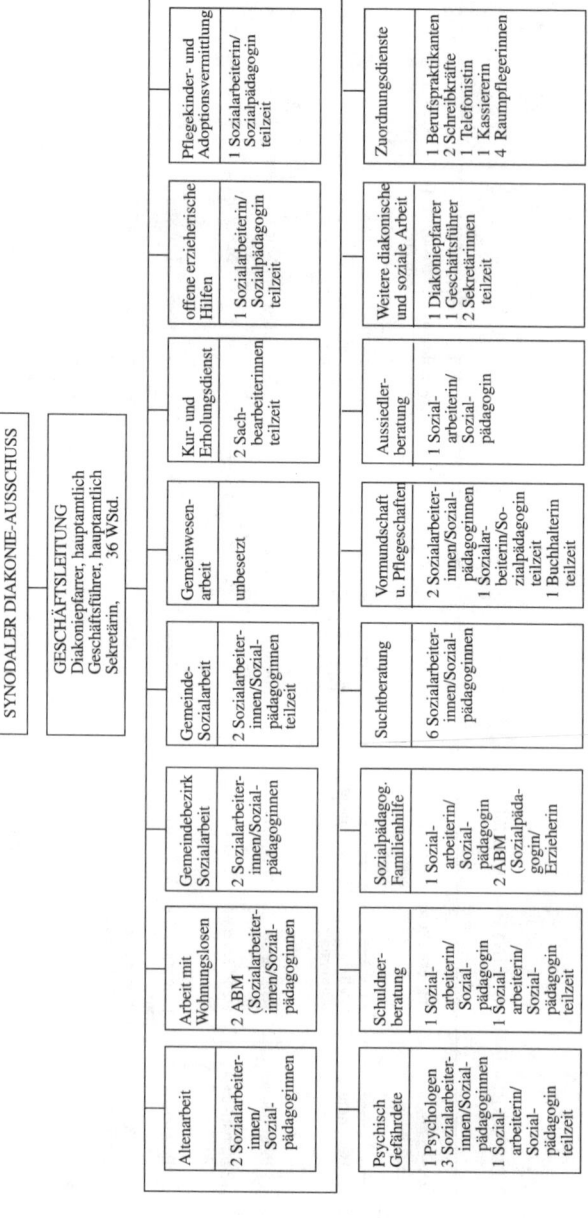

SYNODALER DIAKONIE-AUSSCHUSS

GESCHÄFTSLEITUNG
Diakoniepfarrer, hauptamtlich
Geschäftsführer, hauptamtlich
Sekretärin, 36 WStd.

Altenarbeit	Arbeit mit Wohnungslosen	Gemeindebezirk Sozialarbeit	Gemeinde-Sozialarbeit	Gemeinwesenarbeit	Kur- und Erholungsdienst	offene erzieherische Hilfen	Pflegekinder- und Adoptionsvermittlung
2 Sozialarbeiterinnen/ Sozialpädagoginnen	2 ABM (Sozialarbeiterinnen/Sozialpädagoginnen)	2 Sozialarbeiterinnen/Sozialpädagoginnen	2 Sozialarbeiterinnen/Sozialpädagoginnen teilzeit	unbesetzt	2 Sachbearbeiterinnen teilzeit	1 Sozialarbeiterin/ Sozialpädagogin teilzeit	1 Sozialarbeiterin/ Sozialpädagogin teilzeit

Psychisch Gefährdete	Schuldnerberatung	Sozialpädagog. Familienhilfe	Suchtberatung	Vormundschaft u. Pflegeschaften	Aussiedlerberatung	Weitere diakonische und soziale Arbeit	Zuordnungsdienste
1 Psychologen 3 Sozialarbeiterinnen/Sozialpädagoginnen 1 Sozialarbeiterin/ Sozialpädagogin teilzeit	1 Sozialarbeiterin/ Sozialpädagogin 1 Sozialarbeiterin/ Sozialpädagogin teilzeit	1 Sozialarbeiterin/ Sozialpädagogin 2 ABM (Sozialpädagogin/Erzieherin)	6 Sozialarbeiterinnen/Sozialpädagoginnen	2 Sozialarbeiterinnen/Sozialpädagoginnen 1 Sozialarbeiterin/Sozialpädagogin teilzeit 1 Buchhalterin teilzeit	1 Sozialarbeiterin/ Sozialpädagogin	1 Diakoniepfarrer 1 Geschäftsführer 2 Sekretärinnen teilzeit	1 Berufspraktikanten 2 Schreibkräfte 1 Telefonistin 1 Kassiererin 4 Raumpflegerinnen

12. Kapitel
Perspektiven der sozialen Sicherung

Bei der neueren Diskussion um die Perspektiven der Sozialpolitik, die
nach 1990 einsetzte, geht es nicht allein um die Zukunft des sozialen
Sicherungssytems in Deutschland, insbesondere seiner Finanzierung
bei gleichermaßen wachsenden sozialen Risiken wie Arbeitslosigkeit
oder Armut und wachsenden, international bedingtem Kostendruck
der Unternehmen, mithin um den Kürzungs- oder Rückbaudruck im
Blick auf die Systeme der sozialen Sicherung. Es geht auch nicht so
sehr – wie bei der Diskussion um Zukunftsfragen der Sozialpolitik der
späten 80er Jahre – um die Neuverteilung und Neubewertung der
Arbeit oder um den Einbezug der neuen sozialen Bewegungen in den
Sozialstaat. Diese Fragen werden heute in komplexere Zusammenhänge gestellt, die Perspektivsicht ist sehr viel weiter.

Im allgemeinen hat sich die Sozialpolitik mit *drei Herausforderungen*
auseinanderzusetzen: | drei Heraus-
forderungen

(a) Zum einen muß sie sich mit den *Folgen und Begleiterscheinungen
der wirtschaftlichen Krise* auseinandersetzen. Es handelt sich hier um
eine Rezession mit den bekannten Auswirkungen auf das soziale
Sicherungssystem wie steigende Nachfrage nach sozialpolitischen
Geld- und Dienstleistungen. Allerdings ist diese Rezession mit einem
Wachstumseinbruch von −1,5 % BSP-Wachstum 1993 gegenüber dem
Vorjahr für deutsche Verhältnisse besonders scharf. Zudem gibt es
eine anhaltende Strukturkrise der deutschen Wirtschaft, die der Publi-
zist Konrad Seitz (Zeit 14. Mai 1993) so bewertet: Entweder seien in
Deutschland die Lohnkosten für viele Produkte zu hoch, oder die Pro-
dukte seien bei den hohen Lohnkosten mithin hohen Preisen nicht gut
genug, um sie auf dem Weltmarkt erfolgreich abzusetzen. Wenn die
Lohnkosten (i. e. Preise) hoch seien, die Produkte aber nicht besser als
die der billigeren Konkurrenten, dürfe man nicht jammern, wenn
unrentable Industrien und die dort Beschäftigten Probleme bekämen.
Unter den Bedingungen hoher (inflexibler) Löhne gibt es dort große
Freisetzungen oder Stillegungen. Es wäre nicht das erste Mal, wenn
eine wirtschaftliche Rezession den Katalysator für den Durchgang
eines strukturellen Wandels darstellte. Nach den Thesen von Wolf-

gang Klauder (1991) steht überdies auch ein neuer Technologieschub in Richtung auf Bio-, Licht- oder Solartechnologien an, mit dessen Durchsetzung weitere Strukturveränderungen und soziale Probleme einhergehen würden.

(b) Die zweite Herausforderung ergibt sich aus den *Folgen der „Regulierungskrise" aus dem Zusammenbruch der Kommandowirtschaft der ehemaligen DDR*. Die Vereinigungssozialpolitik kostet den (westdeutschen) Steuer- und Sozialversicherungsbeitragszahler jährlich rund 140 Mrd. DM. Offenbar aber werden die Lasten nicht gerecht verteilt. Das Sparpaket der Bundesregierung für 1993 mit einem Volumen von rund 25 Mrd Kürzungen beispielsweise trifft im wesentlichen die Lohnabhängigen und Sozialleistungsempfänger und mithin diejenigen, die ganz überwiegend die Kosten der deutschen Einheit bezahlt haben.

(c) Eine dritte Herausforderung liegt in den *Auswirkungen der allgemein als Modernisierung bezeichneten gesellschaftlichen Veränderungen*. Zum einen sind hierunter die ambivalenten Phänomene der Individualisierung zu verstehen, die Enttraditionalisierung der Lebensformen mit mehr Entscheidungs- und Handlungsmöglichkeiten und einer damit einhergehenden Verinselung der modernen Menschen sowie mit einem Nachlassen der materiellen und mentalen Bindungskraft der kleinen und großen gesellschaftlichen Kollektive. Diese prekäre Seite der Individualisierung, die Desintegration, die zur „Verpulverisierung der Gesellschaft" führen kann, wird begleitet und überlagert durch eine neue Zweiteilung der Gesellschaft: in Erwerbstätige und Nichterwerbstätige, in Aktive und Alte, Arbeitslose, Behinderte usw. Der Riß zwischen dem einen Drittel der Nichterwerbstätigen und den zwei Drittel der Aktiven wird schärfer. Die Sozialpolitik kommt dem alten Integrationsanspruch, nicht zuletzt aufgrund des Sozialabbaus der 80er Jahre, nicht mehr nach. Parallel zur Modernisierungskrise des Sozialstaats gibt es eine Krise des politischen Systems, die heute populär mit „Politik-, Wahl- oder Parteienverdrossenheit" umschrieben wird. Das politische System scheint nicht nur mehr Handlungs- und Steuerungsprobleme im Blick auf die Weiterentwicklung der sozialen Leistungen zu haben. Es ist selbst ein problematischer Fall im modernen Wohlfahrtsstaat geworden.

Die meisten Autoren der neueren Debatte zu den sozialpolitischen Perspektiven wenden sich entweder den Herausforderungen für die

Sozialpolitik anhand der wirtschaftlichen Schwierigkeiten zu und diskutieren sie im Blick auf die sozialen Kosten, oder sie betrachten die gesellschaftlichen Veränderungen der Gegenwart und Zukunft und ziehen Folgerungen bzw. Forderungen für eine künftige Sozialpolitik. Eine Analyse, die die drei genannten Problemfelder in eine realistische Beziehung setzt, gibt es bisher noch nicht. Reduziert man die Probleme auf die Kosten, kommen Sparstrategien heraus. Geht man von modernisierungsbedingten weiteren Aufgaben der Sozialpolitik aus, zieht dies certeris paribus weitere Kosten nach sich: Die sozialpolitische Lagerbildung „sozialdemokratische Lebenslagensozialpolitik" versus „Prinzip der kurzen Decke" findet sich hier verhüllt und unverhüllt wieder.

Als das Kardinalproblem und als Hauptherausforderung wird die Arbeitslosigkeit angesehen. Da sie die gesamten wirtschaftspolitischen Strategien mit einbezieht, nimmt sie in der Diskussion einen eigenen Raum ein. Mit rund 4,2 Mio registrierten Arbeitslosen in Deutschland war ihre Zahl im April 2000 weiterhin sehr hoch. Seit Mitte der 70er Jahre hat die Arbeitslosigkeit immer über 1 Mio gelegen. Etwa 85 % der Arbeitslosen erhalten Arbeitslosengeld und -hilfe. Es gibt über die ABM-Stellen nach dem AFG und über die Hilfen zur Arbeit nach dem BSHG seit längerem einen sozialpolitisch induzierten zweiten Arbeitsmarkt (rund 430 000 Beschäftigte).

Arbeitslosigkeit als Kardinalproblem

Wie oben im 4. Kapitel dargestellt, wird argumentiert, die Löhne seien zu hoch, die Rahmenbedingungen für die Ökonomie seien überbürokratisiert, was Investitionshemmnisse nach sich ziehe und damit Expansion von Beschäftigungen verhindere. Im übrigen müsse man sich zu einer Entscheidung durchringen, ob man den Aufbruch in eine zweite Technische Revolution mitmachen wolle, mit allen Risiken und Konsequenzen für Arbeitsmärkte, Löhne und Sozialpolitik. Ähnlich will ein Arbeitspapier des Bundeswirtschaftsministeriums zum „Wirtschaftsstandort Deutschland" vom Herbst 1993 – ähnlich wie eine Broschüre des Bundesverbandes der Deutschen Arbeitgeberverbände im Herbst 1994 – Wachstums- und damit Beschäftigungsperspektiven aufzeigen. Die Unternehmer sollen durch Steuererleichterungen und Rückbau sozialer Leistungen Kostenminderungen erhalten – in der Erwartung, daß sie dann wieder mehr investieren und Arbeitsplätze anbieten. Sie sollen politisch ermutigt (Förderungsprogramme) werden, sich verstärkt im Energie-, Umwelt- und Infrastrukturbereich zu engagieren. Dem Staat obliegt die Pflicht, die Deregulierung (bürokratische Hemmnisse bei Bau- und Investitionsvorhaben verkleinern) und Privatisierung (staatliche Ausgaben mindern) voranzutreiben sowie die Effizienz der Verwaltung zu verbessern. Die Staatsverschuldung soll zurückgenommen werden, wodurch zinssenkende Auswirkungen erwartet werden. Die Lohnabhängigen sollen kürzere Ausbildungszeiten (längere Sozialversicherungszeit) und – zumindest im Osten – niedrigere Lohnerhöhungen und weniger öffentliche Sozialleistungen in Kauf nehmen. Kritiker dieser Politik wie zum Beispiel Claus Offe (1987) argumentieren, diese Politiken der Verbesserung der Unternehmerbedingungen (angebotsorientierte Wirtschaftspolitik) und auch die nachfrageorientierte Politik des deficit spending hätten sich als nur sehr begrenzt wirksam zum Abbau von Arbeitslosigkeit erwiesen. Auch die Debatte um die Neuverteilung von Arbeit seit Mitte der 70er habe keine Abhilfe der Beschäftigungsprobleme gebracht; auch die gewerkschaftliche Politik habe hier begrenzte Handlungsfähigkeit. Wie viele andere Autoren fordert er eine Grundsicherung für alle; allerdings müßte dann auch beitrags- und lohnbezogene deutsche Sozialpolitik zur Disposition stehen.

Das Beispiel Arbeitslosigkeit im 6. Kapitel machte deutlich, daß es offenbar eine wachsende Diskrepanz zwischen den sich rasch wandelnden gesellschaftlichen Verhältnissen und der Stuktur sozialstaatlicher Leistungen gibt, die inflexibel sind, im wesentlichen auf sozialversicherungspflichtige Tätigkeiten aufbauen („Normalarbeiterverhältnis") und somit einen immer größeren Anteil der Gesellschaft ausgrenzen (11 % Arme). Diese zunehmende Schere zwischen Bedarfen nach wohlfahrtstaatlichen Gütern und Diensten aus sich verändernden gesellschaftlichen Verhältnissen und starren bis restriktiven sozialpolitischen Leistungssystemen wurde von dem Soziologen Jürgen Habermas (1991) mit dem Theorem der *Entkoppelung von System und Lebenswelt* beschrieben.

Weitere Zukunfts- probleme Neben der Arbeitslosigkeit gibt es weitere gesellschaftliche Bereiche, an denen diese Entkoppelung sichtbar wird: Die demographische Entwicklung, der Bevölkerungsrückgang und die Zunahme der älteren Bevölkerung, bringen die Rentensysteme zunehmend in Finanzierungsprobleme, die nicht unbegrenzt durch eine Kombination von Beitragsatzerhöhungen und Leistungskürzungen bewältigt werden können. Das Sozialhilfesystem kann die immer weiter steigende Anzahl der Einkommensarmen künftig kaum mehr bewältigen. Die Entwicklung der Mieten und die der Lohneinkommen weichen stark

184

voneinander ab; das Wohngeldsystem scheint jetzt schon überfordert und kann immer weniger die Probleme beseitigen oder lindern. Und schließlich weichen die wachsenden Bedürfnisse nach Kinder- bzw. Familieninfrastruktur bei zunehmender Müttererwerbstätigkeit (zum Beispiel Ganztagesplätze für Kinder) stark vom Angebot ab.

Perspektivisch zeichnen sich hierzu folgende Anforderungen an eine künftige Sozialpolitik ab: Die demographische Entwicklung, die Entwicklung der Armut und der Arbeitslosigkeit legen einen Umbau der Rentenversicherung und Sozialhilfe in Richtung auf eine Grundsicherung für alle mit kombinierter (aufgestockter) – einkommens- bzw. arbeitsbezogener – Individualversicherung nahe. *Anforderungen an Sozialpolitik*

Da Deutschland de facto ein Einwanderungsland ist, bzw. um den von vielen Politikern beklagten natürlichen Bevölkerungsrückgang nicht zuletzt mit dem Ziel der zukünftigen Finanzierbarkeit sozialer Leistungen (gleich, ob über Beiträge oder Steuern) zu kompensieren, müßte eine planvolle Einwanderungs-und Ausländerpolitik entwickelt werden, die auch Integrationsleistungen beinhalten sollte.

Um die wachsende Kluft zwischen Wohnbedürfnissen und Mietzins und um die zunehmende innere und äußere Desintegration der Städte aufzuhalten, müßten die sozialpolitischen Einmischungsstrategien auf lokaler Ebene weiterentwickelt werden, die in der Lage sind, langfristig eine neue sozialintegrative Wohnungspolitik zu konstituieren.

Um die Vereinbarkeit von Erwerbstätigkeit von Kindererziehung zu gewährleisten, müßte ein ganzes Ensemble von sozialpolitischen Maßnahmen verwirklicht werden, von arbeitszeitlichen Veränderungen in den Betrieben und Dienststellen über den Ausbau der Kinder-/Jugend-/Familien-Infrastruktur bis hin zu sozialpolitischen Umverteilungen zugunsten von Familien mit Kindern.

Die perspektivische Sozialpolitik müßte sich darüber hinaus auch im Blick auf die wachsende Flexibilisierung der Arbeitskräfte (Qualifikationsveränderungen), den (Wieder-)Einstieg in das Berufsleben (Bildungssystem) und auf die Wünsche nach einem gleitenden Ausstieg aus dem Erwerbsleben im Alter anpassen.

In historischer Perspektive würde die Verwirklichung dieser Reformschritte vielleicht eine dritte Phase der Sozialpolitik bedeuten. *Dritte Phase der Sozialpolitik?*

(a) In der *ersten Phase* mit Beginn der modernen Sozialpolitik ging es um die Absicherung von Arbeitnehmerrisiken, um Krankheit, Berufsunfälle, Altersarmut, Arbeitslosigkeit und neuerdings um Pflegebedürftigkeit. Die Bismarcksche Sozialpolitik war hier der entscheidende Schritt. Die Sozialpolitik als Absicherung von Arbeitnehmerrisiken hat die großen, wesentlich beitragsfinanzierten und in der Höhe der Leistungen an das individuelle Einkommen gekoppelten Systeme geschaffen. Das Sicherungssystem im Risikofall „Armut" wurde fortgeschrieben. Sie sind berufständisch organisiert und damit in der Umverteilungsqualität zwischen den sozialen Gruppen eingeschränkt, bringen aber insgesamt, außer dem Risiko „Arbeitslosigkeit" stabile und – außer bei Armut – wohl auch materiell nicht depravierende Sicherungen. Diese Systeme kommen immer stärker an die Grenzen ihrer Wirksamkeit, wenn – wie seit fast 20 Jahren – Massenarbeitslosigkeit und -armut herrschen, da die nicht Versicherten bzw. nicht Anspruchsberechtigten ausgegrenzt werden und die berufsständische Eingrenzung der Träger sich als Schranke erweist.

(b) In einer *zweiten Phase,* die in der Weimarer Republik begann, wurde die Perspektive der Arbeitnehmerrisiken auf soziale Lebenslagen erweitert. Die Mitbestimmung für die Lohnabhängigen sowie die Leistungen für Mieter oder Jugendliche standen im Vordergrund. Der Ansatz der sozialen Lebenslagen wurde nach dem Zweiten Weltkrieg – die nationalsozialistische Sozialpolitik war ja im Kern um die Kriegsfähigkeit und -absicherung zentriert – ganz besonders in der Zeit der sozialliberalen Regierung forciert, wo neben dem Ausbau der Risikoleistungen die Lebenslagenleistungen für Behinderte, Auszubildende, Heimbewohner/innen oder Arbeitnehmer/innen (Mitbestimmung) ausgebaut oder auch geschaffen wurden.

(c) Die oben aufgezeigten Perspektivanforderungen an die Sozialpolitik weisen in Richtung auf eine *dritte Phase,* nämlich die sozialen Leistungen im Blick auf Lebensphasen zu erweitern oder auch die bestehenden Systeme umzuarbeiten. Demnach müßte sie klar erkennbare Systeme für die Kindheits- und Jugendphase, die Familien-, die Erwerbs- und die Altersphase haben sowie für besondere soziale Gruppen wie Ausländer oder Behinderte entsprechende Systeme schaffen. Die im 4. Kapitel erwähnten Einteilungen der Systeme der sozialen Leistungen nach Funktionen, beispielsweise Familie, stellen indes nur nachträgliche Etikettierungen der bestehenden Mischorientierung aus Risiko-, Lebenslagen- und Lebensphasensozialpolitik dar und forcieren eine rationale Weiterentwicklung der Sozialpolitik nicht. Bei der Familienpolitik und anderen Teilsystemen der sozialen Sicherung orientieren sich die Typen der Leistungen, ihre Höhe und

Trägerschaften an politischen Daten wie Koalitionsfrieden oder Besitzstandswünsche der Träger und weniger an der sachgerechten Umsetzung beispielsweise der Wünsche der berufstätigen Mütter (und Väter) nach ausreichenden, pädagogisch zufriedenstellenden und alltagsgerechten Tageseinrichtungen für ihre Kinder.

Da es auch in Zukunft keinen sozialpolitischen Konsens in Deutschland geben wird, über dessen Ausgestaltungsbreite dann gestritten werden könnte und müßte, ist es eher wahrscheinlich, daß sich die fälligen und zum Teil auch schon gewollten *Weiterentwicklungen der Sozialpolitik* nach dem *gleichen Muster* vollziehen werden wie schon seit jeher: *kleinster gemeinsamer Nenner,* starke (wahl- bzw. macht-) politische Überformung und weitere, durchaus auch der Lebensphasenorientierung entsprechende neue Teile im Patchwork „Sozialpolitik".

187

VERZEICHNIS DER ABBILDUNGEN

VERZEICHNIS DER DOKUMENTATIONEN

Literatur

Abendroth, Wolfgang: Zum Begriff des demokratischen und sozialen Rechtsstaates im Grundgesetz der Bundesrepublik Deutschland. In: Aus Geschichte und Politik. Festschrift zum 70. Geburtstag von Ludwig Bergstraesser, Düsseldorf 1954, S. 279 ff.

Allmendinger, Jutta/Ludwig-Mayerhofer, Wolfgang (Hrsg.): Soziologie des Sozialstaats, München 2000

Badura, Bernhard/Gross, Peter: Sozialpolitische Perspektiven. München 1976

Bäcker, Gerhard/Bispinck, Reinhard/Hofemann, Klaus/Naegele, Gerhard: Sozialpolitik. (2 Bde.) Köln 1989; 3. überarb. u. erw. Auflage, Wiesbaden 2000

Beck, Ulrich: Risikogesellschaft. Auf dem Weg in eine andere Moderne. Frankfurt a. M. 1986

Bell, Daniel: Die postindustrielle Gesellschaft. Frankfurt a. M. 1975

Bellermann, Martin: Sozialpolitik. In: Handwörterbuch zur politischen Kultur der Bundesrepublik. (Hrsg. von Martin Greiffenhagen u. a.) Opladen 1981, S. 464 ff.

ders.: Subsidiarität und Selbsthilfe. Entwicklungslinien in der Sozialstaatsdiskussion und heutige Aktualität. In: Neue Subsidiarität: Leitidee für eine zukünftige Sozialpolitik? (Hrsg. von Rolf G. Heinze) Opladen 1986, S. 92 ff.

ders.: Gesetzliche Rentenversicherung – hat der ‚Generationenvertrag‘ eine Zukunft?, in: Aktualitätendienst Gesellschaft Politik Wirtschaft Ausgabe 2000, Stuttgart 2000, S. 54 ff.

Bermbach, Udo/Blanke, Bernhard/Böhret, Carl (Hrsg.): Spaltungen in der Gesellschaft und die Zukunft des Sozialstaats. Opladen 1990

Blasche, Siegfried/Döring, Diether (Hrsg.): Sozialpolitik und Gerechtigkeit, Frankfurt/New York 1999

Böhnisch, Lothar/Arnold, Helmut/Schröer, Wolfgang: Sozialpolitik. Eine sozialwissenschaftliche Einführung, München 1999

Brück, Gerhard W.: Allgemeine Sozialpolitik. Köln 1976

Bundesminister für Arbeit und Sozialordnung (Hrsg.): Soziale Sicherheit. Bonn 1986

ders.: Übersicht über das Sozialrecht, Bonn 2000

Claessens, Dieter/Klönne, Arnold/Tschoepe, Armin: Sozialkunde der Bundesrepublik Deutschland. Reinbek 1989

Decker, Franz: Das große Handbuch Management für soziale Institutionen Landsberg/L 1997

Dietz, Berthold/Eißel, Dieter/Naumann, Dirk (Hrsg.), Handbuch der kommunalen Sozialpolitik, Opladen 1999

Flierl, Hans: Freie und öffentliche Wohlfahrtspflege. München 1982
Forsthoff, Ernst: Der Staat der Bundesrepublik Deutschland. München 1971
Fourastier, Jean: Die große Hoffnung des 20. Jahrhunderts. Köln 1954
Frerich, Johannes: Sozialpolitik. München 1987
Geremek, Bronislaw: Geschichte der Armut. München/Zürich 1988
Hartwich, Hans-Hermann: Sozialstaatspostulat und gesellschaftlicher Status quo. Köln 1970
Hauser, Richard (Hrsg.): Reform des Sozialstaats (2 Bde.) Berlin 1997, 1998
Heinze, Rolf G./Hombach, Bodo/Scherf, Henning (Hrsg.): Sozialstaat 2000. Bonn 1987
Heinze, Rolf G./Olk, Thomas/Hilbert, Josef: Der neue Sozialstaat. Freiburg 1988
Heinze, Rolf G./Schmid, Josef/Strünck, Christoph: Vom Wohlfahrts-Staat zum Wettbewerbsstaat, Opladen 1999
Hippel, Eike von: Der Schutz des Schwächeren. Tübingen 1982
Huber, Joseph: Zwischen Supermarkt und Sozialstaat: Die neue Abhängigkeit des Bürgers. In: Entmündigung durch Experten. Zur Kritik der Dienstleistungsberufe. Reinbek 1979, S. 129 ff.
Illich, Ivan: Die Enteignung der Gesundheit. Reinbek 1975
ders.: Entmündigende Expertenherrschaft. In: Entmündigung durch Experten. Zur Kritik der Dienstleistungsberufe. (Hrsg. von Ivan Illich u. a.) Reinbek 1979, S. 7 ff.
Informationen zur politischen Bildung 215 (1987): Themenheft „Der Sozialstaat" (hrsg. von der Bundeszentrale für politische Bildung)
Knight, John Mc: Professionelle Dienstleistung und entmündigende Hilfe. In: Entmündigung durch Experten. Zur Kritik der Dienstleistungsberufe. (Hrsg. von Ivan Illich u. a.) Reinbek 1979, S. 37 ff.
Kulbach, Roderich/Wohlfahrt, Norbert: Öffentliche Verwaltung und Soziale Arbeit. Eine Einführung für Soziale Berufe. Freiburg 1994
Lampert, Heinz: Sozialpolitik. Lehrbuch der Sozialpolitik. Berlin 1985
Lefebvre, Henry: Kritik des Alltagslebens. (2 Bde.) München (1947) 1975
Leibfried, Stephan/Tennstedt, Florian (Hrsg.): Politik der Armut und die Spaltung des Sozialstaats. Frankfurt a. M. 1985
von Maydell, Bernd/Kannengießer, Werner (Hrsg.): Handbuch Sozialpolitik. Pfullingen 1988
Molitor, Bruno: Soziale Sicherung. München 1987
Müller, Burkhard: Die Last der großen Hoffnungen. Weinheim/München 1985
Nell-Breuning, Oswald: Das Subsidiaritätsprinzip. In: Theorie und Praxis der sozialen Arbeit. 1/1976, S. 6 ff.
Neumann, Lothar F./Schaper, Klaus: Die Sozialordnung der Bundesrepublik Deutschland. Bonn 1998

Offe, Claus: Sozialstaat und Beschäftigungskrise: Problem der Sicherung der sozialen Sicherung. In: Sozialstaat 2000. (Hrsg. von Rolf G. Heinze) Bonn 1987, S. 53 ff.

Opielka, Michael/Ostner, Ilona (Hrsg.): Umbau des Sozialstaats. Essen 1987

Puch, Hans-Joachim: Organisation im Sozialbereich. Eine Einführung für soziale Berufe. Freiburg 1994

Rawls, John: Eine Theorie der Gerechtigkeit. Frankfurt a. M. 1975

Riedmüller, Barbara/Rodenstein, Marianne (Hrsg.): Wie sicher ist die soziale Sicherung? Frankfurt a. M. 1989

Scharpf, Fritz Wolfgang: Von der Finanzierung der Arbeitslosigkeit zur Subventionierung von Erwerbseinkommen. In: Gewerkschaftliche Monatshefte 7/1993, S. 433 ff.

Schellhorn, Walter: Ausgewählte Fragen des Sozialhilferechts. In: Nachrichtendienste des Deutschen Vereins für öffentliche und private Fürsorge 7/1989, S. 223 ff.

Schelsky, Helmut: Der selbständige und der betreute Mensch. Frankfurt a. M. 1978

Scherpner, Hans: Theorie der Fürsorge. Göttingen 1962

Scheuner, Ulrich: Die neuere Entwicklung des Rechtsstaats. In: Rechtsstaatlichkeit und Sozialstaatlichkeit. (Hrsg. von Ernst Fasthoff) Darmstadt 1968, S. 462 ff.

Schmidt, Manfred G: Sozialpolitik. Historische Entwicklung im internationalen Vergleich. Opladen 1988

Sell, Stefan, Beschäftigungs- und Verteilereffekte einer Steuerfinanzierung „versicherungsfremder" Leistungen in der Sozialversicherung, in: Zeitschrift für Sozialreform, Heft 7, 1997, S. 526 ff.

Spinnarke, Jürgen: Soziale Sicherheit. Heidelberg 1988

Struwe, Jochen: Wachstum durch Sozialpolitik: Wie Sozialpolitik Wachstum fördert. Köln 1989

Vilmar, Fritz/Runge, Brigitte: Auf dem Weg zur Selbsthilfegesellschaft? Essen 1986

Voruba, Georg (Hrsg.): Strukturwandel der Sozialpolitik. Frankfurt a. M. 1990

Wagner, Wolf: Die nützliche Armut. Eine Einführung in Sozialpolitik. Berlin 1987

Witterstätter, Kurt: Soziale Sicherung. Eine Einführung für Sozialarbeiter/Sozialpädagogen mit Fallbeispielen. Neuwied, Berlin 1995

Wohlfahrt, Norbert/Breitkopf, Helmut: Selbsthilfegruppen und Soziale Arbeit. Eine Einführung für soziale Berufe. Freiburg 1995.